『学术人与学术体制』丛书

美国的学术体制：

历史、结构与运行特征

□阎光才 主编

教育科学出版社
·北 京·

本研究受全国教育科学“十五”规划国家一般项目“我国学术制度建构与学术发展中的问题与对策研究”和北京市哲学社会科学“十一五”规划重点项目“北京高校学术研究体制的运行状态、问题及对策的实证研究”资助。

目　录

前　言 introduction

直到19世纪末，如今以经济、科技和军事实力雄踞天下的美国，相对于老欧洲，至少在学术领域实在乏善可陈，能够称得上世界级的科学家寥寥可数。但是，进入20世纪后，经过两次世界大战，美国研究型大学迅速崛起，由联邦政府主导的国家科技体制逐渐形成并不断完善，如今它已经是公认的世界高等教育中心和科技中心。它拥有世界最多的知名研究型大学，荟萃了不仅出生于本土也包括来自于其他国家的最为庞大的世界一流科学家群体，囊括了自设立以来近半的诺贝尔奖获得者，在20世纪的科技史中，许多取得重大突破的领域包括信息技术、生物技术以及航天航空技术等，也肇兴于这个建国历史并不悠久的国家。毋庸置疑，从思想的深邃、公民生活的幸福指数以及国家的整体形象等角度而言，美国还难以堪称世界榜样，尤其在“9·11”事件和最新一次金融危机发生之后，世人对这个国家尤其是它的行为对整个世界的影响，有了更多较为负面的评价。但是，我们却不能否认，它依旧是当今世界最具有创新活力的国家，甚至不久前发生的金融危机本身，也是与其过度活跃的创新之间不无关联。

过于活跃的创新活力，究竟于这个国家乃至这个世界会带来什么影响？在此我们姑且不作价值判断，因为就现实和发展的迫切性而言，对中国更有意义的一个问题是：我们不是创新过度，而是实在还缺乏真正有价值的创新，尤其是在学术和科技领域。因此，以美国为研究对象来考察其学术创新活力之源，或许可以为我们把脉创新活力不足的症结提供些许启发。当然，要去探究一个国家的创新活力的源泉，这无疑是一个非常棘手和复杂的议题。钱学森先生关于为何我们国家缺乏创新型人才的发问，其实，问题绝不仅仅在于我们的大学，整个社会文化传统、人才观念、社会制度与环境，特别是教育体制性因素等，都与我们创新人才缺乏间存在关联。

因此，本书撰写的初衷无意于也不可能去回答这样一个复杂问题，而是试图仅仅立足于对美国学术体制若干核心环节的事实描述和分析，来呈现美国学术体制整体运作的原貌，希望以暗比的手法，让读者在两相比较之中，领会一个富有创新活力的国家其学术制度运作特点，以及在此制度架构下学术人的生存和工作状态。全书内容的展开逻辑如下。

第 1 章是试图通过对西方近代科学史的梳理，分析学术社团而不是大学在现代学术制度肇始和形成过程中所扮演的历史角色。种种迹象表明，现代学科建制和学术制度的发生得益于早期社团所组织和开展的自然科学研究，随后延伸到大学之中，并规范化为现代学科建制及其相关的学术制度。第 2 章则是期望通过对美国学术共同体的早期活动特征的分析，来理解美国学术体制形成的内在逻辑。第 3 章到第 7 章，分别围绕美国学术体制中的几个核心环节，包括其学术资助以及同行评议制度、学术反近亲繁殖制度、学术奖励制度、学术晋升制度以及学术不端防范制度等，分别展开详尽的分析和研究，上述所有环节都是引导或规范学术人活动或行为的关键性规则或潜规则。我们研究的目的不仅在于通过这些环节来理解美国学术体制运作的特征，更重要的是领会其制度建构背后各种不同价值取向，以及各个不同主体包括政府或行政部门、学术人相互之间所存在的张力，理解学术内外逻辑间的力量交织和冲突状态，以及种种冲突之于学术人行为、思维习惯的影响。

本书的完成受益于全国教育科学规划办公室和北京市哲学社会科学规划办公室的基金资助与支持，它也是我在北京师范大学、华东师范大学与有关老师和众多同学集体合作的成果。因此，有必要在此特别把各章的贡献者交代如下：第1章和第2章：卫静；第3章：高超；第4章：叶菊艳；第5章：彭欣光；第6章：董卉；第7章：张银霞。书稿由我统一编校，因为每位作者行文风格迥异，编写过程之中尽管已经作了很多加工和修改，但依旧未必能够尽如人意。此外，因为水平所限，书中如果还存在一些问题，特请方家指正。

另外，我要特别感谢王英杰先生，在我调离北京师范大学之后，他承担了对书中有关章节撰写的直接监督和指导工作。在离京之后，更感师恩似海，此时此刻，北师大旧时学习工作情景，历历在目，心情之复杂难以言表。最后，非常感谢教育科学出版社刘明堂主任的热诚指导和支持，也感谢吴莉莉编辑为本书出版付出的辛勤劳动。从第一本专著出版到现在，我已与教科社结下难解之缘，它已经成为我学术成长道路上重要的信心与动力之源。

阎光才

2010年初于沪上

第 1 章

学术体制的肇始：17—19 世纪学会组织

美国学者沃尔多·里兰（Waldo G. Leland）曾说过："每一位美国学者都忠诚于两个机构（had two allegiances），其一是忠诚于他所在的大学，另外一个是忠诚于他所研究的专业领域的学会（learned or scientific society）。"（Leland，1937）[611] 阿什比（Eric Ashby）也曾言："现在的学者既要忠诚于他们任教的大学，也要忠诚于他们所属的专业行会（如化学学会、史学学会等），又回到具有双重忠诚的情形。"（阿什比，1983）[76]那么，学者所拥有的这种双重身份究竟具有什么内涵？本章打算对学会与大学间关系的历史作一梳理，并尝试着从中就现代学术体制的缘起及其形成过程，略微展开分析。

大学和学会都有着悠久的发展历史。如哈佛大学前校长普西（Pusey）认为，每一个较大规模的现代社会，无论它的政治、经济或宗教制度是什么类型，都需要建立一个机构来传递深奥的知识，分析、批判现存的知识，并探索新的学问领域（布鲁贝克，2001）。这实际指出了大学职能的转变。众所周知，自欧洲中世纪大学兴起以来，大学已历经 800 多年的风雨沧桑，其角色也不断改变。从最初作为保存知识、传播知识、追求真理的机构，到将教学和科研相结合，再发展到现在成为集教学、科研和社会服务等为一体的多功能机构。在学会发展的历史长河中，它有着多样的形式，同时学会的职能也在不断发生着变化。从最初以"业余爱好者"的身份、以整个自然历史为研究对象，从事科学研究和科学交流，到后来不断向专业化方向发展，从事着专门领域的研究。学会在研究职能的承担、学科的发展分化以及期刊制度的形成等方面起了非常重要的作用，甚至最终影响到了大学内部的学科建制、组织建制乃至整个学术体制。

17—19 世纪是大学和学会之间关系变化最为明显的时期。正如约瑟夫·本－戴维（Joseph Ben-David）所认为的，科学工作组织的主要发展阶段表现为 17 和 18 世纪的科学学会，19 和 20 世纪的大学，以及从 19 世纪最后几十年开始出现的研究所和工业研究实验室（本－戴维，1988）。自欧洲中世纪大学兴起，一直到 18 世纪德国受启蒙运动影响而产生的哈勒大学和哥廷根大学之前，大学一直是作为知识传播的机构而存在，以牛津大学和剑桥大学为典型。可以说 17—18 世纪这一时期，科学知识的传播和科学研究的展开，并不是大学的主要职能，科学是在大学之外产生的。虽然在 17 世纪正式科学学会形成之前，欧洲已存在各种学会组织，但西方公认的规范化学会却始于 17 世纪，以英国皇家学会（Royal Society of London）和法国皇家科学院（Paris Academy of Science）为代表，它们才是科学研究的主要组织者和承担者。进入 18 世纪，在哈勒大学、哥廷根大学的探索下，尤其是 1810 年德国柏林大学创办后，大学才开始承担科学研究职能。而此时大学研究职能滥觞，又在很大程度上归功于学会的贡献。可以说，正是该时期学会的职能及其内部制度、规范，学会内部学科的分化格局，对后来大学的组织建制，以及相关发表制度、评价机制等一系列内部学术规范的形成，起到了示范和推动作用。

一、学会与科学院概念

英语中关于“学会”的主要词汇有“society”和“academy”，目前最为常用的主要是“learned society”。不过，在学会兴起之初，学术学会（learned society）往往是指那些致力于传统人文学科的研究，如文学、历史、艺术和美术（fine arts），或关注应用性、实用性和技术性的学科，如经济、艺术、农业等的组织。而那些更多关注自然哲学，侧重对自然科学研究的组织，人们往往称其为科学学会（scientific society）。18 世纪后，两者之间的界限开始模糊，“learned society”几乎成为共同的称谓（McClellan Ⅲ，1985）。在现代西方社会，“academy”一般指称那些官方学术性荣誉机构，并不是实体（不同于我国和俄国）。但是，在早期，它却是直接从事研究和组织研究职能的官方机构。故而，本章鉴于 17 世纪的情况，所研究的对象主要是以自然科学研究为主的两种性质组织：一是科学院（academy），以早期法国的皇家科学院最为典型；二是学会（society），以英国皇家学会为代表（McClellan Ⅲ，1985）。在历史上，二者性质稍有不同，区别如下。

第一，两者分别出现于不同类型的国家。“科学院”形式在早期欧洲大陆更为普遍，“学会”则产生于英国、英属北美殖民地和荷兰等国家。欧洲大陆科学院多寄生于中央集权的君主政体，其社会往往存在严格等级，由贵族和封建特权主导。“学会”类型的机构则多出现于相对民主、分权的新教国家，社会流动相对活跃，受传统封建特权约束程度相对较小，更倾向于工业化，主张进行海洋贸易。

第二，两者与国家之间的关系不同。科学院一般是经过政府许可创办的（自上而下），而学会则是通过民间自发形成的。如法国皇家科学院和圣彼得堡科学院分别是由路易斯十四和彼得大帝发起创办，而英国皇家学会可溯至官方特许前有二十余年历史的“无形学院”。

第三，两者在内部组织、结构上不同。科学院的组织形式较为垂直，与科学院的组织形式相比，学会的结构相对扁平（McClellan Ⅲ，1985）。

至于目前学术界还存在的“association”（协会）、“council”（理事会）一类组织，性质与“society”又有所不同。“society”带有专业意义的学术交流性质，“association”主要是学术界中民间的联合性或协调性组织。关于“council”，有研究认为它产生于美国，是为协调学术机构活动、谋求全国范围的合作、通过迅速和准确的规划措施来应付紧急需求而成立的机构，如美国全国研究理事会（National Research Council）、全国教育理事会（National Council on Education）、美国学会理事会（The American Council of Learned Societies）和社会科学研究理事会（Social Science Research Council）等。它们之间共同之处在于都是由协会或学会代表所组成的联合体，包括积极致力于其学科领域研究的所有美国学者（Leland，1937）。

在此，为便于称谓上的统一，我们把17—19世纪的“科学院”与“学会”统称为“学会”。

二、17世纪的科学学会及其与大学的关系

（一）处于科学发展边缘的大学

本－戴维认为17世纪以前的传统社会，科学呈一种缓慢和无规则的生长形式，并将其原因归于当时社会缺少科学家这样的专业角色。中世纪早期教育主要讲授七艺，内容较为单一，文艺复兴时，由于托勒密天文学、欧几里德著作全集以及亚里士多德逻辑学的重现天日，人文学科内容贫乏的现象才有了很大改观（哈斯金斯，2007）[19]。虽然中世纪大学首先出现了职业意义上的大学教师，但研究只是一种业余活动，而不是专业活动。这些研究主要与教学内容相关，如神学、法学、医学和哲学等，其中尤以神学为主。16世纪后，由于大量人文学科诸如训练心智学科的出现，大学学科体系的性质和地位由此发生了变化，古典人文学科一度成为时髦和主流学科，古典著作也成为大学内部核心内容（万力维，2005）[71]。由此，神学在大学中的地位受到一定的冲击，但是，它提升了人文学科的地位，自然哲学依旧处于相对边缘地位。如1535年后，牛津大学的主科由神学改为古典学（Classics），即人文学科（Literae Humanitores）——古希腊罗马的文史哲，通称大学科（Greats）（裘克安，1986）[35]。它取代了神学的地位，但与后来自然科学相关的自然哲学并没有受到重视。

17世纪及其以前的大学组织以牛津大学和剑桥大学为典型，在法国则以巴黎大学为代表。因为大学的功能主要是培养法学家、公务人员、教士和医生，所以大学组织中即使有相关科学内容，也要从属于哲学、古典著作、法学、神学、医学等专业的学习和研究。如有人所认为的，“医学和自然科学在大学仍是无足轻重的”，“当时划时代的科学——数学和自然科学仍被排斥在大学之外”（贺国庆，1998）[18]。虽然剑桥大学16世纪末已开始设置几何学、植物学、地质学、化学、数学等教授职位和商业、造船等学科的讲座，与解剖学、天文学和地理学相关的学问也为牛津大学所接

纳，但从整体上看，还是古典人文学科占据要津（万力维，2005）[72]。譬如，在当时，如果一名学者想要获得一个教职，必须在哲学、神学、法学和医学中得到一个学位，如一名学者想要得到大学里的数学教职，除了具备数学知识外，他还必须获得一个医学、神学或法学方面的学位，而且他的成就和名望不仅取决于他必须是一名有能力的数学家，也要是一名精通古典著作的学者（本－戴维，1988）。

这种自然科学在大学边缘化的格局，甚至一直延伸到19世纪。正如有学者所言，直到19世纪初，"西欧的学校总的来说仍然蜷缩在传统的古典教育的樊笼之中，对铺天盖地而来的工业革命轰鸣声充耳不闻、无动于衷，课程体系因循守旧、矫揉造作、虚饰无用，自然科学学科备受传统势力睥睨，难以大规模地走上学校的神圣讲坛，即使跻身其间，充其量也只是充当了古典语文学科一个羞羞答答的陪衬"（周川，1993）[1]。所以，从15世纪起，"就欧洲整体而言（包括大学兴旺发达的意大利），对科学（不包括医学方面）的主要贡献是在大学之外作出的"。在科学发展中大学的作用下降了，"更有利于科学获得自主性的环境是在大学之外"（本－戴维，1988）。

（二）科学研究的业余爱好者——学会

如前所述，科学在中世纪大学中始终处于次要地位，要么从属于神学和教会机构，要么为古典人文学科所主宰。也正因为如此，鉴于科学新知为大学所排斥的情形，一些人开始试图在大学之外创办一种新的有组织的科学机构，这就是当时的学会。17世纪的科学学会以成立于60年代的英国皇家学会和法国皇家科学院为代表，它们的出现与16—17世纪大学外部的科学革命存在密切联系。不过，需要说明的是，这些学会并不是科学革命的直接产物，它们首先经历了一个准备阶段，其中文艺复兴时期人文主义学会（humanist academies）发挥了很大的作用。

文艺复兴运动也是发生于大学之外，很多人文主义者同时又是科学爱好者，譬如，哥白尼既是数学家和天文学家，又是当时人文主义科学家（humanist scientist）的主要代表。在力图重新发现古代的学问研讨中，部分人文主义者开始热心于自然哲学乃至科学的研究，并自发地组织起来，以民间聚会的方式，讨论新问题，交流新学术，这就是后期学会的雏形（丹皮尔，2001）[129]。有资料显示，在16世纪有700多个新学会出现（McClellan Ⅲ，1985）[42]。人们又称之为“文艺复兴学会”（Renaissance academies），这种学会在欧洲一直延续到18世纪。

目前对于谁应是第一个文艺复兴学会仍旧存在争议，争议的焦点在于判断一组织是否为文艺复兴学会的标准不一致，如该机构是否为正式的，是否有赞助人、官员，是否定期开会，是否有选举程序和出版物，等等。在16世纪和17世纪，意大利满足这一标准的学会就有上百个，这些学会对广泛的文化事务感兴趣，如艺术、音乐、文学、语言、建筑、历史、考古学、宗教、戏剧、狩猎等。它们一般规模很小、存续时间比较短暂，资助人扮演着非常重要的角色，一般而言，一个学会会因为资助人的死亡而趋于衰落。与科学有关的文艺复兴学会分别于1550年和1560年成立于亚历山大（Alessandria）和佛罗伦萨（Florence）。第一个文艺复兴科学学会（Renaissance science academies）大概在16世纪60年代成立于意大利的那不勒斯（Naples），名谓“自然奥秘学院”（Academia Secretorum Naturae）（Bates，1965）[1]，其独特之处在于特别关注自然知识和实验。1603年，在罗马成立的林赛学会（Accademia dei Lincei）的特点是关注科学并作为大学组织的替代物，它追求真正的自然知识，尤其是数学，避免介入政治，但最终也因为主办人的去世而消失。1657年，在意大利的佛罗伦萨成立的齐门托学会（Accademia del Cimento），是第一个以组织科学实验为单一目的而成立的组织，为后世带来了很大的影响，但最终于1667年停止运行（McClellan Ⅲ，1985）。

英国著名哲学家培根（Francis Bacon）对早期科学学会的发展产生了巨大影响（McClellan Ⅲ，1985）。1627年，培根出版了他纯属乌托邦构想的著作《新大西洋》（*New Atlantis*），认为经院哲学不能增进人类对自然的认识与支配能力，他致力于采用实验和归纳方法来促进新知识的产生，坚持在长期仔细观察和实验基础上对事实进行阐述，然后通过观察和数据搜集对假设进行实验性的验证，最终形成结论。培根的新科学认为科学的目的并不局限于沉思和知识传播，而是应服务于人类的利益。对此，培根设计了“所罗门宫殿”（House of Salomon）这样一个真正的研究机构来实施其项目，包括从事化学、天文学、农学、医学、植物学、机械学、光学和数学等的调查研究。成员收集和处理数据、建议和实施各种实验项目，在科学世界中不断探索。可以说“所罗门宫殿”是一处理想中的科学家乐土，是培根所梦想的科学主宰一切、科学成为造福于人类的唯一力量源泉的世间天国，同时它又代表一个特殊的专门组织或机构，即一种理想的专业科学家组织（阎光才，2008）[72]。17 世纪，正是基于培根的构想，一些学会应运而生，如 17 世纪最为著名的法国皇家科学院和英国皇家学会。这两个机构都推崇培根所倡导的开展科学活动、促进新知识产生的主张。以这两所机构为代表的 17 世纪科学学会的产生，标志着中世纪大学主宰知识界时代的结束和一个科学学会主导新知识的时代来临。它同时又代表着伴随科学革命中人们认识和方法的重新界定，一个科学组织革命时代的到来（McClellan Ⅲ，1985）[xx]。

英国皇家学会的创办理念便源自培根。17 世纪中叶，培根以及一批跟培根一样在剑桥大学受过教育的学者呼吁研究新哲学（实验哲学），致力于利用知识的进步来改善人类的环境（莱昂斯，1990）。17 世纪五六十年代，威尔金斯（John Wilkins）、沃德（Seth Ward）、波义耳（Robert Boyle）、瑞恩（Christopher Wren）等一批对科学感兴趣的人，在牛津组成了牛津哲学俱乐部（Oxford Philosophical Club），俱乐部有着非正式的约定，每周聚会一次演示并讨论实验，这个民间机构成为英国皇家学会的前身。1660 年，这些人返回伦敦，在格雷沙姆学院（Gresham College）① 作了一个天文学讲座后，成立了另一个实验学会，于 1662 年得到皇家的认可和资助，并获得查理二世所颁布的特许状（McClellan Ⅲ，1985）[46]。

法国科学共同体的发展历来与国家联系就极为密切，自 16 世纪 80 年代开始，法国就有国家支持艺术和学问的传统。1635 年，法兰西科学院（Académie Francaise）的成立又进一步强化了这一传统。在国王路易十四的支持下，科尔伯特（Colbert）于 1666 年建立了法国皇家科学院（McClellan Ⅲ，1985）[18]。由此开始，培根的“所罗门宫殿”的设想在法国以另外一种形式得到探索。

对于两所机构的运作和实际效果，有人认为：英国皇家学会尽管最初

① 亨利·莱昂斯（1990）认为它是“无形学院”的前身，而“无形学院”则是波义耳对英国皇家学会成立前由一批热心“新哲学”者所组织进行的一系列活动的组织的称谓。

采用的是真正的培根主义思路，如胡克（Robert Hooke）就曾演示过一系列实验，但由于它并没有从政府获得实质性的支持，因而未能成为一个真正的培根主义机构，倒是法国皇家科学院在一定程度上获得了成功。不过，就长时段历史而言，麦克埃伦（James E. McClellan Ⅲ）认为，正是最初致力于纯粹培根主义的失败让英国皇家学会更加开放，成为17世纪下半叶最积极和最重要的学会。而法国皇家科学院也许正是因为能够支付得起从事培根主义实验研究所需要的巨额花费，才使得科学院总满足于自己的圈子，因而总体来说相对封闭，这反而阻碍了机构的发展，由此才有了1699年科学院的改革，最终使得它成为世界科学的领头军（McClellan Ⅲ，1985）[46]。

17世纪下半叶是科学学会运动（scientific society movement）真正全面兴起的阶段。法国17世纪成立了许多省级科学院（provincial academy），它们都得到了皇家的认可，不过，其中大多仅关注文学（literature）和诗歌（poetry），这些省级科学院很少能够持续到1700年，凡是留存下来的在1700年之后都以法国皇家科学院为模板，将研究兴趣转移到科学上来（McClellan Ⅲ，1985）[56]。在德国，莱布尼茨于1669—1670年就筹划建立科学学会，他坚持不懈地游说各方，希望以英国皇家学会和法国皇家科学院为模板，建立新科学机构，直到去世。1700年，柏林科学学会（Societas Scientiarum of Berlin）的成立，终于实现了莱布尼茨的夙愿（Ramati，1996）。在欧洲之外，由于受英国皇家学会的影响，许多新的科学学会在英国和北美殖民地相继成立。如1683年成立的波士顿哲学学会（Boston Philosophical Society），是英属北美殖民地的第一个科学学会（Bates，1965）[4]。

（三）学会活动及其对学术研究的影响

17世纪英国皇家学会和法国皇家科学院的创办，开启了科学活动组织化甚至制度化的历程，它为后世科学的大发展带来了深刻的影响，这些影响主要表现如下。

1. 学会催生了早期科学内部学科建制即学科结构格局

17世纪英国皇家学会和法国皇家科学院所进行的科学活动算是“建制化，却非专业化”。学会没有控制作为传统知识机构的大学，一些新兴科学在学会也不是特别受欢迎。早期的学会大多是博学学会，未能明确研究方向。英国皇家学会因不能获取研究所需的资助而影响了其合作研究的成果，它仍只是独立从事研究的个人之间交换和传播研究成果的场所。基于上述种种原因，早期的学会不能算是学科规训的组织（华勒斯坦，1999）[16]。但是这一时期的学会和科学院所进行的科学研究对学科发展产生了重要影响。

英国皇家学会早在 1664 年就将注意力转移到科学事务方面，成立了 8 个专门委员会，每个委员会负责一个科技专题。这 8 个委员会分别是：机械委员会、天文学和光学委员会、解剖学委员会、化学委员会、作物学（地质学）委员会、贸易历史委员会、自然现象委员会、通信委员会（莱昂斯，1990）。此外，以不同时期英国皇家学会出版的《哲学汇刊》（*Philosophical Transactions*）上所刊登的不同学科的文章种类为例，我们可以看到英国皇家学会早期在推动学科分化中的作用。刊登在《哲学汇刊》上的有关物理科学的论文主要涵盖天文学、物理学、化学和技术等方面，有关生物科学方面的论文主要涵盖生物学、植物学和动物学等方面，有关地学方面的论文主要涵盖大地测量学、地理学和海洋学、地质学、矿物学和古生物学以及气象学和气候学等方面。法国皇家科学院由于得到皇家充足的经费支持，其成员从事着有机体分析、解剖、血液、对矿物质水的分析等一系列试验探究，并且出版了一系列规模宏大的自然历史书籍。科学院由两个部分组成：数学部分，包括所有的“精确科学”（几何学、天文学、力学）；物理科学部分，涉及所有的“实验科学”（解剖学、化学、植物学）（McClellan Ⅲ，1981），这种组织格局也体现了早期学科分化的特征。

就学会对大学的影响而言，虽然这个时期的大学在很大程度上置身于科学发展主流之外，但通过大学中新增设的一些教席，可以看出一些学科分化的痕迹。如 1546 年亨利八世在牛津和剑桥设立的五个钦定教授席位中只与医学与科学有关，1575 年建立的格雷沙姆学院设立数学和天文学教授席位；爱丁堡大学 1583 年设立数学和自然哲学（科学）的教授席位；牛津大学于 1621 年设立色德来（Sedleian）自然哲学教席和沙维里（Savilian）天文学教席，1669 年设立植物学教授席位；剑桥大学于 1663 年设立鲁卡西（Lucasian）数学教席，1702 年设立化学教席，1704 年设立天文学教授席位（默顿，1986）。但是在这些教授席位中，数学、天文学、自然哲学等都属于相对传统的自然科学学科。因而与大学这些传统的自然科学学科相比，学会或科学院中的学科门类更加细化。

2. 形成了早期的期刊出版制度

早期的学会开始对知识加以规范和组织，其中显著的例子是以发表作为认可新知识的基本途径。英国皇家学会原来构想通过定期聚会来交流实验中发现的新知识，但随着聚会的渐渐减少，他们首先用通信取代实验示范，后来通过 1665 年创立的历史上最早的科学期刊之一——《哲学汇刊》，将那些在学会成员前进行的实验示范记录下来，随后期刊发展成为向公众描述实验和观察的媒介。结果是出版期刊的人充当了把门人的角色，一方面来检验私下获取的科学咨询是否完备妥善，另一方面他们又控制了认可和传播的媒介。可以说，“始于 17 世纪的革新铺平了日后现代学科发展的道路”（华勒斯坦，1999）[19]。《哲学汇刊》包括了信件、报告和科学新闻的摘要，有力地促进了学会中各门学科的发展以及学会中科学研究职能的进一步推进。此外，英国皇家学会的声望也由于《哲学汇刊》的发行而得到提高。

3. 学会最早承担着科学研究职能

正如马萨·沃恩斯坦（Martha Ornstein）所说的，“正是科学的实验性质促使学会成立，这一点怎么强调都不会过分”，由此产生了一些新的致力于修习“新哲学”的业余爱好者所组成的学会。这些新学会不同于 17 世纪早期的科学团体和机构，也不同于大学。它们所关注的不是教育性的目标或从属于更大的目标，而是直接进行研究、实验、促进科学。与当时亚里士多德主义和经院哲学盛行的大学相比，学会是向思想上的旧权威挑战的更安全的场所。新科学主要是来自学会中的门外汉而不是来自已有的大学（巴伯，1991）。因此，17 世纪的学会最早承担着科学研究的职能。

英国皇家学会在成立之时，就力图通过实验促进自然知识、各种手工艺、制造业、机械操作、工具改革和发明创造，努力重新发掘那些已经失传、允许使用的手工艺和发明创造，检查所有方法、理论、原则、假设、原理、历史和古今著名学者的实验，总结出一套完整正确的哲学规律来详细地解释自然现象，合理地反映各种事物的起因。与此同时，学会不会盲目承认由古今任何哲学家提出的假设、自然哲学的规律或学说，不会盲目承认对任何现象的解释，也不武断地给科学事物的规律下定义，它们主张对所有提出的意见和观点只有经过慎重的思考和明确辩论之后，方能决定是非对错和取舍去留（莱昂斯，1990）。

综上所述，17 世纪 60 年代，有组织的科学很大程度上局限在民间团体上，也远没有引起社会或政府的兴趣，此时的大学也多在教会的控制之下。随着 17 世纪科学学会运动的进行，这一时期以英国皇家学会和法国皇家科学院为代表的学会取得了重大发展，对学术产生了重大影响，是学术领域的一次制度革命，对当代西方学术界无论是外部资助制度还是内部职业规范的形成都产生了重要影响（阎光才，2008）。其主要表现在：学会通过一系列活动，催生了早期科学内部的学科结构布局；公开出版的期刊成为学会内部成员进行交流的重要途径；通过严格程序选拔成员、撰写报告、建立鉴定机制、颁发奖金、从事调研和决定发表内容等形成早期的科学内部审查机制。此外，学会最早建立的奖励机制对研究活动产生了重要影响，如英国皇家学会早在 1731 年设立的科普利奖章是一种荣誉性的奖励，用于奖励作出重要贡献的研究者；而法国皇家科学院则由学会权威提出研究问题，鼓励人们参与研究，最终对成果进行评估和评选，给予被认可者奖励，可谓开了指导性、规划性科学研究先河（阎光才，2008）[76]。另外，早期的研究资助制度也已在学会中建立，如英国皇家学会资金来源主要是成员会费及皇家捐助，而法国、德国等皇家科学院的资金则由官方提供。但是到了 17 世纪七八十年代，学会遇到了一系列问题，如学会中科学业余爱好者数量增多冲淡了学会的科学能力、会议出席率下降、资金短缺、委员会作为学会的统治机构与官员一起成为学会组织的主要力量，等等。因此，学会急需机构改革，这为 18 世纪科学学会的大发展奠定了基础。

三、18 世纪科学学会的制度化及其对大学的影响

（一）18 世纪成立的科学学会及其与大学的关系

18 世纪，法国皇家科学院在经过 1699 年改革后，改变了之前的封闭状态，科学实力大大增强，成为一个致力于综合的、培根主义科学追求的

科学团体，可谓是欧洲大陆科学院的重要代表。此外，在柏林、圣彼得堡、斯德哥尔摩、博洛尼亚和法国较大的省会城市（如蒙彼利埃、波尔多、第戎、里昂等）也成立了科学院，这些新成立的学会形成了一个广泛的网络效应，为科学学会系统的建立奠定了基础。这一时期成立的学会与大学之间的关系分为以下几种情况。

1. 科学院及作为其组成部分的大学

成立于1725年的圣彼得堡科学和艺术学院（The St. Petersburg Academy of Sciences and Arts），是彼得大帝（Czar Peter the Great）于17世纪末和18世纪早期所发起的将整个俄国“西化”运动的产物。科学革命后，为了使俄国步入工业化和现代化，彼得大帝建立了一系列非教会的、以科学为导向的学校，输送许多年轻人到国外学习科学和技术，向西方寻求技术专家，其中有关科学的最雄心勃勃的计划就是在俄国建立科学院。建立科学院的影响力量主要来自三个方面：一是受到莱布尼茨建立国际学会网络的影响；二是1717年彼得大帝在访问了巴黎科学院后，也力图在俄国建立一个类似的机构；三是邀请莱布尼茨的忠实信徒，同时担任哈勒大学校长（rector）的沃尔夫（Christian Wolff）来圣彼得堡帮助建立科学院。尽管谈判失败，沃尔夫还是积极帮助招募国外一些成员到俄国服务（Schulze，1985）。

圣彼得堡科学和艺术学院与巴黎科学院和柏林科学院的不同之处在于：彼得大帝在建立科学院时还附设教育和基础设施，预备中学（gymnasium）和大学是其组织的一部分，学会会员（academician）同时又作为教授，拥有双重角色。预备中学作为大学的预备学校，其目的是帮学生奠定“科学的基础”，从而使学生能够及时“从科学院的教学中获益”（Schulze，1985）。那些在预备中学完成学业的人员被招募进大学，而那些最初从大学中获益的成员变成了科学院的早期成员。大学严格执行着其教育职能，科学院执行完全致力于科学研究的功能，成为纯粹的科研机构。科学院成员除了履行研究职责外，还进行教学，其对象是助手或助理。科学院及其附属机构拟先聘请欧洲著名学者任教，逐步以本土学者取而代之。科学院成员附加的教育角色这一突出特征，使得圣彼得堡科学和艺术学院与其他科学学会区分开来。有研究认为在圣彼得堡科学和艺术学院之外，莫斯科于1755年成立的第一所大学，很大程度上归功于作为未来大学生预备学校的科学院中学（McClellan Ⅲ，1985）。可以说，如果没有科学院的教育功能，科学院中俄国的本土成员就会更少。

2. 由大学成员创建学会

瑞典有着长期的发展科学的传统，很早就进行了科学革命，新科学在斯德哥尔摩医学院和乌普萨拉大学的医学系（Medical Faculty of the University of Uppsala）中生根发芽，乌普萨拉大学中已经开始教授实验物理学课程。由于受到英国皇家学会的鼓舞，通过与其早期成员胡克、波义耳联系，埃里克（Erik Benzelius，乌普萨拉大学图书管理员）和普尔海姆（Christopher Polhem，采矿业工程师，“瑞典技术之父”）拜访了英国皇家学会，受到很大启发。1710—1711 年，埃里克和普尔海姆以及来自乌普萨拉大学的一批数学家和医生聚集创办了科力究学会（Collegium Curiosorum）。该学会是一个关注文法、人文和科学的综合性组织。这一民间学会时办时停，最终于 1728 年得到瑞典皇室的认可，经整合成为乌普萨拉科学学会（Societatis Regiae Scientiarum Upsalansi），与乌普萨拉大学保持着联系（McClellan Ⅲ，1985）。

在意大利，1748 年加入图灵大学（University of Tuin）的班克瑞尔（G. B. Becarria），参与了当时的笛卡儿主义（Cartesians）和牛顿主义（Newtonianism）的争斗。作为富兰克林—牛顿派的首领，他在其周围网罗了一圈激进的、有着相似思想的学生，其中著名的有拉格朗日（J. L. Lagrange）、西诺（J. F. Cigna，班克瑞尔的侄子）和萨卢科斯（Count de Saluces）。1757 年，在萨卢科斯的赞助下，这三个主要人物和其他一些人在大学之外组成了一个民间的科学学会。在拉格朗日 - 西诺 - 萨卢科斯小组成立两年之后就出版了许多卷本的备忘录。经过多年的努力，最终于 1783 年发展成为由数学和物理科学两个部分组成的完全的科学机构——图灵科学院（Turinese Academy of Sciences）（McClellan Ⅲ，1985）。

3. 由于大学改革而建立科学学会

1714 年，意大利博洛尼亚科学院（Academy of Sciences of the Institute of Bologna）成立，该科学院起源于关注实验科学的意大利文艺复兴学会。博洛尼亚科学院历史的最重要特征是它与博洛尼亚大学间的特殊联系。17

世纪 90 年代大学改革的压力与日俱增。一方面博洛尼亚的任何市民都可在大学演讲的传统使得大学课程极为混乱，但是，从另一角度来看，它推动了新科学尤其是实验科学在 17 世纪末在大学中的发展。拥有着国际视野的玛塞里勒（Luigi Marsigli）非常关注博洛尼亚大学的改革，因此成为最终科学院成功的首要支持者。1707 年，他建议博洛尼亚大学的改革计划中包括建立一个科学学会，并最终于 1714 年得以成立（McClellan Ⅲ，1985）。博洛尼亚科学院成为博洛尼亚大学的附属机构。学会由一些教授和其他大学成员组成，由 12 个核心成员来组织，这些成员被分为两部分，一部分是学科专家，还有一部分是科学院官员。

在苏格兰，随着 18 世纪的推进，爱丁堡大学和其他苏格兰的一些大学超越了封闭、落后的牛津大学和剑桥大学。爱丁堡大学（The University of Edinburgh）作为一个重要的中心，通过实行宗教宽容、即时指导和先进的教学方法吸引了大量学生。它为爱丁堡哲学学会（Edinburgh Philosophical Society）、苏格兰科学学会（Scottish Scientific Associations）的创立创造了条件。18 世纪 80 年代早期，大学内部围绕自然历史皇家席位的控制权发生了争论，提出在苏格兰首都建立一个新的哲学学会。在爱丁堡大学校长罗伯逊（William Robertson）的领导下，最终于 1783 年成立了皇家爱丁堡学会（Royal Society of Edinburgh）（McClellan Ⅲ，1985）。

4. 大学和科学院相互依存

直到 18 世纪中叶，德语国家唯一的科学院或科学学会是普鲁士科学院（Prussian Societas and Académie）。德国对学会的文化、政治和财政支持的水平并不足以支撑这一学会模式的传播。18 世纪 50 年代和 60 年代早期，情况大为转变，德国和北欧建立了许多新学会。

哥廷根学会（Göttingen Koniglich Societat der Wissenschaften，1752）的历史与早在 1734 年建立的哥廷根大学（University of Göttingen）不可分离。由于哥廷根在 18 世纪是受英国管辖的汉诺威王朝（Hanoverian territories）的一部分，这样，哥廷根科学学会（Göttingen Society of Sciences）与哥廷根大学一样，都是由汉诺威选帝侯、英王乔治二世（George Ⅱ）出资创办的，但缺乏来自伦敦的强大的财政支持。18 世纪 30 年代有关对哥廷根大学的建议中，就涉及学会与大学间关系的内涵，但是由于大学所面临的如资金缺乏等困难，按科学学会模式改造大学未能如意。哈勒（Albrecht von Haller）时任哥廷根大学的植物学、外科学和内科学教授，致力于从事教学、创办图书馆、设置门诊部、实验室、植物花园等工作。此外，他还推进了哥廷根皇家科学学会的建立，并出版刊物。针对科学学会所面临的一系列问题，哈勒最终提出了解决这一问题的办法：建议组成一个小规模的、花费较小的学会，该学会由来自大学的六个缴纳会费的核心成员和各种类型不缴纳会费的成员组成，其中哈勒本人就来自大学并担任主席。学会被分为三个门类：物理、数学和历史科学，但解剖学、植物学和化学并不包括在学会的范围内，这些科学由医学院来组织运行。学会虽然也经历了一段困难和危机时期，但也取得了许多成绩，如出版了许多重要的杂志，在 1752—1808 年，学会发行了将近 30 卷本的论文集；在 1753—1782 年，学会提供了 50 多项实用性的奖励（McClellan Ⅲ，1985）。

5. 大学与科学院此消彼长

18 世纪初，像欧洲其他国家一样，德国大学也不断遭到攻击，许多杰出的思想家，其中包括莱布尼茨都认为大学让人绝望（McClelland，1980）[27]。他鄙视当时的大学，认为当时的大学充满了烦琐哲学，教学脱离实际。鉴于当时大学这种不学无术的状态，他主张建立科学院来代替大学。按照他的设想，科学院应当是学者们聚集在一起切磋学术的机构，倡导开展与实际紧密相关的教学和实用的科学研究（李其龙，2000）。从中我们可以看出 18 世纪初德国的科学院和大学处于对立状态。

虽然在 18 世纪，与欧洲其他学会的科学家相比，瑞士的科学家较为积极和杰出，但瑞士并不是拥有强大的科学学会的主要国家之一。其原因在于：有学者认为瑞士拥有鼓励开展科学研究的大学，如巴塞尔大学（Basel University）。荷兰学会（Dutch Society）在 18 世纪下半叶的发展比较晚，其原因也与荷兰大学（Dutch university）对新科学的认同有关系，荷兰大学整合并教授最新的科学，在一定程度上抑制了科学学会的建立（McClellan Ⅲ，1985）。

（二）18 世纪学会活动及其对学术制度的影响

有学者认为 19 世纪现代学科的出现，依赖于 17 和 18 世纪新建制和新践行的发展，其中最重要的变革是科学学会的形成，这标志着知识划分史上的突破。17 世纪英国皇家学会和法国皇家科学院科学活动将整个自然作为研究对象，不仅包括物理（或称自然哲学），更包括了数学。18 世纪末自然哲学分裂成为各门独立自然科学，现代诸学科正式诞生。现在细分的物理、化学和生物就是从 17 世纪中叶到 18 世纪末，从自然哲学中分化出来的。社会科学稍后从道德哲学中分裂出来。“人文科学”是 20 世纪对那些被排拒在自然和社会科学之外的学科的简称。现代哲学由科学形成时清除出来的东西界定，其他现代人文科学则首先以古典语文学的形式出现，其后衍生出历史、现代语言甚至艺术史（华勒斯坦，1999）。因此，18 世纪科学学会的发展对学科的分化发展有着重要影响。

18 世纪法国皇家科学院学科分类更为细化，从表 1 - 1 中我们可以看出科学院由之前的物理科学、数学科学和混合兴趣三个大门类的不断分化。物理科学由之前的解剖学、化学和植物学三个部门不断分化为包括实验物理学、气象学、水文地理、绘图法、地理学、植物学和自然历史、农业和农艺学、医学、解剖学、外科学、兽医医学、药剂学、化学、矿物学、冶金术、地质学、工程学在内的诸多学科。此外，法国皇家科学院还包括法律和法学、神学、哲学、希腊语和拉丁语、东方研究、建筑学、考古学、经济学等学科（McClellan Ⅲ，1981）。

表 1 - 1　18 世纪法国皇家科学院成员的学科兴趣

类别和子类别	数量（人）	比例（%）
一般科学	5	0.7
数学科学	231	32.4
数学和几何学	108	15.1
天文学	117	16.4
力学	33	4.6
物理科学	417	58.5
实验物理学	58	8.1
气象学	5	0.7
水文地理	12	1.7

续表

类别和子类别	数量（人）	比例（%）
绘图法	2	0.3
地理学	17	2.4
植物学和自然历史	133	18.7
农业和农艺学	24	3.4
医学	88	12.3
解剖学	53	7.4
外科学	22	3.0
兽医医学	3	0.4
药剂学	6	0.8
化学	65	9.1
矿物学	10	1.4
冶金术	3	0.4
地质学	9	1.3
工程学	20	2.9
混合	33	4.6
法律和法学	2	0.3
神学	7	1.0
哲学	10	1.4
希腊语和拉丁语	1	0.1
东方研究	3	0.4
建筑学	4	0.6
考古学	6	0.8
经济学	1	0.1
未知	27	3.8

资料来源：James E. McClellan Ⅲ. 1981. The Académie Royale des Sciences，1699 - 1793：A Statistical Portrait，Isis，72（4），p. 559.

在德国，莱布尼茨认为通过建立科学学会，能更好地实现指导人类进入一个更加秩序化和理性化社会的目标。为此，他不遗余力地推动科学学会的建立，并且设计了许多科学学会的框架（Ramati，1996），普鲁士科学学会（The Prussian Societas Regia Scientiarum）就是其推动的产物。普鲁士科学学会由四个门类组成，分别是数学科学（res mathematicae，包括数学、天文学和机械学）、物理科学（res physicae，包括医学、物理学和化学）、德国语言及历史（包括一般历史和教会历史）和文学。在来自巴黎的莫佩尔蒂（P. L. Maupertuis）① 和来自圣彼得堡的欧拉（Leonard Euler）② 的帮助下，柏林科学院（Berlin Academy of Science）于1744年成立，其内部分为科学和非科学两个门类，包括数学和物理科学、纯文学、哲学和思辨哲学等。科学院由委员会来管理，处理财政、出版和年鉴等问题，成为王室科学和技术事业的智囊团（McClellan Ⅲ，1985）。

在俄国，圣彼得堡科学和艺术学院最初分为三个门类（classes）：数学科学、物理科学和人文主义（humanities），其中数学科学包括理论数学部门、囊括地理学和航海学的天文学部门、理论力学和实践力学三个部门；物理科学包括理论和实验物理学部门以及解剖学、化学和植物学部门；人文主义门类包括三个部门，分别是修辞和考古、古代现代历史和法律、政治学和道德学（Schulze，1985）。

18世纪，美国不仅建立了综合性的科学学会（General Scientific Society），而且专业化的学会也开始出现，囊括的领域有医学、农业、化学、地质学、矿物学以及以进一步促进生产和技术为目的而建立的组织（Bates，1965）[15]。

学会推动的学科分化，也多少地推动了大学内部学科建制的改革。在英国，尽管18世纪的牛津大学在极大程度上仍反对改革，例如文学部的基本科目仍为传统的逻辑学、伦理学、形而上学以及16世纪以来新增设的物理学，但古典人文主义教育内容、教学的实质内容发生了变化。如在逻辑学中，除了古代经典作家的著述之外，16世纪以来有关逻辑学的著作也纳入课程范围之中，其中包括笛卡儿的某些学说。最引人注目的变化是物理学，亚里士多德的学说已不在课程中处于支配地位，伊壁鸠鲁、笛卡儿、莫尔、洛克等人的学说也相继进入课堂教学中。除此之外，解剖学、天文学、几何学、地理以及培根和英国皇家学会研究的某些学问也在不同程度

① 作为一个牛顿主义者和由法国皇家科学院派出到拉普兰的探险队的队长而获得很高的声望。

② 那一时代最重要的代数学家和物理学家。

上为大学所接受。据牛津大学校史记载，18 世纪牛津大学文学部的课程如下：第一年开设的科目包括文法、修辞学以及古代希腊和罗马的名著选读等内容；第二年为亚里士多德的逻辑和道德哲学；第三年学习几何学，以及通过钻研荷马、苏格拉底和其他古代经典作家的文章，提高希腊语的阅读与表达能力。该时期牛津大学文学部还增设了以下教授席位：1708 年的诗歌与古典文学、1724 年的近代历史与语言、1753 年的英国法、1764 年的皇家钦定神学以及 1779 年的历史学等。尽管牛津大学陆续增设了不少学科，并且有意识地限制宗教神学在课程中的影响，但其基本结构并未发生实质性的转变，课程内容仍以古典学科和人文主义教育为核心，有关自然知识方面的内容，尤其是 17 世纪发端于英国的近代科学以及科学发展形成的众多分支学科尚未能进入大学的课程，更无法成为教育的重要内容（黄福涛，2003）。

剑桥大学整体上支持将古典学科，特别是亚里士多德的伦理学和其他有关自然科学的知识作为课程的中心内容，在 1702—1783 年，分别设立了化学、植物学、地质学和实验哲学教授席位（Rudy，1984）[81]。据记载，剑桥大学在第一年和第二年的前半期将古典学科保留在课程之中，从第三年开始，光学、天文学、微积分、对数、流体静力学等一系列学说成为教学的核心内容。因而相对于牛津大学而言，剑桥大学对新知识，特别是近代科学知识的接纳、传授和研究更为主动（黄福涛，2003）。

在法国，从 17 世纪开始，法国大学教授们已经尝试在大学课程中介绍、引进并试图运用笛卡儿的二元论、先验论，牛顿的机械论等近代科学思想和学说来考察和研究自然问题。其中，在物理学和医学课程中，还不断摒弃不适合时代潮流的古老科目，设置诸如动力学、光学、数学，甚至化学等新兴学科。医学部中虽然注重实际操作的解剖学和植物学开始进入大学课程，并且在各大学设立专职教授，外科学和药物学也开始成为大学课程的一部分，但是直到 18 世纪末，医学学部课程设置仍然没有建构在近代科学知识的基础上，如作为核心课程的生理学理论仍深受亚里士多德学说的影响。文学部中有关自然哲学的课程通常包括四个方面，即逻辑学、伦理学、物理学和形而上学（黄福涛，2003）。

在德国，16 世纪之前德国大学文学部人数最多，15 世纪后期到 16 世纪后期，文学部的学生人数呈上升趋势。由于受人文主义思想的影响，僵化的经院哲学逐渐为学者们所抛弃，其在大学课程中所占的比例也日益减少。古代的诗歌、修辞学以及希腊语、希伯来语和生动活泼的古典拉丁语成为大学中时髦的教学内容，数学和音乐也比以往更受重视，并成为文学部课程的基本内容之一（黄福涛，2003）。即使到18世纪初，德国大学整体上依旧视经院哲学为正统。医学被公开嘲笑，自然科学几乎是新皇家科学院独有的研究内容，哲学和法学方面的改革运动也遭遇了很多反对。演讲课程、课本和教员很少有创新，教员们所做的工作就是传播既存的静态真理，而不是发展新的观点。拉丁文、基督教知识分子的语言仍然是讲课和出版物所使用的媒介（McClelland，1980）[29]。

不过，多少有些另类的是17世纪末至18世纪中期建立的哈勒大学、哥廷根大学和埃尔兰根大学（Erlangen，1743）。受外部学会影响，这些大学更加开放，在学科方面有了很大的发展。哈勒大学将以往的文学部改为哲学部，取得与神、法、医学部同等的地位。曾在哈勒大学执教的沃尔夫（Christian Wolf）认为哲学部应独立于神学部，并将教学和研究的基础建立在数学和物理等现代学科之上，认为哲学应当抛弃一切假设和偏见，自由地研究和发现真理。哥廷根大学除了在哲学部中保留传统的逻辑、形而上学和伦理学等课程之外，还开设了“经验心理学”（empirical psychology）、自然法、政治学、物理学、自然历史、纯粹和应用数学、历史和一些相关的辅助性学科，如地理、外交学、科学和艺术、古代和近代语言等。在医学部，随着近代科学的发展和学科分化，外科学、内科学、药学、产科学、生理学、解剖学等科目大量进入课堂教学，特别是在生理学和化学等学科领域，教学从以往解释书本转向运用近代实验方法（黄福涛，2003）。

通过以上对学会中学科分化以及大学中所讲授科目的对比，我们大致发现，随着18世纪各国学会中的学科的不断细分，大学中讲授的科目也适当加入了自然科学方面的内容。学会内部分工其实已经为大学后期学科专门化架构的形成提供了范例。与此同时，它在科学活动的组织化和制度化方面的有关作为，也为后期研究型大学的形成提供了经验，譬如，包括发表制度、学术认可制度、学术奖励制度等。如法国皇家科学院在1799年改革之后，出版《历史备忘录》（*Histoire et Mémoires*），将已完成的科学论文囊括其中；从1720年开始，经过科学的评审过程，为研究有关数学、力学和航海学问题的项目提供奖项；设立研究问题，对参与研究而获得认可者给予奖励（McClellan Ⅲ，1985）。据统计，当时法国皇家学会设立的奖项多达75项，柏林科学院有45项，丹麦科学院有125项，荷兰学会86项，第戎科学院53项，波尔多科学院151项，里昂科学院163项（McClellan Ⅲ，1985）[11]。

在此，我们将18世纪的学会对现代学术体制的影响大致概括如下：学会推动了学科不断细分，为后期大学内部学科专门化的发展奠定了基础；由于得到不同途径的资助，学会所承担的科学研究职能进一步发展，对后来德国研究型大学的产生以及围绕学科建构起来的大学基层组织设计提供了参照；各国学会都建立了自己的出版机构，出版了诸多学术期刊，通过这一媒介，学术共同体内部成员得以交流，能否在期刊上发表学术论文也成为评价学术人员的重要标准；各国学会通过设立奖项，奖励那些在科学方面取得成就的学术人员，有力地促进了科学发展。

参考文献

中文部分

1. 阿什比.1983. 科技发达时代的大学教育［M］. 滕大春，滕大生，译. 北京：人民教育出版社.
2. 伯纳德·巴伯.1991. 科学与社会秩序［M］. 顾昕，译. 北京：生活·读书·新知三联书店：62－64.
3. 布鲁贝克.2001. 高等教育哲学［M］. 王承绪，等，译. 杭州：浙江教育出版社.
4. 查尔斯·霍默·哈斯金斯.2007. 大学的兴起［M］. 梅义正，译. 上海：上海三联书店.
5. 贺国庆.1998. 德国和美国大学发达史［M］. 北京：人民教育出版社.
6. 亨利·莱昂斯.1990. 英国皇家学会史［M］. 陈先贵，译，罗丽青，校. 昆明：云南人民出版社：1－81.
7. 华勒斯坦，等.1999. 学科·知识·权力［M］. 刘健芝，等，编译. 北京：生活·读书·新知三联书店：15－19.
8. 黄福涛.2003. 外国高等教育史［M］. 上海：上海教育出版社：103－118.
9. 李其龙.2000. 德国教育［M］. 长春：吉林教育出版社：14－15.
10. 裘克安.1986. 牛津大学［M］. 长沙：湖南教育出版社.
11. R. K. 默顿.1986. 十七世纪英国的科学、技术与社会［M］. 范岱年，等，译．成都：四川人民出版社：38－40.

12. W. C. 丹皮尔．2001. 科学史及其与哲学和宗教的关系［M］. 李珩，译. 桂林：广西师范大学出版社．
13. 万力维．2005. 控制与分等——大学学科制度的权力逻辑［M］. 南京：南京师范大学出版社：71－72.
14. 阎光才．2008. "所罗门宫殿"与现代学术制度的缘起［J］. 清华大学教育研究，(1)：72－77.
15. 约瑟夫·本－戴维．1988. 科学家在社会中的角色［M］. 赵佳苓，译. 成都：四川人民出版社：1－106.
16. 周川．1993. 科学的教育价值［M］. 南京：江苏教育出版社．

英文部分

1. Bates, Ralph S. 1965. *Scientific Societies in the United States*, Cambridge: M. I. T press, pp. 1－15.
2. Leland, Waldo G. 1937. Methods of promoting research, from the point of view of societies, academies, and councils. *Proceedings of the American Philosophical Society*, 77 (4), 611－616.
3. McClellan Ⅲ, James E. 1985. *Science Reorganized: Scientific Societies in the Eighteenth Century*, New York: Columbia University Press, pp. xx－133.
4. McClellan Ⅲ, James E. 1981. The Académie Royale des Sciences, 1699－1793: A Statistical Portrait, *Isis*, 72 (4), 541－567.
5. McClelland, Charles E. 1980. *State, society, and university in Germany* 1700－1914, Cambridge: Cambridge University Press, pp. 27－29.
6. Ramati, Ayval. 1996. Harmony at a Distance: Leibniz's Scientific Academies, *Isis*, 87 (3), 430－452.
7. Rudy, Willis. 1984. *The Universities of Europe*, 1100－1914, Rutherford [N. J.]: Fairleigh Dickinson University Press ; London ; Cranbury, N. J. : Associated University Presses.
8. Schulze, Ludmilla. 1985. The Russification of the St. Petersburg Academy of Sciences and Arts in the Eighteenth Century, *The British Journal for the History of Science*, 18 (3), 305－335.

第 2 章

学会与大学：19 世纪后美国学术共同体的成熟

华勒斯坦等人认为，19 世纪思想史的首要标志就在于知识的学科化和专业化，即创立了以生产新知识、培养知识创造者为宗旨的永久性制度结构（华勒斯坦，1997）[8]。19 世纪科学活动开始趋向专业化和职业化的标志是：社会上出现了一批以科学为专门职业的人，出现了科学家这样的社会角色（刘珺珺，1990）[131]。沙姆韦和梅瑟-达维多（David R. Shumway & Ellen Messer-Davidow）认为，19 世纪进行的“第二次科学革命……它的标志是一般性的博学学会渐渐式微，更专门的建制兴起和各个科学学科的专业标准同时建立起来”。新兴教育机构和科学教育新形式的发展所引发的社会转变，也为新学科的出现打好了基础（华勒斯坦，1999）。譬如，到 19 世纪，英国皇家学会在各主要分支内建立起了各种学会，1807 年建立的地质学会、1841 年建立的化学学会以及 1874 年建立的物理学会等，表明了皇家学会逐渐丧失了其主导地位。由于科研领域各学科日益专一，各个学会开始仅在自己的专业领域内做着过去科学研究机构做的事（齐曼，1992）。此外，英国科学促进会（BAAS）的建立，对英国皇家学会也带来了巨大冲击，以至于逐渐趋向衰落。从此，处于一种“业余地位”的英国科学，将会被其他国家超过，因为英国的科学基础不够宽广也不够强大来支持缓慢出现的新的专业化（Williams，1961）。

19 世纪后，西方各国学会都有了较大发展，这一时期最醒目的要属美国的学会，本章将其作为研究重点。德克斯特（E. G. Dexter）对美国 1800—1900 年成立的科学学会作了一个统计，将这一时期成立的学会分为以下几大类：(1) 一般的科学学会；(2) 历史学会以及有着综合兴趣的学会；(3) 自然历史和生物科学学会；(4) 研究特定主题的协会；(5) 专业的协会；(6) 教师协会。表2－1为我们展示了每隔10年每一类型学会数量的变化情况，从中我们可以看出19世纪美国学会所取得的进展。

表2－1 1800—1900年美国成立的科学学会统计（个）

年代	一般	历史	自然历史与生物	特定主题	专业	教师	总数
1800年以前	3	1	—	—	—	—	4
1800—1809	—	1	—	—	1	—	2
1810—1819	1	1	1	—	1	—	4
1820—1829	3	6	1	—	5	—	15
1830—1839	1	7	2	2	—	—	12
1840—1849	2	8	1	1	6	3	21
1850—1859	5	18	4	—	4	3	34
1860—1869	7	18	6	4	4	9	48
1870—1879	15	28	13	7	13	4	80
1880—1889	18	43	19	21	20	9	130
1890—1900	8	22	6	5	4	12	57
总数	63	153	53	40	58	40	407

资料来源：Ralph S. Bates. 1965. Scientific Societies in the United States, Cambridge: M. I. T press, p. 121.

1880年，美国哲学学会举行百年会庆时，时任约翰·霍普金斯大学校长的吉尔曼（D. C. Gilman）作为发言者之一，作了题为《大学和学会的联合》（*The Alliance of Universities and the Learned Societies*）的演讲。他将莱布尼茨时代大学和学会的对立状态，与他自己所处的大学和学会相互补充的状态进行对比，认为“大学的首要目的是教育，次要目标是研究，而学会或科学院刚好相反。最好的大学中应拥有能促进他们所研究的科学的教授，也应拥有能够传播已发现知识的科学院的成员。大学培养年轻的才俊，而科学院则发挥已培养成熟的人的能量；大学播种，科学院收获”（Bates，1965）[122]。这表明 19 世纪的大学，已经开始与传统研究性质的学会机构全面接轨，同时也意味着学会内部的制度化开始向大学全面延伸。而德国在这一点上发挥了示范作用，如有学者认为“正是由于 19 世纪初的德国科学探究，走出了负担过重的科学院，步入了大学，才开始了一个至今仍显而易见的历程”（McClelland，1980）[2]。

一、学会的研究活动对大学学科分化的影响

正如前面所言，随着知识的不断演进，知识的划分问题成为知识界所关心的重要问题，通过对知识发展历程的研究可以发现，早期学会的建立标志着知识划分史上的突破。19 世纪，随着学会的不断发展及其内部知识的不断演进和专门化，促使学科不断分化，形成了各门学科之间的分门别类，而后，它们又以学科的形式延伸到大学，并在大学中确立了其作为合法性知识的地位。

（一）科学学会与大学学科的发展

19 世纪，美国学会的发展经历了两个时期：1800—1865 年，为全国性科学学会的增长期（National Growth）；从 1866 年美国南北战争结束开始，美国的科学学会不断朝着专业化方向发展，同时各专业学会也日益成为全国性机构。此外，为适应工业化和城市化的要求，技术学会开始出现。可以这样认为，南北战争之前的科学家都是对科学有着广泛兴趣的通才，而在 19 世纪后期到 20 世纪初的学术人逐渐开始转变为专家，越来越将其时间和精力投入到某些特定领域。

19 世纪的美国，出现了许多以研究自然历史为目的的学会，如 1812 年成立的费城自然科学院（The Academy of Natural Sciences of Philadelphia），将研究自然历史、促进自然知识作为自己的目标。1836 年建立的西部自然科学院（Western Academy of National Sciences），其早期活动很大

程度上都致力于研究自然历史，几乎 14 个委员会都致力于研究生物学和地质学，后来又将其活动进一步细化，建立了研究植物学、化学、古生物学和物理学的委员会。1853 年，埃利奥特自然历史学会（Elliott Society of National History）成立，其成立者认为促进有用知识的发展应当是主导方向，成立学会就是为了发展自然历史，促进科学研究。1863 年成立的玛力兰历史学会（Maryland Historical Society）宣称：本组织的目标是促进科学研究，收集、保存、散发与科学相关的信息，特别是与自然历史方面相关的信息。此外该时期美国第一次出现了全国性专业化科学学会，并陆续出现了以专门研究天文学、化学、力学、农学、植物学、医学以及地理学等的学会（Bates，1965）[85]。

此时，美国最重要的全国性学会除了美国哲学学会、美国艺术和科学院之外，还有新成立的史密森学会（Smithsonian Institution，SI）、美国科学促进会（American Association for the Advancement of Science，AAAS）以及国家科学院（National Academy of Sciences，NAS）。美国艺术和科学院在 1854 年分为三个门类：一是数学和物理科学，二是自然和生理科学，三是道德和政治研究（Bates，1965）[122]。史密森学会和国家科学院也成为美国最重要的科学学会，在电学、光学等领域都作出重要成果，在科学出版物和科学期刊的发展方面都有很大进展。AAAS 是 1848 年由美国地理和自然学家学会（The Association of Geologists and Naturalists，AGN，AGN 是 1843 年由扩大后的美国地理学家学会更名形成的）发展而来的，它以英国科学促进会为模板起草了学会的章程（Fairchild，1924）。AAAS 刚开始分为两个部门，一个包括一般物理学、数学、化学、土木工程和应用数学，另一个包括自然历史、地质学、生理学和医学。

与传统欧洲的情形不同，美国学会成员大多都来自大学，他们在参与学会活动的同时，也推动了大学内部学科建制和学术体制的变革。从美国殖民地时期学院的产生一直到美国南北战争之前，美国大学中学科分化的情况并不明显。在早期的学院中，教师一般来说都只是讲授很少一部分必修课程，主要是关于古典语言、道德哲学、数学和少量的自然科学内容；教师之间的差别不大，知识结构基本相同。19 世纪初，大学内部发生了重大变化，哈佛、耶鲁、哥伦比亚和宾夕法尼亚等大学开始提供更为宽泛的课程。新的科目（subjects）不断出现，尤其是新的科学学术科目不断从自然哲学和自然历史中分化出来。1820 年，化学开始成为大学内部的一种新的学术科目，接着又出现了天文学、物理学和生物学等学术科目。不过，最初，这些新产生的学术科目领域非常窄，仅有几本教科书和几名教授。通过详细研究美国南北战争以前的 15 所院校的学生笔记、教师讲义、院校的课本和出版物，古拉尔尼克（Stanley M. Guralnick）认为，1800 年美国院校中数学科学教学的全部内容仅限于 2 本书，并且质量还是值得怀疑的。1825 年，所教授的内容发展到来源于 4 本书，到 1850 年发展为 10 本书。此外，1800 年，每所学院中仅有一名科学科目的教授，到 1830 年仅为 2 名教授，1860 年为 4 名教授。但是，1828—1860 年，学院所招聘的科学教授的总人数增长了 10 倍。南北战争前科学领域的发展为美国大学的产生和发展提供了学科基础。到 19 世纪 60 年代，在主要私立学院中，学生可以学习植物学、化学、天文学、地理学和物理学等科目。19 世纪中期以后，学科的发展速度加快，从生物学中分化出基因学、微生物学和杂交学，还产生了边缘科学，如生物化学、生物物理等学科（Clark，1987）。可以说，这一时期大学内部学科的形成和发展在很大程度上是受到学会内部科学分化发展的影响。

（二）专业学会的形成与发展与大学内部学科建制的完善

美国南北战争后，随着约翰·霍普金斯大学的建立，美国开始了其研究型大学的发展历程，各门学科也逐渐发展和完善起来。19 世纪七八十年代以后，各门学科的分化速度不断加快，学科呈加速发展趋势。例如，在社会科学领域，政治经济学经过 80 年时间才从道德哲学中分化出来；但在自然科学领域，分化的时间却非常短。最初，专业学院中的科目仅局限于那些要求具有高深学问的职业，但在这一时期开始扩展到药学、护理、牙医、兽医医学等领域，并且出现了包括教育、工程在内的各种新的职业领域（耿益群，2007）。到了 19 世纪末 20 世纪初，各门学科尤其是自然科学学科基本上在美国大学中确立和完善起来，并呈现进一步分化的趋势。这一发展特点无疑与美国学会的发展趋势存在密切关联。

19 世纪末，随着各门学科在研究型大学中的形成，各学科的专业学会也相继得到更快发展。全国性专业学会的建立，为学科的发展创造了必要条件。它为大学成员提供了各种交流途径和规范，提高了学科的知识生产能力。而那些在科学共同体的交流中具有声望和影响力的学者，也在学会中发挥了主导作用，对大学学科的发展和学术人之间的交流产生了重要影响。在该时期，美国在数学、物理学、化学、动物学、人类学、医学、心理学等科学领域都取得了很多成就。学会与大学间的互动日益频繁，并形成非常强大的良性互动效应。诚如伯顿·克拉克（Burton R. Clark）所说的，在美国大学中，“学科的专门化是建立在美国强烈的自愿组成学会的传统之上的，形成并加强全国性的专业学会是一个研究领域合法化的关键”（Clark，1987）[386]。

以数学学科为例，由于19世纪后半叶数学在科学研究中发挥着越来越大的作用，物理学家、化学家和工程学家越来越多地依赖数学所提供的精确测量。因此，成立一个全国范围的数学学会正当其时。1888年，来自哥伦比亚大学数学系的6位成员成立了一个学会，每月聚会一次。阿莫瑞（J. H. Van Amringe）是学会的第一任主席。学会邀请对数学感兴趣的专业人士一同合作，目标是鼓励和保持对数学科学的积极兴趣。随着成员人数的不断增加，学会在1894年将名称改为美国数学学会（American Mathematical Society），这是一个具有全国特征的学会，出版了自己的刊物，建立了自己的图书馆，更加强调科学研究。与之不同的是，1915年成立的美国数学协会（Mathematical Association of America）旨在促进数学教学，接管了《美国数学月刊》（*American Mathematical Monthly*）的出版权（Bates，1965）。

在化学学科发展上，19世纪后半叶，农业和工业的发展使得化学在美国发挥着越来越重要的作用。美国的许多州立大学和农学院开始设立农业和工业课程，关注现实问题，而许多现实问题需要借助化学的研究。有鉴于此，许多化学家呼吁成立一个他们自己的独立组织。虽然AAAS在1881年设立了一个研究化学的分部——Section C，但他们仍旧决定建立一个独立的全国性学会。1876年，美国化学学会（American Chemical Society）应运而生，并形成了四个地方分部。从1879年开始，学会出版了美国化学学会刊物（Journal of the American Chemical Society），同时也发行与化学相关的其他杂志和专著（AAAS，1948）。

物理学与化学、数学一样，在19世纪后半叶成为新工业和技术革命的支柱之一。由于认识到测定基本常数的重要性，一些专家于 1873 年在哥伦比亚大学商讨成立了美国度量衡学会。1899 年，代表 17 个机构的物理学家组织成立了美国物理学学会（American Physical Society），其目标是“促进和传播物理学知识”，随即发行了《物理学评论》（*Physical Review*）、《物理学评论增刊》（*Physical Review Supplement*）以及《现代物理学评论》（*Reviews of Modern Physics*）。物理学领域内部的不断专业化又产生了许多新的学会，如 1916 年成立的美国光学学会和和公制协会（Optical Society of America and the Metric Association），1917 年成立的美国度量衡学会（American Institute of Weights and Measures），1914 年成立的美国无线电继电联盟（American Radio Relay League）等（Bates，1965）[104]。

在其他学科方面，尽管 AAAS 中设立了一个研究地理的分部——Section E，但地理学家们也决定建立他们自己的独立学会，1888 年，美国地质学会（American Geological Society）成立，1889 年又易名为美国的地质学会（Geological Society of America）。作为 AAAS 的 Section G 的植物学也决定成立独立的全国植物学学会，最终形成美国植物学会（Botanical Society of America），在植物学内部不断细分又成立了其他的分支学会。

由此可见，在美国，学会与大学间的关系，带有典型的互生特征。学会内部学科的分化，带动了大学内部学科的形成发展，而与此同时，大学内部学科的不断发展，又促成了新专业学会的建立和进一步的专业化，甚至由大学直接参与学会组织的建构，如吉尔曼校长始终如一地推动各种学术学会在约翰·霍普金斯大学的建立。在该校教授吉尔德斯利夫（Basil Gildersleeve）的领导下，创办了美国语言学学会。另外，霍普金斯大学的学者还组织了一个政治学协会、一个科学协会、一个形而上学俱乐部和一个考古学协会。在霍普金斯大学的榜样带动下，其他大学学术团体的数量呈不断上升的趋势（贺国庆，1998）[168]。

二、学会、学术组织与学术职业

如前所述，17—18 世纪学会的发展促使学科不断发展分化，随着科学的快速发展，物理学、化学、生物学和地质学等逐渐从自然哲学中分离出来，并相继成为相对独立的学科。学科的日益细化和专业化趋势向大学的延伸，就意味着大学的组织必须发生相应的调整。正如研究大学的史学家杰格尔（Geiger）所言："学科首先是一个以具有正当资格的研究者为中心的研究社团。各个体为了利于互相交流和对他们研究工作设立一定的标准，组成了这个社群。"（华勒斯坦，1999）最早在德国开始实行的大学讲座制，其实就是基于外部学科知识专业化对学术分工的要求而建立起来的。19 世纪初，刚成立的柏林大学之所以采用讲座制，是因为他们从欧洲聘请了一批在神学、法学、医学、化学、农业、语言、物理和数学等学科领域颇有建树的学者，都带有典型的专业化色彩。

从殖民地时期一直到 19 世纪，美国高校的学术人员也大都是半学科性和半职业性的，在某种意义上是通才。19 世纪上半叶，真正的美国科学家也多在大学之外。南北战争以后，随着学院逐渐发展成为大学以及知识的专门化程度的不断提高，专门化的研究和学术成为衡量学术职业人员绩效的重要标准，这就意味着大学教师必须通过专门化的训练，才能教授某一学科的知识。学术领域的专家代替了以前无所不包、无所不通的学者。从 19 世纪中期开始，很多美国学生到德国学习，大学教师的人数开始增多，学术职业人员的培养开始世俗化（Metzger，1987）。学有专攻的外部学者进入大学，推动了大学内部组织结构的调整。19 世纪 60 年代中期以后，美国高等院校的系组织开始形成。到 19 世纪末 20 世纪初，系作为大学最低一级单位全面形成，在美国大学和学院里占据了稳固的地位。这些学系是围绕一定学科建立起来的利益共同体，它不仅鼓励学者学术活动的专业化，而且强调成员间的相互协作，共同承担教学和研究活动，讲究激励和竞争。学系的形成，意味着一个自下而上的组织内部学术认可制度在大学内部开始形成。而学会的活动，则从外部为组织的内部认可提供依据。

正如伯顿·克拉克认为的，1870—1900 年，教师将他们的专业以两种形式组织起来，这两种形式是：第一，在大学内部，系作为一种更为灵活和更具发展性的组织代替欧洲的讲座制开始出现；第二，在全国范围内，学会使具有相同思维方式的专家能够及时通过各种方式进行沟通，从而开始从事更加具有创新性的工作，并对不同专家所应从事的工作进行充分分配。这两种形式都强有力地促进了科学的发展和知识生产的速度（Clark，

1987)[376]。系作为大学内部的基层学术组织，将学术职业人员联系在一起，形成以专业化知识为基础的学术组织单位，是学者开展学术活动的平台，而学会作为连接学术职业人员的全国性专业组织，不仅在全国范围内维护学术职业人员的权益，规范其在某一学科领域的学术行为，更重要的是，它是学术人作为一种专门化人才在全国范围内得到承认的权威（耿益群，2007)[46]。

这一权威在学术界运行的基本逻辑是：首先，一种学术职业要获得其应有的地位，得到社会的认同，需要以深奥的知识体系作为基础，能够训练新一代的从业人员，并通过建立专业学会和出版期刊形成本职业从业人员共同体、建立职业标准和职业道德伦理，获得知识的排他性和一定的职业地位，从而实现职业的自治权利（耿益群，2007)[192]；其次，作为该职业的每个成员，他只有在专业组织中得到认可，才能具备作为专业人员的资格，并获得包括权力、声誉和资助等各种资源。

正如默顿在考察专业学会的功能时认为的，专业学会的某些功能主要影响到职业成员个体，另一些功能主要影响到个体和组织所生存于其中的更大的社会系统。首先，对从业者个体而言，专业学会最主要而且有深远意义的功能，是它为从业者扮演自身社会角色所给予的社会和道义上的支持。组织有助于保证职业本身不受地区性的干扰。这种支持性功能的主要作用在于增强从业者个体的能力，同时有效地维护从业者的社会和经济利益。但专业学会对从业者的保护功能并不限于薪金之类的狭隘的经济事务，其他的功能直接起到改善工作条件的作用。这些功能使从业者更加有效地从事其职业，进而让顾客也受益。其次，对学术职业而言，学会的首要职责在于为职业确立严格的标准并尽力强化这些标准，包括职业吸纳成员的人品标准、新成员教育培训标准、职业的业务标准，以及为扩充职业工作所凭依的知识的研究标准。专业学会具有通过更为严格的标准不断提升本职业水准的作用。由于专业发展的动力来自专业知识的增长，所以专业学会还有促进本领域研究的功能。这一功能既可直接通过学会的研究机构，亦可间接通过对行业内其他群体的帮助来实现。学会可以建立一个专业知识的情报交流站，可以让专业内的科研活动成为一种可行的和受人敬重的事业，可以促使科研职位的扩大。再次，对社会而言，专业学会作为一种中介性的组织有助于防止社会的原子化（atomization），成为使社会具有凝聚力的社会黏合剂（the social bonds）。此外，职业同政府之间的多边关系也部分地通过专业学会来协调（默顿，2001）。

正是因为学会所具有的这些重要功能，在美国，研究型大学的学术职业人员一般都参加一些与本学科相关的专业学会组织。在此，以美国历史协会（American Historical Association）为例，该协会成立于1884年，协会的宗旨在于促进历史研究、收集和保存历史文件、传播历史研究成果。作为美国最大的历史研究方面的协会，美国历史协会积极提升本职业的地位、维护学术自由、监督职业标准、积极进行历史领域的前沿研究、为其成员的成功提供资源和帮助。目前，协会有成员14 000人，其中有很多是来自高等教育领域的学术职业人员。协会制定了职业人员的伦理和职业标准，出版了协会的期刊，举行历史研究领域的年会，有100多个相关的分支机构。协会发表一系列的声明和文件对历史学方面的研究人员的职业伦理进行规范，其中《关于职业行为标准的声明》（*Statement on Standards of Professional Conduct*）是协会关于历史学领域研究人员职业规范的最重要的文件。对历史学领域的职业发展历史、历史学家的共同价值观、学术标准、对于剽窃行为的惩罚、关于教学方面的规定、公共领域的历史问题、历史学研究人员的聘用、职业声望和信誉等方面都进行了详细说明和明确的规定（耿益群，2007），这些对于历史学科的学术职业人员都具有直接的规范作用。

随着学科的发展，美国许多学会组织开始不断分化，如美国生物学协会就有上百个分支协会，代表不同群体的利益，同时也对不同学科的学术职业人员进行职业规范。在研究型大学中，学术人员有充足的资金可以参加全国性的和国际性的学术会议，与当地和外地同行以及国际同行进行交流。研究型大学的学术职业人员一般都是各个专业学会中的活跃人物，影响着学会的性质、组织管理和活动。因此，伯顿·克拉克认为，各种学术学会成为学术职业的重要组成部分，是“美国学术职业内在逻辑的重要组成部分”（Clark，1987）[254]。

三、现代专业学会的功能与学术人的认可机制

自 17 世纪开始，公开出版的期刊就由学会首创，并不断发展。每个学者在选定的学科领域持续进行深入研究，不断地在该学科的正规刊物或半正规刊物上发表论文，被视为认可的必要条件。只有在公开、正式的出版物出现后，科学界才真正成为一个“无形学院”，因为它是共同体内部沟通的重要媒介；更重要的是，随着科学研究活动的职业化、专门化，这些期刊在无形中逐渐成为学界研究新成果的认可标志，甚至被视为获得内部话语权的象征，因而它所具备的这种特殊价值表明，期刊本身的运作也成为学术制度建构的一个重要部分（阎光才，2008）[76]。由学会所建立的奖励机制和资助制度则为学术研究活动提供了精神、物质等方面的支持，促进了学术研究活动的发展。

（一）美国学会及研究型大学中学术期刊的发展

随着知识的不断扩展，在美国，日益增多的学会科学期刊成为传播科学知识的一个重要途径（Bates，1965）[35]。起初，美国哲学学会、美国艺术和科学院发行其出版物的目的，是为了使其成员能够知晓当时的科学主题。美国第一个商业性学术期刊是《医学锦囊》（*The Medical Repository*，1797—1822），它不仅关注医学还关注其他科学主题。《美国矿物学杂志》（*The American Mineralogical Journal*，1810—1814）是第一个致力于自然历史中特定分支学科的期刊。除此之外，还有其他一些有关医学方面的刊物。1818 年创刊的《美国科学和艺术杂志》（*The American Journal of Science and Arts*），在随后的几十年中成为美国科学刊物的领头军，在众多期刊中处于一个比较醒目的地位，它涵盖的内容有自然历史（主要包括矿物学、植物学和动物学三个大的分支）、化学和自然哲学以及数学。南北战争后，随着各种专业团体和由专业人员组成的专业学会的大量出现，由这些学会资助出版的各学科的专门期刊也应运而生，如《美国数学期刊》（1878 年）、《美国哲学期刊》（1880 年）等，其目的在于加强交流，促进

本学科的发展。AAAS 在 1848 年成立之时就发行了学报（Proceedings），1875 年发行了一卷本的论文集。1901 年，《科学》（*Science*）成为 AAAS 的官方刊物，其内容包括 AAAS 内部活动、当前的科学新闻、著名的演讲和论文、大量有关美国和国外科学组织的活动记录等（Bates，1965）[128]。因此，学会中学术期刊的发展，一方面通过为学术人员提供交流沟通的场所，对学科发展产生重要影响，另一方面对其他组织如研究型大学创办学术期刊也产生了重要影响，从而有力地刺激了大学内部研究活动的发展。

19 世纪后期，随着知识传播形式的变化以及学会中各种专业期刊的出现，美国研究型大学也开始创办各种专业期刊。约翰·霍普金斯大学和芝加哥大学是美国学术刊物的策源地和推动者。吉尔曼校长根据他对德国学术杂志功能的了解，致力于发展美国学术杂志，以服务于美国科学需要。1878 年，他说服数学教授西尔维斯特（James Joseph Sylverster）编辑了一本数学刊物，即《美国数学杂志》；一年后他又说服化学教授雷姆森（Ira Remsen）创办并主编了《美国化学杂志》；1880 年，该校的吉尔德斯利夫教授创办了《美国语言学杂志》；次年，《生理学杂志》创刊。约翰·霍普金斯大学被称为“美国学术期刊的发源地”（贺国庆，1998）[168]。由于约翰·霍普金斯大学在大学竞争中的优势地位，大学的学者在各自的学科领域都占据了领先地位，尤其是他们组织出版的学术期刊，对学科的发展起了促进作用。

芝加哥大学哈珀校长也积极推进美国学术期刊的增长。他曾经说道：他渴望看到大学的每一个系至少公开出版一种杂志。在哈珀任校长的 15 年间，芝加哥大学先后创办了十余种学术刊物，包括《地质学杂志》《学校评论》和《美国社会学杂志》等。在上述两位校长的推动下，其他研究型大学纷纷仿效。到 20 世纪初，几乎所有的研究型大学都创办了不同学科的学术期刊（贺国庆，1998）[168]（见表 2-2）。因此，各种学术期刊的出现，将大学的研究成果以文字的形式表现出来并加以传播，促进了学者之间的交流，有利于大学中研究的进一步发展，也促进了大学中学科的发展。

表 2-2 研究型大学的主要学术出版物及首版日期（截至 1906 年）

大 学	出版物
加利福尼亚大学	美国考古和人种学杂志（1903） 古典哲学杂志（1904） 植物学杂志（1902） 动物学杂志（1902）
芝加哥大学	古典哲学研究（1895） 经济学研究（1895） 美国社会学杂志（1896） 美国闪族语言和文学杂志（1884/1892） 美国神学杂志（1897） 天文物理杂志（1882） 圣经世界（1883） 古典哲学（1906） 政治经济学杂志（1892） 现代哲学（1903） 学校评论（1893）
哥伦比亚大学	历史学、经济学和民法研究（1891） 政治学季刊（1886） 哥伦比亚大学哲学和心理学文献（1884） 哥伦比亚大学圣经丛书（1894） 哥伦比亚大学地质学丛书（1906） 哥伦比亚大学罗马哲学和文学研究（1902）
康奈尔大学	古典语言学研究（1887） 康奈尔哲学研究（1900） 哲学评论（1892） 物理评论（1893） 物理化学杂志（1896）

续表

大学	出版物
哈佛大学	哈佛历史研究（1896） 哈佛古典哲学研究（1890） 哲学和文学研究和注释（1892） 哈佛东方学丛书（1891） 经济学季刊（1886） 哈佛法律评论（1887） 数学年鉴（1889）
伊利诺伊大学	英国和德国哲学杂志（1897/1906）
约翰·霍普金斯大学	美国数学杂志（1878） 美国哲学杂志（1880） 美国化学杂志（1879） 历史和政治经济学 JHU 研究（1883） 现代语言注解（1886—1890）
麻省理工学院	技术季刊（1887）
密歇根大学	密歇根法学评论（1902）
宾夕法尼亚大学	天文学丛书（1895） 动物学图书馆文献（1893） 哲学和文学丛书（1891） 政治经济学和民法丛书（1885）
普林斯顿大学	（地理学、心理学和哲学非正式出版物）
斯坦福大学	（不定期的专题著作）
威斯康星大学	经济学、政治学和历史丛书（1894） 哲学和文学丛书（1898） 科学丛书（1894）
耶鲁大学	耶鲁心理学研究（1892） 耶鲁英语研究（1898） 耶鲁法学杂志（1891）

资料来源：张斌贤. 2004. 学术职业化与美国高等教育的发展［J］. 北京大学教育评论（2）：96.

（二）学术专业组织与学者认可

学术期刊的出现，不仅为学者提供了交流研究成果的阵地，更主要的是它提供了评价学者学术水平和声望的标准，使学者的研究工作得到外在的客观评价（张斌贤，2004）[95]。1901 年，耶鲁大学校长宣布，要以教授的具有“全国性声望”的“生产性工作”（productive work）作为晋升的标准。这里所谓的“生产性工作”实际上是指教授在学术期刊上发表的文章。

一般而言，科学研究水平和人才培养能力是世界各国大学教师晋升最重要的依据。与此同时，在一些具有比较浓厚学术传统的国家，如意大利、德国、英国、法国和一些高等教育发达的后发国家，如美国、日本，在教师晋升尤其是高级职位晋升中，还比较重视教师在学术界的地位。例如，“在美国，每个领域的科学家和学者都属于一个专业共同体（professional community），他们在这个共同体中的地位是一件非常重要的事，其重要程度比其他国家大得多”（本 - 戴维，1988）[302]。因此，是否在专业性学术组织如学会或学术期刊担任一定的职务及其作用，往往是大学教师在所属学术领域地位高低的一个重要标志。与当时有着悠久历史的大学相比，英国皇家学会当数最早的学会，尽管成立之初就以学术研究机构自居，但皇家学会只能算是“建制化而非专业化”，由于 17—18 世纪大学的衰落，学会在欧洲大陆发展很快，到 18 世纪末欧洲学会所形成的学术网络，将欧洲的知识分子阶层团结成一个统一的“学问共和国”。在美国，学会的发展则尤为迅速。早期的学会以在其出版的专业期刊上发表成果作为认可新知识的基本途径，随着学科标准的建立，学会不仅确认新知识的功能得以强化，而且成为学科领域内学者共同体的权力机构——它可以对从事某种研究的学者进行资格审查，从而确认他在学科领域内的合法身份。因此，在专业性学术组织担任一定的职务、在学会期刊以及其他一系列学术刊物上发表学术论文，就说明大学教师在他所研究的领域不仅是合法的，而且是高水平的，这对于在其他条件相似情况下的竞争非常有利（缪榕楠，2007）[78]。

（三）学会的奖励机制逐渐发育成熟

专业学会通过各种奖励形式，为从业人员提供可以与专业经验和技能增长相适应的晋升机会，同时也致力于使未来的从业人员为更好地履行职业人员的角色而工作。为进一步鼓励和促进科学研究，美国各主要学会设立了一系列奖项。例如，美国国家科学院设有海洋学、生物与医学、航天工程、数学、化学、神经科学、分子生物学、天文学及美国科学院公共福利奖等39项奖励，其宗旨是表彰获奖者在不同学科取得的卓越成就和对社会所作出的杰出贡献。此外，为奖励科学家在科学和公众理解科学方面所作出的杰出贡献，AAAS设立了许多奖项，不仅奖励学术上有杰出贡献的人，而且还奖励在服务上有突出贡献的人。在AAAS设立的奖项中，主要的学术奖励有：克利夫兰奖（AAAS Newcomb Cleveland Prize），奖励已发表的有关科学方面的杰出研究论文、报告等；国际科学合作奖（AAAS Award for International Scientific Cooperation），奖励在加强科学与工程合作中作出特别贡献的个人等。为了奖励在化学科学的各个领域作出卓越贡献的人员，美国化学学会设立了61项奖励，其中24项奖名都冠以美国化学学会奖，其余奖名都冠以已故的著名化学家的姓名，以纪念和表彰他们在化学各个方面所取得的伟大成就。在化学学会设立的诸多奖项中，属于主要化学分支学科的奖有30多个，其中重要的有：大学机构研究奖（ACS Award for Research at an Undergraduate Institution），主要奖励那些在大学从事化学研究并得到广泛承认、为化学学科以及大学本科生的专业发展作出重要贡献的大学化学教师；无机化学奖（ACS Award in Inorganic Chemistry）；布朗研究创新奖（Herbert C. Brown Award for Creative Research in Synthetic Methods），主要奖励在合成方法研究方面作出杰出和创造性贡献的学者，被提名者的研究必须包含对新的、有用的化学合成方法的发现和发展（彭欣光，2007）。

四、结语

17 世纪，大学主要是作为知识传播机构出现的，大学中虽然也讲授沿袭传统古典大学设置的四大学部的课程内容，但由于古典人文学科的发展，大学开始以人文学科的讲授为主。因而总体而言，科学在大学中处于边缘地位，自然科学仍被排斥在大学之外，科学研究的职能是由大学之外的机构——学会来承担。随着文艺复兴运动和科学革命的不断推进，以文艺复兴学会的出现为先导，受到培根主义的影响，欧洲出现了一种新的科学组织机构模式，发起了一场以英国皇家学会和法国皇家科学院为代表的科学学会运动。其对学术研究产生了很大影响：在学科建制方面，早期的科学学会虽然是博学学会，但在学会内部却分为不同门类，形成了各种专门委员会，因此与当时的大学相比，学会的学科门类更为细化，催生了早期科学内部的学科建制；学会作为期刊出版制度的开拓者，通过将一系列最新研究成果整理发表，有力地促进了科学的不断进步；此外，学会在科学研究职能的承担方面也发挥了主要作用，学会所建立的奖励机制和资助制度对科学的发展以及学术制度的建立产生了重要影响。

18 世纪，随着科学的不断发展，学会的发展也不断完善，以法国皇家科学院为代表，柏林、圣彼得堡、斯德哥尔摩、博洛尼亚等地都成立了科学院，形成了一个科学学会系统。这一时期成立的学会或科学院有的是由大学中的成员创立的，有的是由于大学改革而形成的，有的科学院将大学作为其机构的组成部分，有的国家大学和科学院相互依存而发展，而有的国家大学和科学院的发展则相互抵制。18 世纪学会内部学科进一步分化，而此时一些主要国家，如英国、法国和德国的大学中虽然古典人文主义的教育内容发生了变化，但有关近代自然科学及其众多分支学科仍然未能成为大学讲授的主要内容，尽管如此，学会内部学科的发展对后期学科建制的组织化产生了重要影响。在科学研究方面，各国的学会或科学院通过设立相应的机构，采用一系列新的实验方法，在各门学科领域进行研究，取得了一系列的成果。除了德国的哈勒大学和哥廷根大学之外，英国和法国等国的大学仍然只是传授古典人文学科知识，而较少开展与现代科学有关的研究。由于18世纪的大学很少出版与科学有关的期刊，而学会或科学院在该方面的功能则进一步发展，许多国家的学会或科学院建立了自己的出版和翻译机构，出版了一系列的著作、刊物、年鉴和备忘录等，并以此为媒介使得学会之间的交流得以实现。

19世纪后，学会发展的主要特征是不断趋向专业化，如英国皇家学会这一时期也在各主要分支内建立起专业学会，该时期最具代表性的、发展最为显著的要属美国的学会了。以南北战争为界，美国学会的发展分为前后两个时期。前期随着全国性学会的增长及内部学科的不断细分，此时美国大学中学科端倪出现。南北战争后，随着以约翰·霍普金斯大学为代表的美国现代大学的出现，各门学科迅速分化和发展，并不断完善，继而建立起各门学科的专业学会，促使大学中学科的进一步发展分化。基于学科知识专业化对学术分工的要求，大学讲座制和学系制得以建立。

19世纪后的专业学会，在很大程度上成为学术职业和学术人认可资格的掌控者，它不仅以专业水准和专业伦理规范着学术人的行为，在维系学科的发展、维护学术人利益方面都发挥了重要的作用。而专业学会所建立起来的期刊系统，个体在专业学会中的地位等级和由学会所建立的奖励制度，都体现学会在学术共同体中所具有的独特功能，它的运行状态在很大程度上反映了一个国家整个学术系统或体制的发育和成熟状态。

参考文献

中文部分

1. 耿益群. 2007. 美国研究型大学学术职业的制度环境研究［D］. 北京：北京师范大学教育学院：46－194.
2. 贺国庆. 1998. 德国和美国大学发达史［M］. 北京：人民教育出版社.
3. 华勒斯坦. 1997. 开放社会科学［M］. 刘锋，译. 北京：生活·读书·新知三联书店.
4. 华勒斯坦，等. 1999. 学科·知识·权力［M］. 刘健芝，等，编译. 北京：生活·读书·新知三联书店：19－21.
5. 刘珺珺. 1990. 科学社会学［M］. 上海：上海人民出版社.
6. 罗伯特·K. 默顿. 2001. 社会研究与社会政策［M］. 林聚任，等，译.

北京：生活·读书·新知三联书店：234－238.
7. 缪榕楠．2007．大学教师任用制度研究［D］．南京：南京师范大学教育科学学院．
8. 彭欣光．2007．美国学术奖励制度研究［D］．北京：北京师范大学教育学院：21－24.
9. 阎光才．2008．“所罗门宫殿”与现代学术制度的缘起［J］．清华大学教育研究（1）：72－77.
10. 约翰·齐曼．1992．知识的力量——对科学与社会关系史的考察［M］．徐纪敏，王烈，译．长沙：湖南出版社：48－49.
11. 约瑟夫·本－戴维．1988．科学家在社会中的角色［M］．赵佳苓，译．成都：四川人民出版社．
12. 张斌贤．2004．学术职业化与美国高等教育的发展［J］．北京大学教育评论（2）．

英文部分

1. American Association for the Advancement of Science（AAAS）-The American Chemical Society, *Science*, Vol. 108（#2800）,（Aug. , 1948）, pp. 205－206.
2. Bates, Ralph S. 1965. *Scientific Societies in the United States*, Cambridge: M. I. T press, pp. 35－128.
3. Clark, Burton R. 1987. *The Academic Life*: *Small Worlds*, *Different Worlds*. The Carnegie Foundation for the Advancement of Teaching. New Jersey: The Princeton University Press, pp. 27－254.
4. Clark, Burton R. 1987. *Conclusions*. In Clark, Burton R.（Eds.）. *The academic profession*: *National*, *disciplinary*, *and institutional settings*.（pp. 371－400）. Berkeley & London: University Press of California Press.
5. Fairchild, Herman L. 1924. The history of the American Association for the Advancement of Science. Science, New Series, 59（1530）, pp. 410－415.
6. McClelland, Charles E. 1980. *State*, *society*, *and university in Germany* 1700－1914, Cambridge: Cambridge University Press.
7. Metzger, Walter P. 1987. The academic profession in the United States. In

Clark, Burton R. (Eds.). *The academic profession: national, disciplinary, and institutional settings.* (pp. 123 – 208). Berkeley & London: University Press of California Press.

8. Williams, L. Pearce. 1961. The royal society and the founding of the British Association for The Advancement of Science, *Notes and Records of the Royal Society of London*, 16 (2), pp. 221 – 233.

第3章

内行人管理：美国学术界中的同行评议制度

科学自产生以来，就将首创性作为最高价值，“对首创性的承认成为社会上确证有效的证明，证明一个人够得上作为一个科学家的最严格的要求。个别科学家的自我形象也在很大程度上取决于他的科学同行的评价……这种同行的承认成为科学中其他外部奖励形式的最终源泉”（默顿，2007）[13]。因此，同行评议是适应科学发展的产物，它从最初皇家学会会刊《哲学汇刊》选择稿件的评审方式，逐渐渗透到科研资金分配、教师晋升、学术著作发表以及各种学术奖项的评选等学术制度的各个环节中。同行评议在学术领域应用范围的不断扩大，对高校的学术权力、学术资源分配以及高校内部学术认可等有什么样的影响，正是本章研究的主题。

同行评议的英文表述为“peer review”，“peer”指同伴，同等地位、同资格或同能力的人；“review”意即鉴定性地或审慎地审查或观察。古斯顿（David H. Guston）（1990）[432]认为同行评议是指“对技术或是科学价值的评论，有足够的技术，能胜任对技术、价值进行评论的，并且没有利益冲突的个人的评价”。艾森哈特（Margaret Eisenhart）（2002）[241]则认为至少从1665年建立同行评议以来，它就是一种公正的评价学术工作的方法。同行评议是保证“学术质量与提交给评审者的研究申请书（proposals）的质量有关系，而不受申请者个性特点的影响”。这两个定义都指出了同行评议的客观性，即不受申请者、评审者个人特征的影响。

美国国会技术评估办公室高级分析专家库宾（D. E. Chubin）（Chubin et al.，1990）[2]在其专著《无同行的科学——同行评议与美国的科学政策》中指出"同行评议是用于评价科学工作的一种组织方法。这种方法常常被学界用来判断工作程序的正确性，确认结果的合理性以及对有限资源的分配，诸如杂志版面、研究资助经费、公认性和特殊荣誉等"。埃尔（Rip Arie）（1985）[83]在其论文中指出，同行评议指的是同行科学家对某一工作的评价、评估。它的特殊含义是指科学家作为同行被邀请来评估科学论文或是研究申请书，他们的意见将进入编辑、会议组织者和资助政策的决策系统。同行评议实质是筛选，即同行被要求在对手稿或申请书进行评审的过程中，选择出符合他们要求的东西。

曾旸（2007）[124]认为同行评议是指：利用若干同行（即有资格的人）的知识和智慧，按照一定的评议准则，对科学问题或科学成果的潜在价值或现有价值进行评价，对解决科学问题方法的科学性及可行性给出判断的过程，是科学界对科研项目进行评审和对科研成果进行评估的一种基本方法。万群（2002）[43]指出，同行评议就是充分依靠科学家群体对科学技术活动（包括科研活动、科研资助、科研管理等）进行民主管理的一种方法（或制度)。具体而言，同行评议是指某一领域或与其邻近领域的专家采用同一种评价标准，共同对涉及相关领域的某一事项进行评议的活动，其评议结果为有关部门的决策提供依据。

由于同行评议的应用范围非常广，到目前为止还没有一个统一的定义，人们都是根据自己的研究背景、内容来定义的，不同的部门和组织机构中评议专家的选择、评价的过程、标准不同，因此很难对同行评议下一个统一的定义。根据研究需要，本章所谓的同行评议，是特指在学术评价过程中，具备一定资格的同行专家根据一定的标准、通过一定的程序、利用一定的方法，通过协商讨论对有限的学术资源进行评选分配的过程。

一、美国同行评议的演进历史

作为学术界一种重要的评价制度，同行评议的产生和发展有一个缓慢积累的过程。对同行评议的起源，不同的学者有不同的看法，有的学者认为同行评议始于早期《医生的道德》中记载的对医生工作进行评议（Spier，2002），也有人认为它始于1416年威尼斯共和国对专利申请的查新（吴述尧，1996）。但是学术界一般公认的起源来自英国皇家学会早期《哲学汇刊》的编辑，该学报在筛选稿件的过程中，最早开始运用外部专家的知识衡量稿件质量。

16—17世纪是人们思想观念发生大变动的时期，这时科学刚从神学的桎梏下解放出来，传统权威对自然现象的解释已不能满足人们需要，科学家为了摆脱神学的束缚逐渐产生了联合起来的需要，此时大批科学学会应运而生。英国学者弗朗西斯·培根（Francis Bacon）顺应了这一趋势，在著作《新大西岛》中构想出“所罗门宫殿”（Solomon’s House）作为学者进行研究的场所。在书中，培根（1959）[17]把它描述为“是一个教团，一个公会，是世界上一个最崇高的组织，也是这个国家指路的明灯。它是专为研究上帝所创造的自然和人类而建立的”。这就为英国皇家学会的创立提供了理论上的指导。而此时，培根提出进行研究所需要的普遍的方法即实验法日趋流行，许多年轻学者在牛津组成非正式群体来讨论这一方法。1645年，这一推崇“新哲学”（实验哲学）的群体决定成立自己的正式学会，这就是英国皇家学会的前身。

1660年，这些人返回伦敦，成立了格雷山姆学院（Gresham College），开始了对培根“所罗门宫殿”的首次尝试，这一学院是当时英国科学家自由聚会的活动中心，主要从事自然科学研究。后来经过其成员罗伯特·莫雷（Robert Moray）的努力，此学院于1662年获得了国王查理二世的特许状，定名为英国皇家学会（the Royal Society of London），不久便开始发行自己的会刊《哲学汇刊》，皇家学会逐渐面临着稿件的评选与发表等问题，所有一切意味着正式的学术制度开始浮出水面（阎光才，2008）[72]。因此说，英国皇家学会的成立是近代科学研究开始走向组织化和制度化的标志

（阎光才，2008）[72]。

1662 年，英国皇家学会得到第一张特许状成为受到国王认可的团体后不久，皇家学会于 1665 年任命学会秘书奥尔登伯格（Henry Oldenburg，1617—1677）出版《哲学汇刊》以解决学会的经费问题，此刊物在每月的第一个星期一出版发行，除了 1676—1683 年短暂的停刊之外，这是至今仍在发行的最早的科学连续出版物（罗兴波，2005）[38]。但是，期刊的发展并不是一帆风顺的。在《哲学汇刊》刚创刊的时候，恰逢 1664—1665 年伦敦发生瘟疫，人们大规模地离开伦敦，这严重影响了各种商业活动，对刚创办的《哲学汇刊》尤其如此，甚至出现了入不敷出的现象，《哲学汇刊》之所以能维持下去，与它的第一任编辑奥尔登伯格是分不开的。

奥尔登伯格是一位神学家、政治家、外交家和自然哲学家。1653 年，他从不莱梅到伦敦与克伦威尔就英国与荷兰之间的战争进行谈判。到达伦敦后不久，奥尔登伯格成为弥尔顿（Milton）等著名学者的好朋友，由于某些特殊原因，他开始从事“实验”学习，以求为世界上的民族带来新的东西。在他成为皇家学会的秘书之后，遇到很多困难，花费了大量心血，以至于他自己的生活水平持续下降。因此，皇家学会理事会让他负责《哲学汇刊》，主要是想为他的免费服务提供一点补偿（Poter，1964）[223]。

17 世纪人们对科学发现优先权的争论层出不穷，科学家往往对自己的成果秘而不宣，科学家之间的学术交流多通过信件等非正式方式进行，还没有公开正式发表作品的渠道。虽然在创刊之前，皇家学会就采取记录接受稿件正式日期的方法确保科学家对知识的优先权，但是《哲学汇刊》的稿件还是严重不足。为了争取稿件，皇家学会的秘书奥尔登伯格主动与世界各国的哲学家和有探索精神的学者联系，劝说他们通过发表的方式获得对科学知识的优先权，随着通信联系的作者越来越多，《哲学汇刊》建立了一个专门负责联系的委员会，引导科学家通过发表作品获得科学发现的优先权（Kronick，1990）[1321]。与此同时，为了维护持期刊的良好运行，奥尔登伯格上任后不久就组织关心学会的同事制定相关制度，明确规定了编辑的角色并引进相应措施（默顿，2004）[637]，这都为同行评议的产生奠定了基础。

在争取稿件的过程中，逐渐形成了以发表论文来获得认同的新的知识传播方式。这种“对独创性的承认成了得到社会确认的证明，它证明一个人已经成功实现了对一个科学家的最严格的角色要求”（默顿，2004）[395]，而“科学家的个人形象在很大程度上也取决于与他同领域的科学界同仁对他的评价”（默顿，2007）[13]，这种同行承认成为科学中其他外部奖励形式的源泉。同行承认的奖励起到了促进科学家相互交流科学知识的作用，它为科学的公有性提供了体制化的基础，而作为科学档案的科学杂志也使科学家的成果能够永久保存。

科学家随后也逐渐感到了通过学会和科学杂志发表新发现、新知识来获得同行承认并获得优先权的重要性，随着投稿越来越多，稿件的数量远远超过了《哲学汇刊》的需要。为了维护自己的权威地位，皇家学会采取委派具有相当水平的科学家，对提交上来准备发表的文章进行严格评价的方法对投稿进行筛选；这一工作对科学家来说，是对自身学术地位的肯定，因此，为了更好地维持学会对科学家的信任，他们对评审材料进行严格筛选。而对于其他科学家而言，他们也希望通过评审使自己的成果得到社会和同行的承认；作为读者的科学家也要求对成果进行评审，从而提高其可信度。如此一来，在科学家作为皇家学会会员、《哲学汇刊》撰稿人和读者这三重角色的互动中，同行评议制度逐渐形成。

美国最早的同行评议，源于人们对学术资助分配过程中合格人选的考察。1902 年，华盛顿卡内基研究院（Carnegie Institution of Washington）建立了一个包括 18 个主题的问题咨询委员会，每一个委员会接收属于本领域范围的申请书，通过同行评议形式来分配研究资金，同时也向研究院推荐研究项目（Burnham et al.，1987）[42]。1919 年，美国国家研究委员会（the National Research Council，NRC）也采取同行评议形式对研究基金进行分配，到 20 世纪二三十年代，由美国杰出科学家在委员会开见面会时进行同行评议已经成为一种惯例。不过，直到 20 世纪四五十年代，同行评议作为一种由政府主导的资助分配审查方式，才在美国确立下来。40 年代同行评议仅是国家海军研究办公室（Office of Naval Research，ONR）的一种非正式的资助方式，这时候同行评议只是作为项目主任的一种参考意见。项目主任通常会将申请书的副本寄给同事进行评议，根据他们的意见决定资助与否。后来，这种方法由国家海军办公室主任沃特曼（Alan T. Waterman）作为国家科学基金会的第一任主任，介绍到了 1950 年成立的国家科学基金会。在基金会成立初期，人们也只是把同行评议作为“协调民主社会政治需要和科学精英之间关系”（Chubin et al. ，1990）[20]的权宜之计，但是，由于后来科学基金会在实践过程中不断对它进行改进，使其更加规范化和制度化，到20 世纪五六十年代同行评议开始被奉为黄金准则，被视为分配资金的最好方法，以至于它逐渐成为国际学术界通行的评价学术水准的方法（杨翠，2007）[60]。

二、美国联邦政府对大学资助政策的演变

美国是当今世界科技实力最为强大的国家，同时，它也是联邦政府向大学投入科技经费最大的国家。其对大学提供资助的政策和体制形成，大约经历了三个时期。

第一，殖民地时期到第二次世界大战以前。殖民地时期，政府曾通过立法机关的拨款，通过将部分税收转让给学院的方式对学院进行资助。但是在美国高等教育史上，真正具有重要意义的联邦资助法案是 1862 年的《莫里尔法案》（Morrill Act）。法案规定联邦政府为了鼓励学院和教师从事农业和技术工作，根据每州议员的人数可得到相应的土地，将出售土地获得资金的 10% 用于购买校址，其余设为捐赠基金，捐赠基金五年之内未使用者要全部退还给联邦政府。这场赠地运动“适应了美国工农业的迅速发展和人口激增对高等教育的新需求，使得美国现代公立大学体系开始形成”（陈学飞，1989）[57]。随后，美国政府还通过一系列的相关法案来巩固这一成果。但这一时期政府对大学的资助都是零散的。

第二，第二次世界大战到 1957 年苏联卫星发射期间政府对大学的资助。鉴于战争期间大学发挥的重要作用，联邦政府加大了对大学的资助，并逐渐发展成为最大的赞助者，这种情况一直持续到今天（沈红，1999）[38]。大学的科学研究经费也经历了由私人资助为主向政府资助为主的转变，这个时期大学与国防部和原子能委员会（Atomic Energy Commission，AEC）这两大大学应用研究的主要拨款单位紧密联系起来（伯顿·克拉克，2001b）[149]。战后，联邦政府第一次对大学科研进行资助的机构是美国海军研究办公室（Roy，1985）[74]。此时资助规模较小，到 1947 年原子能委员会开始增加对大学科研的支持，同时大学也开始向委员会提交更多

申请。

到1950年，原子能委员会花费976万美元支持非营利机构的研究，其中绝大多数是大学。在美国国家科学基金会（National Science Foundation，NSF）成立之前，国家卫生研究院（NIH）、陆军、海军和国际原子能机构是联邦政府资助大学科研的主要机构。1950年的《国家科学基金会法案》规定了NSF的资助范围，即主要关注高等教育机构学生培养和支持基础科学研究（Geiger，1993）[28]。由于NSF成立之初得到联邦政府的资助并不多，所以对大学的资助有限，这一情况在1957年苏联卫星上天之后发生了改变，国家马上加大了对大学科研的资助力度。在1954—1958年五年内，政府对大学科研的支出增长了60%，这些资助都是通过与大学联系密切的NSF和NIH进行的。与其他机构对大学的资助与特定任务有关相比，NSF主要支持高等院校中的一般性的没有特定目的的基础研究。

第三，1957年苏联卫星上天以后至今政府对大学的资助。苏联卫星上天以后，联邦政府加大了对基础研究的支持力度，大学研究在国家研究和发展成就中的地位有了显著提高（Geiger，1993）[166]。有资料显示：1947年联邦政府为高等教育提供5亿美元的研究资助，1954年提供17亿美元，到1961年则提供92亿美元（黄先智，2003）[50]。1969—1987年，联邦政府对高校科研经费的资助情况见图3－1。最显著的表现是NSF的预算从1957年之前的4 000万美元提高到1959年的1.3亿美元，此后，政府对NSF的拨款每年以20%的速度增长，直到1966年达到4.8亿美元（Geiger，1993）[175]。正是由于基础研究在科学和技术进步上的重要作用，它的重要性逐渐得到联邦政府的认可，NSF也由于在支持基础研究上的出色表现，成为美国支持基础研究的重要机构。

学术界一般将“二战”后到50年代初视为联邦政府对高等教育科研资助的开始阶段，50年代中期到60年代是大发展阶段，七八十年代对高校科研的资助增长减缓（包敏丹，2007）。其中，1960—1978年联邦政府在基础研究上的拨款增长了近3倍，从10亿美元上升到28亿美元。在这段时间里，大学作为基础研究的从事者，它的重要性也有了显著增强（Staats，1979）[18]，到90年代联邦政府对大学科研的资助比例有所上升。

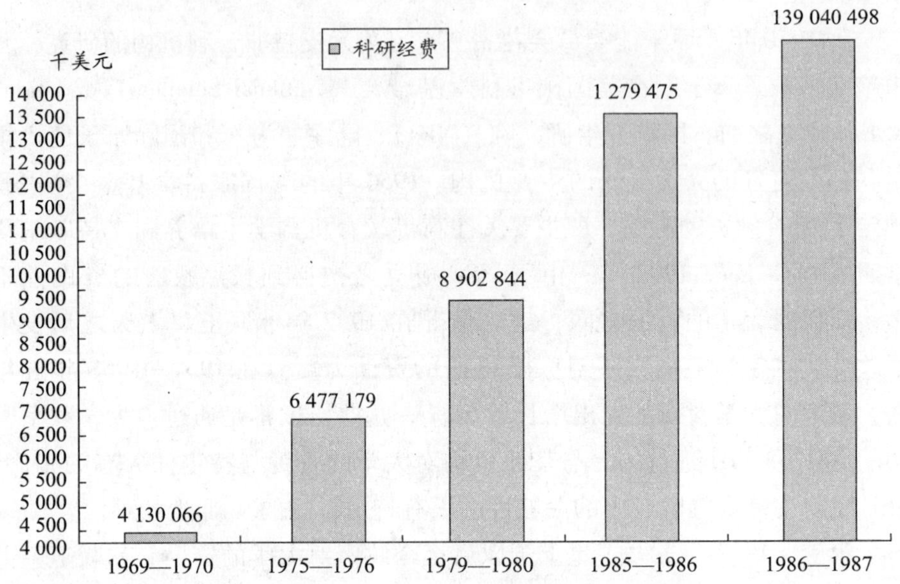

图 3－1　联邦政府高校科研经费统计表

资料来源：转引自：王英杰．美国高等教育的发展与改革［M］．第二版．北京：人民教育出版社，2001：67.

美国联邦政府对大学资助政策的演变经历了一个由断断续续的不经常的投入，到逐步加大投入，再到基础研究很大程度上依靠大学的过程。在这个过程中，政府的投入越来越大，与高校的联系越来越密切，大学已经成为政府研究必不可少的一部分，同时受政府政策的影响，大学的科学研究对政府资助的依赖性也越来越强。美国联邦政府对大学的科研资助遵循最优原则，各大学为了获取联邦研究资金而展开了激烈的竞争，极大地促进了美国大学科研能力的提高。同行评议作为政府在各大学以及研究机构之间分配资金的审查形式，就是在这样一个背景下逐步得到强化并稳固下来，并构成了学术界一个最为通行的制度，而该制度的形成又与 NSF 之间有着特殊的关联。

NSF 在美国的创办和发展，离不开两个人的贡献，他们是万尼瓦尔·布什（Vannevar Bush）与艾伦·沃特曼（Alan T. Waterman）。1944 年 11 月 17 日，罗斯福总统给战时科学研究与发展局局长布什写信，要求他对战后美国科研的四个相关问题提出自己的看法，即为了国防安全，战后可以做什么；战后对医药科学的继续发展应该如何做；政府可以做什么来帮助公共或私人研究，以及公共和私人研究的关系与角色；政府如何发现美国的科学天才以继续科学研究。① 为此，布什组织了四个委员会对总统提出的问题进行研究，1945 年 7 月布什最终形成了《科学——无止境的前沿》(*Science-The Endless Frontier*) 对总统提出的问题进行了回答，并提出了自己的看法。

在报告中，布什从科学研究的重要性出发，指出科学是政府应该适当考虑的领域，并阐述了过去及未来政府与科学之间的关系，进而指出国家一定要保护自由探索，将战时国家取得的进步归于平时的积累，分别从医药、军事等方面指出了政府应该支持基础科学研究，更好地为公众、国家服务。他提出了建立国家研究基金会②（National Research Foundation）的主张，以在战后继续支持基础科学研究，并就基金会的目标机制、基本原则、人员安排、组织、功能等进行了阐述（United States et al. , 1945)。在报告中，他强调联邦政府在支持基础研究方面的责任，主张支持大学特别是研究型大学的科学研究工作，因为大学的学术环境较好，科学家可以"在一个相当自由的、免除传统偏见的、很少或没有商业需求的环境中工作，而这一环境本身便特别符合基础研究的特点——新的科学发现"（沈红，1999)[74]。1945 年 7 月，议员沃伦·马格纳森（Warren Magnuson）提出了一项完善布什计划的法案，对布什的建议作了大量修改，西弗吉尼亚州的议员提出应该将其命名为"国家科学基金会"（National Science Foundation)。1947 年，国会通过了建立国家科学基金会的法案，但由于杜鲁门总统因为没有授予总统提名基金会主任的权力，否决了这一法案。之后经过 3 年的讨论，1950 年，杜鲁门总统签署了法令，通过了《1950 年国家科学基金会法案》(The National Science Foundation Act of 1950)，成立了国家科学基金会，基金会主任和 24 名理事会成员由总统任命，向总统负责（沈红，1999)[80]。

NSF 的设置及功能与布什的建议基本一致，NSF 本身并不从事研究，它的主要任务是资助相关的学术机构从事研究，它是研究型大学中科学与

---

① http：//www. nsf. gov/about/history/nsf50/vbush1945_roosevelt_letter. jsp，2009 - 02 - 13.

② 与后来的国家科学基金会（National Science Foundation）名称不同，但是其组织建构等都相似。

工程领域研究活动的主要资助者，是高性能计算机和通信、高级材料、环境技术、生物研究等领域研究和教育的主要支持者。同时它还支持教育，为大学提供奖学金及研究助理金等（沈红，1999）[99]。这一切都使得 NSF 与研究型大学的联系日趋紧密，并日益成为美国学术研究与教育事业发展的重要支柱（沈红，1999）[74]。

沃特曼是 NSF 的第一任主任，他于 1951—1963 年担任了两届主任，正是他塑造了 NSF 并确立了同行评议在项目资助中的重要作用。① 早在海军研究办公室时，他就证明了政府能在不破坏科学完整性的条件下资助大学科研。因此，他从一开始就决定通过授予拨款而不是合同的形式分配科学资金，他通过聘请 NSF 外部成员对申请书的质量进行评审的方式分配科研资金，在他的任期内，联邦政府对 NSF 的拨款从 350 万美元增加到 3.2 亿美元，同时他还努力增加高校教师的研究机会。1953 年，NSF 合作资助了一次大学物理本科教学的会议，并鼓励大学教育。② 在随后的几年中他开始增加大学成员的研究机会，1954 年，基础研究占到了校园内学术研究和发展的 64%，到 1958 年则增加到了 74%（Geiger，1993）[161]。NSF 对这一比例的提升作出了重要贡献，也为它以后的发展奠定了坚实的基础。NSF 从一建立就负责对科学提供资助，它的经费主要拨给大学，并且从一开始就以同行评议作为资金分配的基本原则（伯顿·克拉克，2001b）[150]。

三、美国国家科学基金会的同行评议

美国国家科学基金会是美国联邦政府支持科学研究与科学教育的重要资助机构，其主要任务是资助遍布全美的高等院校和其他学术机构的科学研究，促进科学事业的进步，培养下一代科学家和工程师（龚旭，2004b）[33]。美国联邦政府支持基础科学研究总经费的 20% 是通过 NSF 进行分配的，而这其中的 30% 都用于资助高等学校的基础科研（Cole et al.，1977）[34]。NSF 通过同行评议的方式分配科研基金，也就是说基金会的项目

① http：//www. nsf. gov/about/history/waterman_ bio. jsp，2009 - 02 - 13.

② http：//www. nsf. gov/about/history/overview - 50. jsp，2009 - 02 - 13.

官员作出的资助决定都是建立在同行评议的基础上。

（一）美国国家科学基金会的结构及职能

NSF 是直属于联邦政府的一个独立部门，它的最高决策和领导机构是国家科学理事会（National Science Board，NSB），它是全国唯一负责基础科学状况分析的联邦机构，是 NSF 的政策制定机构，也是基金会的核心机构。NSF 在行政上设主任、副主任及秘书长各一名，其下设 7 个局（Directorates），包括 5 个学科局和 2 个业务局（如图 3－2）。每个局下有一名代理主任，在秘书长的领导下负责日常事务（全国科学院科学与公共政策委员会，1985）[5]。

基金会主任和成员办公室（Office of the Director & Staff Office）	NSF 的主任（NSF Director）和副主任（Deputy Director）	国家科学理事会（The National Science Board，NSB）	检察长办公室（Office of Inspector General，OIG）

生物科学局（Directorate for Biological Sciences）	社会、行为和经济科学局（Directorate for Social，Behavioral and Economic Sciences）
计算机、信息科学和工程学局（Directorate for Computer & Information & Engineering）	网络基础设施办公室（Office of Cyberinfrastructure）
教育和人力资源局（Directorate for Education and Human Resources）	国际科学和工程学办公室（Office of International Science and Engineering）
工程学局（Directorate for Engineering）	极地项目办公室（Office of Polar Programs）
地学局（Directorate for Geosciences）	预算、财政和奖励管理办公室（Office of Budget，Fiance and Award Management）
数学和物理科学局（Directorate for Mathematical and Physical Sciences）	信息和资源管理办公室（Office of Information and Resource Management）

图 3－2　NSF 的组织结构图

资料来源：http：//www. nsf. gov/staff/orgchart. jsp，2009－02－13.

NSB 的主要职责是在总统和国会设定的框架内为 NSF 制定政策，并监督政策的执行，它也为总统和国会提供关于科学和技术研究以及教育的咨询服务。它是由 24 名来自联邦政府以外的、自愿的、非全日制的科学和工程学领域中的科学家组成，由总统提名，经国会批准的“在基础、医学、社会科学、工程学、农业、教育或是研究管理、公共政策方面著名的学者；这些科学家已有的贡献是被提名的唯一条件”（Zwerling, 1980）。NSB的历届理事均由学术界或工业界研究部门中极具声望的人组成，其中一半以上是大学校长和来自高等院校的著名教授，这体现了 NSF 的既要保护“以高等学校为代表的科学界的研究自由，又要兼顾政府权威”（地震学联合科学基金会考察组，1986）[15]的思想。理事会人员全部由兼职人员组成，每届任期 6 年，每两年更换 1/3，每年大约召开 6 次会议，休会期间由 5 人组成的执行委员会负责，他们享受顾问工资待遇。它的主要任务是保证基金会严格按照同行评议的程序进行，从而保证所资助科研项目的质量。它直接向总统负责，每年通过总统向国会提交报告。

基金会主任是 NSF 的最高领导，他全面负责 NSF 的日常事务，从政策的优先发展到制定行政和管理的指导方针等所有事务。基金会主任是专职的，由总统任命，他是 NSB 的当然理事，是同行评议最关键的因素。他有权批准不超过 50 万美元的项目，超过的项目要经过理事会的批准。

监察长办公室成立于 1989 年，监察长是这一机构的领导，他直接向 NSB 和国会负责。这一机构的主要职责是监督 NSF 的日常管理并促进其经济、有效、快捷地运行；预防、侦查 NSF 的管理程序和运行的失误；评论影响 NSF 的立法和条例；处理研究不当行为等，每半年向国会报告工作。

项目官员（program officer）起着重要作用，这既包括日常的管理和办事员的工作，也包括为 NSF 制订计划的科学家。他们是基金会与研究人员或项目负责人之间的桥梁，服务年限一般为三年。项目官员中最重要的就是项目主任，项目主任需要有很高的洞察力，他可以根据自己的判断和相关专家的意见，促进或阻止某些研究领域的发展。他在选择评审专家的时候要善于发现申请者与评审专家之间有无利益冲突，提供适当的材料（地震学联合科学基金会考察组，1986）[62]。负责选择评审专家或小组评审成员，并且负责向 NSB 推荐值得获得资助的申请书。他们既可以是永久职员，也可以是临时职员（包括访问学者、工程师、短期的和政府间的交换人员等）。其中大约 1/3 为高等学校或企业的科学家，这样能帮助 NSF 更好地了解目前国内外相关领域的研究状况（Groeneveld et al., 1975）[344]，知道哪些申请书应该获得资助，增强制定基金项目指南的针对性；同时学术人员通过在基金会的工作能更好地了解本学科的学术前沿，促进自身的发展。

同行评议专家都是由具有各领域专业知识的著名专家组成，这些专家都是临时的。他们任期的长短与所服务的委员会有关。评审专家一般以一年为一个阶段，有的可以工作两三年，通讯评审专家和特别委员会则没有固定期限。

NSF 在选择同行评议专家小组成员时，要考虑各种因素。例如，评审者的年龄应有较大差异；评审者的任职期限最多为三年，以及评审者在不同规模的大学、公立的和私立的（民间的）研究机构中所具有的代表性等。另外，当同行评议过程中涉及与宗教界、不同社会团体或不同阶层人士有直接关系的问题时，评审者中还应该有他们的代表。

在 NSF 中，不论是项目主任、理事会成员、各部门的工作人员，还是对申请书进行评审的评审专家都是各个领域的杰出学者，其中绝大部分是大学教授，这种同行审查的方式既体现了学术人的自我管理，也体现了国家及社会对学者的信任，这对维护学术自治具有重要的意义。

（二）美国国家科学基金会的同行评议

NSF 的基础研究是在“国家导向、自由申报、同行评议”原则指导下的项目管理制，NSF 选择项目负责人的主要方式是同行评议。每个部门的拨款数量是由国会规定的，在此基础上，NSF 组织同行评议专家对申请书进行评估。

1. NSF 的同行评议程序

NSF 的同行评议主要按照以下几个步骤进行。

接收申请书。NSF 每年两次向全国征集项目，申请书通过科学家所在机构递交到基金会，而绝大多数这样的机构是大学（Cole et al.，1977）[34]，尤其是研究型大学，没有所属机构的科学家可以通过参加非营利组织的方式以个人身份申请。每年 NSF 从各机构收到两万个提案，每个提案要提交 15 份，基金会对收到的申请书进行登记编码，之后把号码存储进计算机备案，然后将提案送给相应各学部，各学部的项目评审员会对申请书进行初步审查，即形式审查，合格者交到项目主任手里，由项目主任选择并组织评审专家对申请书进行评议。一般来说，一份申请书至少要经过三位外部评审者的评议。评审者多来自大学，也有少数从产业部门中选择，整个过程在两个工作日内完成。目前，NSF90% 以上的经费用于资助高等院校科研，其中基金会的资助占全国高等院校基础研究经费总额的 30% 以上（地震学联合科学基金会考察组，1986）[15]。

选择评审专家。NSF 有一个包括 30 万名评审专家的数据库，项目官员通过各种途径寻找评审者，评审者可以是申请者提议、申请书的介绍人、发表相关论文的作者等。这些评审者来自不同的机构，既包括四年制的大学、学院，也包括两年制学院，既包括授予博士学位的大学也包括授予硕士学位的大学，还有 6 000 名国外的评审者。这些人不仅要在“所评议的领域有所专长；与申请人没有利益冲突；客观公正；而且评议人在学术生涯的不同阶段、在不同类型的研究机构和地域分布、在研究及研究人员的多样性等方面还要达到一定的平衡”（龚旭，2004a）[374]。另外，所有参加评议的评审者是免费的，由于 NSF 选择评议专家的标准较高，科学家都将能进行评议视为一种荣誉。

评审标准。评审者按照 NSF 的要求从两个方面进行衡量：知识价值（Intellectual Merit）和广泛的社会影响（Broader Impacts）。就知识价值来说，主要包括这一研究对促进和理解学科知识的重要性、申请者的能力、研究的组织过程如何等；就影响来说，主要是指这一研究对促进发现新知识促进教学上的作用，对促进不同种族、性别等少数代表有何作用；这一研究对社会中的哪一群体有用（National Science Board，2007）。同时还需要对申请者的研究能力作出判断，而衡量这一能力的重要指标就是最近发表成果的多少。根据以上因素综合考虑，评审专家对申请书定级打分（Cole et al.，1981）[881]。正是需要对评审者的工作能力进行评审，使得申请者的身份对于评审专家是公开的，而评审专家的身份对申请者来说则是保密的这一方式受到很多批评。

2. 评审方式

NSF 主要通过三种方法进行评审，即通信评议（mail-only）、专家小组评议（panel-only）、通信评议加专家小组评议（mail-plus-panel review），此外，对科研设施和中心还需要实地考察。其中，第三种方式需要的评审员人数最多，平均每份申请书需要8名评审者，2006年每种方式所需要的评审者的数量详见表3－1。一般来说，生物科学部、地球科学部及社会、行为和经济科学部主要采用通信评审加专家小组评议的方式进行，计算机和信息科学与工程学部、教育人力资源部、工程学部以及数学和物质科学部主要以专家小组会议评审方式进行，极地计划办公室和国际合作办公室最常用的则是通信评审（龚旭，2005）[57]。

表3－1　2006年各种评审方式所需要专家的数量

	通信评审	小组会议评审	通信评审加小组会议评审	总　和
评审者（人）	16 938	122 304	99 907	239 149
申请书（份）	3 895	22 384	14 349	40 628
每份申请书需要的评审者人数	4.3	5.5	7.0	5.9

资料来源：Report to the National Science Board on the National Science Foundation's Merit Review Process Fiscal Year 2006 March.

通信评审。通信评审就是项目官员将申请书送给机构外的若干评审专家，他们就申请书的客观性、申请者的能力、研究的内在价值和有用性等进行评议，给出评议意见，并给申请书打分（分为特优、优、良、中、差五个等级），给出打分的根据，并在规定时间内把结果寄回（吴述尧，1996）[11]。这种评审方式中，每份申请书一般需要5—6份评议书。这一方法的主要优点在于评审专家可以更好地理解申请书，成本也相对较低；缺点在于不能确定返回评议书的数量，同时评议专家完全靠个人的理解来决定每份申请书的命运，主观性较强。

专家小组会议评审。评审小组成员是由项目主任与科长、处长协商后选择出来的，在这一过程中，项目主任起着核心作用。专家小组会议评审主要用于社会科学，是由8—12名专家组成的。与通信评审相比，评审专家可以对不同的申请书进行比较和讨论，有利于交叉学科项目的评审，同时它所需要的时间比通信评审短。2006年使用专家小组会议评审的83%都在6个月内完成了评审，而通信评审加小组会议评审为72%，通信评审仅为67%。

通信评审加专家小组会议评审。即将通信评审与专家小组会议评审相结合的评审方式。项目主任首先把申请书寄给通信评审专家，评审结果寄回后，再进行专家小组会议评审，这时候的评审是在通信评审基础上进行的，主要是对申请书的一种评价和鉴定。通信评审加专家小组会议评审有不同的组合形式，有的专家既作为通信评审专家又作为会议评审专家，而有的专家只做小组会议评审专家而不参加通信评审等。这种评审方式把前两种评审方式的优点结合了起来，克服了各自的缺点。

近年来，只进行专家小组评审的方式逐年上升，从 1995 年的 39% 增长到 2003 年的 53%，只进行通信评审的比例从 28% 下降到 11%，两者结合的比例从 28% 增长到 32%（龚旭，2004b）[35]。三种评审方式各有利弊，其中通信评审成本最低，但所需时间最长且具有不确定性，评审结果的主观性最强；专家小组会议评审有利于对申请书的充分讨论，但评审专家易受他人观点影响，不利于单独作出决定；第三种评审方式克服了前两种的缺点，但所需成本较高。各学科根据本学科的特点和自己的需要选择适合自己的评审方式。

3. 评审结果

从提案送到基金会到得出结论一般需要 6 个月的时间，最长不会超过 9 个月。评审者在对申请书进行评审后，将其归为特优（1 分）、优秀（2 分）、良好（3 分）、中（4 分）、差（5 分）五个等级中的一个，同时还需要提交一份对申请书的评论，以支持所打分数（Cole et al.，1977）[35]。项目主任浏览所有的推荐意见，并提出自己的推荐意见，最后由 NSF 的领导审核，再经过预算、财务和资助管理办公室的审核，最终作出资助决定。在这一过程中，相对于评分而言，评审者的评论意见更重要一些，因为不同的评审人有不同的兴趣爱好，有的虽然分数给的很高，但是评论却不支持此研究；有的虽然分数给的不高，在评审意见中却支持这个项目的研究。

根据评审者意见的不同最终可以分为两种情况，一是评审者意见一致的情况，即评审者都支持或否定此申请书；二是评审者对支持与否持不同意见。对第一种情况，项目主任可以根据评审者的意见很容易作出决定，后一种情况往往争议比较大。一般来说，项目主任会再邀请相同领域的三位专家对其进行评审，根据最后三位专家的意见，作出资助与否的决定。

NSF在批准项目的时候还要考虑以下因素：鼓励研究和教育的综合，鼓励研究参与者的多样性，尤其是那些少数群体的代表。同时，对“资助金额在150万美元以上的资助还要经过NSB的批准”（National Science Board, 2007）。

评审结果将会反馈给项目申请者及其所在单位，同时还有无署名的同行评议专家的评审意见，这样获得资助的申请者可以根据评审意见进一步修改自己的申请书，更好地进行研究；被拒绝的申请者既可以根据评议意见修改并重新提交申请书，也可根据自己对评议意见的看法，决定是否向NSF提出申诉请求。对于获得资助的项目还要经过预算、审计等部门的审核，每年主任评审理事会（Director's Review Board）要对当年批准的申请书进行抽查，抽查数量大约占每个部门预算的2.5%。最终NSF在规定时间内将资金拨到申请者所在单位，大学一般都有相对应的资金管理机构。

项目主任在评审的过程中还要注意照顾年轻人，当年轻人申请书质量与年长者质量相当时，项目主任更倾向于支持年轻人的申请。但是获得资助额较大的申请者往往是著名学系的资深科学家和学者。由于足够的资助金额和充足的时间是保证高质量申请书按照计划完成的重要因素，因此从2000年以来，NSF项目资助金额呈现出上涨趋势，其单项平均资助额从2000年的8.3万美元增长到2002年的100万美元，再增长到2005年的140多万美元，资助持续时间维持在2.9年左右。由于申请者数量增长迅速，2000年以来，获得NSF资助的项目占申请项目总数的比例有下降趋势，见表3－2。

表3－2 2000年以来提交与获得资助申请书的数目变化

项目 \ 年度	2000	2001	2002	2003	2004	2005	2006
递交申请书数量（份）	29 508	31 942	35 165	40 075	43 851	41 722	42 352
获得资助申请书数量（份）	9 850	9 952	10 406	10 844	10 380	9 757	10 425
获得资助比例（%）	33	31	30	27	24	23	25

资料来源：Report to the National Science Board on the National Science Foundation's Merit Review Process Fiscal Year 2006 March.

根据1950年签署的《国家科学基金会法案》（National Science Foundation Act)，NSF 的主要作用是“支持基础科学研究，增强各个层次的科学研究和科学教育项目”。NSF 的唯一任务就是在同行评议的基础上，对研究者、教育家和美国各学院、大学和其他机构的学生进行资助。NSF 作为国家基础科研的平衡轮（balance-wheel），不断将联邦基础科研经费导入大学，1953 年大学承担了全国基础科研的 1/4，到 1960 年增长到 36%，苏联卫星上天之后的十年中，大学承担的基础研究超过了 50%，到 90 年代中期为 49%。同时联邦政府对大学科研经费的分配也趋于平均，由 1958 年 37% 的政府资助集中在 10 所顶尖大学，到 1963 年这 10 所大学占 32%，再到 1968 年占到 28%（Geiger，1997）。

2002 年以来的数据显示，NSF 每年拨给学术机构的比例都占其当年拨款数量的 70% 以上，2006 年 NSF 拨款的 76% 给予高校等学术结构，15% 给予非营利机构和其他组织，7% 给予营利性组织以及 2% 给予联邦制机构和实验室。

表 3-3　2002—2004 年受资助的金额与比例分布（单位：百万美元）

年度与占比 / 机构类型	2002 年	所占比例（%）	2003 年	所占比例（%）	2004 年	所占比例（%）
联邦机构	89	2	108	2	100	2
产业界	323	7	337	7	360	7
学术界	3 489	76	3 950	76	4 159	76
非营利机构及其他	697	15	762	15	801	15
总计	4 599	100	5 157	100	5 420	100

资料来源：美国国家科学基金会 2004 财年价值评议综述。

NSF 的成功主要归功于它从一开始就支持大学科研。NSF 第一任主任沃特曼指出 NSF 的主要任务是促进知识发展（Geiger，1993）[29]，而这也正是大学科研的主要任务，其科研资金主要分配给美国各大高校的学者，评审专家也主要由高校学者承担。NSF 为高校科研提供不限定任务形式的支持，适应了大学科研的需要。NSF 通过同行评议选出最优秀的申请书进行资助（王筱蕾，2007）。这种资助方式使大学之间相互竞争，大大提高了资金的使用效率；同时大学通过在政府许可的范围内自由支配科研资金，扩大了高校自主权。

四、同行评议在美国学术界其他领域的应用

事实上，在美国学术界，同行评议远不仅仅限于 NSF 的研究资助领域。在美国另外一个最大的研究资助部门——国家卫生研究院（NIH），也采取另外一种形式的同行评议制度。而且，不仅如此，甚至在美国学术界的其他领域如学术发表、学术奖项的评选以及学术晋升等，同行评议都是其中最重要的学术认可机制。

（一）NIH 的同行评议与学术资金分配

美国所有的科研资助机构包括私人基金会和联邦政府基金会都是通过同行评议对资源进行分配的。在高等教育领域，联邦政府对大学科研的资助主要是通过 NSF 和 NIH 进行的，这两大机构也是高校获得科研资助的主要来源，其中，NIH 相当于 NSF 在生物科学方面的补充。

NIH 最初是联邦政府开展和支持医药研究的机构，最早可追溯到 1887 年在纽约斯塔腾岛（Staten Island）海洋医院建立的卫生实验室，1930 年改名为国家卫生实验室，主要鼓励基础生物和医药研究。7 年以后，国家癌症研究所（National Cancer Institute，NCI）在国会的支持下建立起来，NCI 的主要任务是支持非联邦科学家对癌症的研究，并为国家癌症研究所的年轻科学家提供研究资金。通过 1944 年的相关法律，NCI 成为 NIH 的一个组成部分。“二战”中，NIH 的研究都与战争有关。① 1946 年 1 月，医学科研委员会（Committee on Medical Research，CMR）在讨论如何处理正在进行的研究项目时，公共健康服务中心（Public Health Service）首次将其称做国家卫生研究院。它的主要任务是充分利用拨款、合同和合作等资助手段，采用投资于大学和医学院的直接研究和投资于联邦政府与大学之间的合作研究两种方式，来资助生命科学和与人民健康的相关研究（沈红，1999）[103]。

① http：//history. nih. gov/exhibits/history/docs/page_ 09. html，2009 - 02 - 14.

对 NIH 来说，大学是主要的受惠者，大学科学家（academic scientists）占了医学研究共同体人数的2/3，其中 1949 年大学得到了 NIH82% 的研究基金（Geiger，1993）[23]，NIH 资助全美医学院 75% 的生物学研究和 40% 的大学研究。从 2006 年起，NIH 每年将 280 亿美元用于医药研究，其中 83% 的资助通过同行评议分配给大学和医药学院的 325 万名研究者，大约 10% 的预算用来资助 6 000 名科学家在自己的实验室从事科学研究（Scarpa 2006）[41]。NIH 的资金是通过同行评议分配的，同行评议是 NIH 进行资金分配的基石（Couzin，2007）。NIH 的同行评议是分两步进行的。

第一步是由外部科学家组成的科学审查小组（Scientific Review Groups，SRGs）进行。这些评审专家对申请项目的价值，主要是科学研究的质量、潜在影响、是否与 NIH 的目标以及是否有利于人类健康为标准，将自己认为合适的申请书推荐给综合审查小组（Integrated Review Group，IRG）。综合审查小组再将符合条件的申请书分给不同学科评审中心（Center for Scientific Review，CSR），NIH2/3 的科学资金分配都是通过 CSR 进行的，此机构每年招募 1.5 万名不同领域的外部评审专家对申请书进行评审，评审专家每届任期 4 年。每年评审专家花费 1—3 个月的时间阅读并评估申请书，并就申请书的客观性、研究计划、申请者及其同事的能力、研究环境、研究成功的可能性、预算是否合理以及研究的重要性等 7 个方面进行评审，评审者要向 IRG 提交对申请书的批评意见和分数，其中 1 分最好，5 分最差。在申请书发送给评审专家时，还附送 1 份之前已经评审过的分数不高的申请书，如果申请专家也同意这个分数，则在开会时就不再讨论此份申请书。他们每年与评审专家小组会见 3 次以讨论并为申请书打分（Scarpa，2006）[41]。

评审会议大约持续两天时间，其中一位评审专家做小组主席，并与科学审查主任（Scientific Review Officer，SRO）共同管理这次会议。经过普遍讨论之后，每位评审者单独为申请书打分，最后由 IRG 制成表格。评审会议之后，要将评审结果告之申请者。之后，研究所或研究中心的主任会为申请者解释评审意见或回答关于申请书的其他问题。①

第二步主要由 NIH 的资助机构之一全国咨询委员会或理事会（Nation-

① http：//grants. nih. gov/grants/peer/peer. htm#overview，2009 - 02 - 14.

al Advisory Board or Council，NAC）进行，NAC是由12位或更多的外部研究团体和公众代表组成的，他们的主要任务是对IRG的结果进行评估，并且作出最后的决定，他们的评估主要是审查第一步评选出来的项目是否符合NIH的主旨（Chubin et al.，1990）[21]。

在NIH的同行评议中，第一步是关键，主要由具有专业知识的同行评审专家进行。在评审的过程中，评审专家作为一个群体，共同掌握着科学研究的标准，他们通过资助符合科学研究标准的申请书为科学研究制定标准，而个体学者通过让渡个体权力给集体的方式，维护了学者群体对学术的自治权。对于联邦政府等学术群体外部的资助者来说，他们将更多的权力下放给由精英学者组成的集体（阎光才，2009）[127]，资助了具有真正价值的科学研究，对其自身以及社会的发展来说，具有重要意义。正是个体对权力的让渡和政府对权力的下放，使得学者作为一个群体，通过同行评议掌握了学术自治权。

（二）同行评议与美国学术发表制度

由于交流科学发现的最佳途径就是发表，为了保证发表作品的质量，这就需要对将要发表的作品进行评议，这既包括学术论文在期刊的发表，也包括学术著作的发表。评价学术质量的一个重要标准就是看学术著作发表或出版的机构是否“权威”，权威的标准则在以往对本学科领域和主要出版物的集体经验评价基础上获得。一般来说，期刊编委会是否由杰出学者组成，杰出学者是否愿意向其投稿是衡量学术作品质量高低的重要标准（唐纳德·肯尼迪，2002）[235]。虽然大家普遍承认不能以文章的数量为基础而应该以文章的质量为标准，但是对文章的质量却没有一个统一的标准。学术界逐渐演变出同行评议，以保证发表作品的学术质量。由于期刊的同行评议过程大同小异，本部分就以《美国医学协会杂志》（*The Journal of American Medical Association*，JAMA）的同行评议为例进行说明。

发表是科学进步的核心，而发表的核心制度是同行评议（Rennie 1990）[1317]。JAMA是美国医学学会（the American Medical Association，AMA）的出版物，AMA成立于1847年，1883年创立了美国医学协会期刊JAMA，到目前为止，JAMA已连续出版发行了120多年，JAMA在1989年开办了第一届同行评议大会，促进学者对期刊普遍采用的同行评议进行研究。JAMA 的同行评议过程如下。

第一，编辑浏览收到的所有稿件，并拒绝那些不属于期刊所属领域、有明显错误的稿件。副编辑是由编辑根据主题选定的，期刊的许多决定都是由编辑和副编辑在编委会会议上（editorial meeting）讨论作出的（Weller, 1990）[1345]。

第二，编辑根据自己的需要，选择能胜任此项工作的、富有责任心的并且能回复的同行评议专家，根据稿件中数据的重要性来决定是否选用统计评审专家（statistical reviewers）。一般来说，编辑们大多都会记录评审者的评审报告的质量（the quality of reviewer's report），以作为以后选择评审者的参考。

第三，将初评合格的稿件分配给 4—6 名此领域的专家和学者，要求他们写出对稿件的评审意见，并向编辑表达自己的观点：接受、拒绝还是修改后再评审。为了使评审更为公正、客观，也为了使评审者避免潜在的麻烦，大多采用评审者知道作者的姓名，而作者不知道评审者姓名的单向匿名评审方式进行。对 JAMA 来说，要求对稿件作出修改的大约占 80%，有 10% 的稿件会被无条件地直接接受，还有大约 10% 的稿件直接被评审者拒绝（Peters，1995），但稿件最终拒绝与否还是由编辑参考同行评审者以及副编辑的意见，或者通过召开编委会会议作出决定。编辑通常将评审者的意见反馈给作者，以利于作者对文章进行进一步修改。

在评议过程中，每位评审者都是单独进行评审的，相互之间没有交流，所以得出的意见很难一致。因此，学术期刊的编辑往往是对本领域有一定了解的，能根据不同评审者的意见作出发表与否的判断。在评审者意见有明显冲突以及很难作出决定的情况下，编辑可以组织二次评审。

对刊物或出版物进行的评价只是一种初步的筛选，是为了保证更大范围的公众看到的稿件起码达到了最低标准。如果经过同行评议的稿件质量低劣，评审者就会受到批评（爱德华·希尔斯，2007）[396]，严重的还会令公众对整个学术界产生信任危机，从而不利于学术的进步。鉴于此，像《自然》（*Nature*）和《科学》（*Science*）这样的知名杂志，对初稿的评审要经过两步，第一步是完全由编辑进行的，他们根据自己的要求对稿件进行筛选，对于不符合要求的稿件不经过同行评议就已经遭到拒绝，大约有

60%的稿件在这一过程被拒绝；第二步，编辑符合自己要求的稿件，寻找2—3位同行专家进行匿名评审，根据评审意见，编辑决定是接收、修改还是拒绝稿件，最终发表的稿件只占每年提交稿件的7%。①

大学出版社往往是某个领域学术作品的主要出版者，他们"选稿的标准突出强调高质量，而不是潜在的利益，因此人们把大学出版社看做是学术发展的后盾"（贺国庆，1998）[167]。出版社对学术著作的评审与学术期刊类似，也是采用将书稿送给3—5位同领域专家的方法进行评议，当收到2—3位专家的支持意见时就将稿件交给编辑部进行进一步的评审，并作出最后的决定。②

以上同行评议，对评审者选择的过程主要由编辑负责。作者在提交稿件的时候就可以向编辑推荐那些他认为有能力对他的稿件进行评审的专家，也可以指出不适合对其进行评审的专家，适当的时候，他们应该提供证据；评审专家也要告知编辑哪些人可能与他存在利益冲突，这样就可以避免在评审过程中因个人原因产生评审不公现象。

对科学家而言，获得同行的承认是其学术成果价值的重要体现，也是学术研究的动力，而获得同行承认的主要途径就是发表。经过同意发表后的作品一方面证明了学者的研究能力，另一方面发表后的作品会得到更多学者的讨论，为学者指明了进一步研究的方向。学术发表的最终决定权实际上还是掌握在学者手中，他们通过同行评议来实现学术自治。

（三）同行评议与美国学术奖励制度

学术领域每年都会颁发很多奖项，但如何在众多的候选人中选择出获奖人也需要同行评议。下面以美国国家科学奖（National Medal of Science Award）为例进行说明。

美国国家科学奖是在1959年由美国国会设立的，是美国科学和工程领域的最高奖，每年评选一次，每年的获奖者不超过20名，由美国总统亲自颁奖，主要授予在行为学、社会科学、生物学、化学、数学、工程学以及

① http：//www. nature. com/nature/peerreview/debate/nature05535. html，2008 -07 -06.

② http：//www. reference. com/browse/wiki/Peer_ review，2008 -07 -06.

物理学方面作出卓越贡献的科学家。①

美国国家科学奖由 12 位科学家组成的国家科学奖总统委员会（The President's Committee）负责，这些科学家都是在各主要学科领域作出重大贡献的学者，由总统任命，接受 NSF 的领导。委员会每年都会呼吁科学界为美国国家科学奖提名新的候选人，其中每一个提名都需要来自科学技术界至少 3 位同行的推荐，并将推荐信提交给委员会作为参考，被提名的候选人在 3 年内有效，3 年之后候选人的同行可以再次提名该候选人。提名推荐信要在每年 8 月 1 日之前递交到委员会，委员会成员选择出来的候选人要在 10 月 15 日之前推荐给总统，由总统宣布候选人。

委员会选择候选人要符合以下 4 个标准：（1）候选人必须在以上提到的领域中工作；（2）个体科学家不仅对现在而且对未来的科学发展都会有很大的影响，并对创新以及工业发展有巨大贡献；（3）通过出版、教学等途径对教育产生影响；（4）候选人必须是美国公民或者已经申请美国国籍的永久居民。② 2009 年，国家科学奖委员会委员中有 9 位是大学的科学家，还有 1 位是美国国家科学院的研究者，1 位是伯克利国家实验室的研究者。③ 由此可见，国家科学奖的评审者也主要由学术界人士担任。

联邦政府通过将权力下放给学者的方式，既保证了评奖过程的公平公正，又能鼓励学者从事具有社会价值的研究。选择候选人的标准决定了这一奖项只能由学术界成员获得，而学术成果的价值也只有学术界同行才有能力进行判断，学者们正是通过同行评议掌握了学术奖项评选过程中的学术自治权。

（四）同行评议与教师的聘任与晋升制度

大学教师的聘任、晋升和终身教职的选聘都是关系大学学术方向与质量的一个关键因素，在大多数西方国家，教师聘任和晋升也是通过同行评议进行的（爱德华·希尔斯，2007）[365]。美国大学实行教授治校，在本质上这是一种民主参与权力的实现，这主要体现在对如教师聘任、晋升和解

① http：//en. wikipedia. org/wiki/National_ Medal_ of_ Science，2009 – 03 – 16.

② http：//www. nsf. gov/od/nms/nominations. jsp，2009 – 03 – 16.

③ http：//www. nsf. gov/od/nms/committee. jsp，2009 – 03 – 16.

聘等的控制上（别敦荣，2000）[69]。一般来说，教师的聘任、晋升以及终身教职评审都是由作为美国大学教授发表意见的首要场所——学系中享有投票权的教授讨论决定的。教师招聘的程序主要包括以下步骤。

（1）学校设立招聘委员会并公布招聘信息，委员会多是由知名教授组成。招聘委员会要在专业刊物、报纸以及学术会议上广泛发布招聘信息，申请截止日期要在广告贴出30天以后。招聘委员会还可以向该学科领域的学术带头人征求意见，或给全国授予此学科博士学位的院系写信。

（2）系主任至少要提前两周将申请材料递交到学术委员会手中，学术委员会对应聘者进行多方面的评审与考察，从众多职位申请者中选择十余人作为重点考察对象，最后选出3—5名候选人来学校进行进一步考察。在这一过程中，还会邀请外部评审专家对候选人进行评价，并给出评价意见。最后通过召开会议的方式，学术委员会对申请人进行讨论，并投票表决。

（3）投票结果出来后，系主任还要征求院长的意见。如果院长与系主任意见相左，院长要通知评审者收集更多的信息，并将信息提交给相关人员，从而在作出最后决定前再次对申请人作出评价。①

在美国研究型大学中存在“非升即走”（up-or-out）的不成文规矩，授予教师终身教职是教师晋升的关键问题之一。终身教职的评选遵循严格的程序，非终身教职经过6—7年的试用期后，大学会邀请外部的同行学者作为评审者进行评审，并最终决定是否授予终身教职（杜德斯达，2005）[125]。终身教职的评选过程主要由以下步骤组成。

（1）成立一个由5人组成的招聘委员会，多数情况下此5人都具有终身教职，在评审过程中还邀请外部评审专家参与。由他们共同对申请终身教职的教师进行评议，评议主要从科研、教学、社会服务三个方面进行，还要征求其学生、同事的意见，并向系主任推荐合适的候选人。

（2）系主任将人选交给校长。校长从教师评议会的提名中指定9—11名具有终身教职的教师组成终身教职评审委员会，他们的主要作用是审查申请人所在系推荐材料的真实性以及是否符合晋升的标准，对不符合标准的退回修改。当校长与评审委员会的意见不一致时，校长需与评审委员会

① http：//www. ucop. edu/acadadv/acadpers/handbook/appoint. htm，2009 - 03 - 17.

成员协商，最终由学校评议会对教师的晋升予以最后的批准确认（陶遵谦，1984）。

不论教师聘任、晋升还是终身教职的评选，最有决定权的成员是最了解此学术领域的人，他们也是最了解这一学科进行研究与教学所需人才的人，同时他们还了解该学术领域进行社会服务的重要作用以及该领域的核心期刊等。在招聘、晋升、终身教职选聘上，管理者必须询问同行评议委员会的意见，没有足够的理由，管理者不得违反同行评议委员会的意见（Berry，1980）[642]。正是研究型大学这种招聘、晋升和终身教职的评选方式，大大增强了学术自治和学科专业自治（爱德华·希尔斯，2007）[365]。教授会团体是高校的关键资源，他们的学术活动关系大学的威望（伯顿·克拉克，2001a）[58]，也正是他们对学术的严格要求保证了高校教师的质量，并且促进学术研究的不断发展与进步。

同行评议已渗透到大学的各个领域，比如在课程设置上，申请开课人向各系教授会提出申请和论证报告，提交给由教授组成的课程小组进行讨论，教授课程小组会针对课程开设的必要性、课程内容以及教材的选择等进行数月的激烈讨论，最后投票决定课程的开设与否。另外，向学生学位的授予、教师工资定额与升降、本科生与研究生的录取等都是要经过教授们的讨论，如果教授会意见基本一致，校董事会和教务处不会改变教授的决定。

学术自治要受到诸如终身教职、同行评议等制度的保护，学者们通过决定谁能进行博士阶段的学习而选择候选人，通过对未发表的学术稿件进行同行评议来决定学术职业，通过未获得终身教职的教授向已获得终身教职的教授提交申请材料，来决定是否授予其终身教职（Menand，1997）[8]，在学术领域的各个环节，学者个体必须接受学者共同体的认可，同时又作为集体的一员参与新教师的招聘、晋升与终身教职评选，这有效地防止了外部力量的介入（阎光才，2009）[127]，从而有效地保护了学术自治。

五、美国各界对同行评议的评价

同行评议自从产生以来就一直受到人们的批评，历史上同行评议经过了三次大的调查，一是20世纪70年代，美国科学家要求调查同行评议的不公正；二是80年代中期，一批科学家和决策制定者对同行评议提出严厉批评，参议院拨款调查；三是80年代末在英国研究理事会的同行评议进行了为期一年的调查。这三次大调查之后都表明同行评议是一种有效的管理基础研究的方法，但是还需要进一步完善（吴述尧，2002）[241]。同行评议受到的批评主要包括以下四个方面。

1. 关于同行专家的选择

由于评审专家可以决定每份申请书的命运，因此掌握同行专家选择权的项目主任、编辑等通过选择不同的评审专家而影响甚至决定着每位学者的命运。以项目主任为例，他可以通过选择评审者来决定哪些申请书获得资助。因为通过长期的合作，他们很了解每位评审专家倾向于打什么样的分数，这样就可以通过选择那些不同倾向的专家对某人的申请书进行评价，从而决定一份申请书的命运。在这一过程中，如果项目主任通过选择不同的评审者将更多的资助拨给自己的同事或朋友，帮助他们发表更多的文章、获得更多的资助机会，这样就形成了一个恶性循环：项目主任的朋友拥有更多的机会提携更多的同事，当其中一部分提交申请时，没提交申请的人很可能是评审专家，而获得资助的年轻同事慢慢也成长为评审专家，与此相对应的，他们也选择自己熟悉的人或自己圈中的人。而非圈内的科学家，则因为没有相应的同事做评审专家，获得资助的机会少之又少，最终被排斥在整个圈子之外。这也就是所谓的“老友”假说（Cole et al.，1977）[3]。另外，项目主任还可以通过削减预算，使那些自己不看好的项目不能得到有效支持。

通过对以往评审专家的统计发现，绝大多数同行评议专家是来自于著名大学的35岁以上的白人男性。他们歧视年轻人，并对各种未经实践检验的研究方法持怀疑态度，为了维持长久以来的传统，他们通过参与活动和“老朋友圈子”提名遵守这一规范的科学家继承这一传统（Gustafson，1975）[1061]，而年轻学者为了能够获得资助就不得不按照评审专家的喜好来修改自己的申请书，最终使具有创新性的研究得不到有效资助，从而阻碍科学的发展。

2. 关于评议造成的马太效应

长期以来，同行评议已被证明是以已有能力的研究者为主的政策，少数著名学者占有了不成比例的多数资源，受到社会各界的批评。正如《马太福音》上说“凡有的，还要加给他，叫他有余；而没有的，连他所有的也要夺过来”（Jackson，1988）。马太效应（the Matthew effect）是指“非常有名望的科学家更有可能被认定取得了特定的科学贡献，并且这种可能性会不断增加，而对于那些未成名的科学家，这种承认就会受到抑制”（默顿，2004）[614]。参与同行评议的学者往往已经声名卓著，这样的学者已经形成了自己的体系，他们对论文、课题等有自己的偏好，这种偏好就使年轻人具有创新性的思想观点得不到重视，因而很难获得资助，但是社会中很多成就都是年轻人作出的，许多著名学者最重要的贡献也是在年轻时期作出的，而这一方法遏制了年轻人的发展，不利于科学研究取得突破性进展。

对知名科学家来说，他们的申请不能获得资助的情况很少。如果知名学者递交的申请书质量较低，项目主任或者认为该科学家没有时间写申请书，因为按照以往的经验，只要是他要求获得资助，一般都会获得；或者认为该科学家已经达到顶峰，不会有很大的突破了。但是后者是很难作出决定的，因此，项目主任往往会根据此学者以往的成就支持他的研究，这就是所谓的“根据过去的成就预测成功是最好的方法”（Roy，1984）[321]。有研究表明，过去获得资助与否对申请人再次获得资助有很大影响。那些评审得分高而且过去曾获得资助的申请人中98%的人又获得了资助，而得分相同者未曾获得资助的申请者中只有89%的人获得了资助（中国科学院科学基金委员会，1985）[129]。另外，不同级别院系的人获得资助的机会也不相同，对同一份申请书来说，著名院系的申请者获得资助的可能性要远远大于非著名院校申请者。

针对这种状况，1965年NSF开始试行一种科学发展资助项目（programme of science development grants），这种资助主要是在不减少现有研究的条件下，给那些有潜力发展起来的组织提供适当的支持。但是这一政策并没有在全国范围内更加公平地分配研究资金，与以前相比，研究资助的分配却更加集中了（Harnad，1982）[4]。

3. 关于匿名与否

在同行评议过程中，为了保持客观、公正往往采取匿名评审的方法，但是在实践中对匿名评审也存在诸多争论。目前实行的评审主要有单向匿名评审和双向匿名评审。单向匿名评审是指评审专家知道申请者姓名而申请者不知道评审专家姓名的评审，这就无形之中加入了评审专家个人的喜好，不利于不同民族、性别甚至不同院校的学者获得好评（Davidoff，1998）。

为此，有的期刊、评审机构采取双向匿名评审的方法，即评审者不知道申请者是谁，申请者也不知道评审者是谁的方法，但这一方法也存在弊端：对于对论文、申请书等进行匿名评审的专家来说，由于每位学者的写作风格是不一样的，他们作为同领域的学者，很容易识别每位作者的身份；对研究本身来说，每位学者的研究往往是连续的，评审者也可以根据研究内容推测申请者的身份（Davidoff，1998）。

关于匿名与否，问题争论的焦点在于哪种方式能使评审者更客观地表达自己的观点。鉴于此，有人提出要实行开放评审制。所谓开放的同行评议就是将作者的稿件在网上由评审者公开评议，并且评议要署名的评审。但是这一方法也存在弊端：对评审者来说，公开自己的身份可能会使被评审者在下一次评审中进行报复，或者评审者碍于面子不得不隐瞒自己的真实想法，从而使评议成为一种装饰；对申请者来讲，有的申请者会采取各种方法对评审者施压甚至贿赂评审专家，对于没有资源的年轻学者来说，获得资助的机会就会大大减少。再加上评审者的劳动本身就是一种义务劳动，如果因为评价使自己陷于困境，拒绝评价或不真实的评价就成了最好的选择，这样就使同行评议失去了其本身的意义，甚至无法进行下去。

4. 关于评审专家的工作态度

由于同行评议专家对申请书的评议多是义务的，而对申请书进行评议就要占用其进行科学研究、教学或写申请书的时间，尤其对那些知名学者来说，有大量的申请书要评审，他们可能没有时间认真阅读每份申请书，甚至还有可能将申请书交给自己没有经验的助手进行评审，而这样的评审对项目主任来说是毫无意义的。有人认为即使是评审专家本人进行的评审，也会因为他已经走在科学前沿，对许多问题了如指掌，所以在评审论文、申请书时往往走马观花，忽视了其中蕴藏着的新思想。

有观点认为同行评议是一种对科学才能的浪费。一方面，即使是最好的科学家也要花费大量的时间写申请书以保证获得资助而不是将全部精力用于科学研究；另一方面，科学家自己的最新思想要获得资助就要在他的申请书中描述自己的研究，而申请书往往都是由竞争对手进行评审的，竞争对手为了不让对方超越自己，就会不支持这项研究，甚至将对方的观点据为己有，这样，新的思想很难得到大多数人认可，不利于具有创新性的研究项目的开展。

在同行评议的过程中，还有一个比较重要的问题是缺少避免利益冲突的机制。由于科学家的申请书往往会被竞争者评审，而竞争者知道好的研究项目会减少自己可能获得的资助（Roy，1985）[74]，因此，他们会采取各种措施阻止此份申请书获得资助。如果评审专家在评审论文、申请书时受到启发，发现新的研究问题并抢在申请者之前从事研究并发表，这就损害了申请者的权利，而这也是一个难以控制的问题。

还有跨学科申请书的评审问题。同行评议本身的学科界限就使得跨学科的申请书不容易获得资助，因为这样的申请书需要具备对一个科学研究问题的多种知识，对这样的申请书确定其所属学科本身就存在很大困难，为其寻找同行就更困难了。即使有的话，这样的同行往往很少，从而使每位评审者对申请书具有很大的决定权（Porter et al.，1985）[33]；而且几位同行中存在利益冲突的可能性极大，而申请者与评审者之间不平等，申请者没有权利在资助决定作出之前对评审者的评论进行辩驳（Stumpf，1980）[822]，这就浪费了申请者大量的时间，并有可能因此错过了发现的优先权。

另外，同行评议还是一件花时间的事情，这不仅表现在每评审一份稿件、申请书所花费的时间，还表现在申请者准备申请书所花费的时间。1983 年，美国国防部（Department of Defense）获得 3 000 万美元的经费为大学提供了大量的科研经费，为此国防部向美国所有大学征集申请书，总共收到了 2 200 多份，申请金额达到 6.2 亿美元，成功比例仅为 1：60。其中准备并提交每份申请书要花费每个人 1 个月的时间，也就是说 2 200 位科学家每人 1 个月的时间也就是大概 200 年的时间（Roy，1984）[317]。如果再加上同行评议所需要的时间这会花费每位科学家1年的时间，如果再加上间接成本，分配3 000万美元的资金要花费1 600万美元的成本，这还不包括管理费用、通信评审或小组会议评审所需要的成本。科学家从大量不会获得资助的申请书中挑选能够获得资助的项目，花费了评审专家大量可以从事研究的时间，而同时他们自己也要撰写申请书并等待评审结果，这对有研究能力的科学家来说，是一种极大的浪费。

对同行评议的诸多批评，都源于人们对同行评议的期望太高，希望它能可靠、有根据、公平、有效等（Frankel et al.，1997）[96]。因此，在现有机制下，科学家为了保护自己的名声，都严格要求自己，以使自己符合同行评议的要求，能为科学发展作出应有的贡献（Frankel et al.，1997）[63]，通过同行评议排除明显不合格的科学作品，已得到广泛认同（李侠，2007）[69]。因此，虽然同行评议有诸多不足，但是在科学研究领域，同行评议仍是目前最有效、最重要、人们最可信赖的方法。

参考文献

中文部分

1. 爱德华·希尔斯．2007. 学术的秩序——当代大学论文集［M］. 李家永，译．北京：商务印书馆．
2. 包敏丹．2007. 战后美国高等教育经费来源研究［D］. 南京：南京师范大学教育科学学院：17－20.
3. 别敦荣．2000. 中美大学学术管理［M］. 武汉：华中理工大学出版社．
4. 伯顿·克拉克．2001a. 高等教育新论——多学科的研究［M］. 王承绪，等，译．杭州：浙江教育出版社．
5. 伯顿·克拉克．2001b. 探究的场所——现代大学的科研和研究生教育［M］. 王承绪，译．杭州：浙江教育出版社．
6. 陈学飞．1989. 美国高等教育发展史［M］. 成都：四川大学出版社．
7. 地震学联合科学基金会考察组．1986. 美国国家科学基金会概况［M］. 北京：中国科学技术出版社．
8. 培根．1959. 新大西岛［M］. 何新，译．北京：商务印书馆．
9. 龚旭．2004a. NSF的同行评议制度及其启示［J］. 中国科学基金（6）．

10. 龚旭 . 2004b. 美国国家科学基金会的同行评议［J］. 中国基础科学（5）.
11. 贺国庆 . 1998. 德国和美国大学发达史［M］. 北京：人民教育出版社 .
12. 黄先智 . 2003. 美国科技政策的演变及特点［J］. 云南科技管理（2）.
13. 李侠 . 2007. 喧嚣与凝视：透视转型时期的科技政策与公共生活［M］. 北京：科学出版社 .
14. 罗伯特 · 金 · 默顿 . 2007. 十七世纪英格兰的科学、技术与社会［M］. 北京：商务印书馆 .
15. 罗兴波 . 2005. 1660—1680 年间的英国皇家学会［J］. 广西民族学院学报. 自然科学版（2）.
16. 龚旭 . 2005. 美国国家科学基金会 2004 财年价值评议综述［J］. 中国基础科学（4）.
17. 全国科学院科学与公共政策委员会 . 1985. 美国国家科学基金会的同行评议［M］. 中国科学院科学基金委员会 .
18. R. K. 默顿 . 2004. 科学社会学（下）［M］. 北京：商务印书馆 .
19. 沈红 . 1999. 美国研究型大学的形成与发展［M］. 武汉：华中科技大学出版社 .
20. 唐纳德 · 肯尼迪 . 2002. 学术责任［M］. 阎凤桥，译 . 北京：新华出版社 . 第二版 .
21. 陶遵谦 . 1984. 国外高等学校教师聘任及晋升制度［M］. 上海：华东师范大学出版社：76 – 78.
22. 万群 . 2002. 试论同行评议中存在的问题及改进措施［J］. 学会（2).
23. 王筱蕾 . 2007. 二战后美国联邦政府对大学科研资助研究［D］. 长春：吉林大学高等教育研究所.
24. 吴述尧 . 1996. 同行评议方法论［M］. 北京：科学出版社 .
25. 吴述尧 . 2002. 科学进步与同行评议［J］. 中国科学基金（4）.
26. 阎光才 . 2008. “所罗门宫殿”与现代学术制度的缘起［J］. 清华大学教育研究（1）.
27. 阎光才 . 2009. 学术共同体内外的权力博弈与同行评议制度［J］. 北京大学教育评论（1）.
28. 杨翠 . 2007. 关于同行评议自我评价规避方法的若干问题和完善方法综

述［J］. 中国科技奖励（4）.

29. 曾旸 . 2007. 完善科学基金项目同行评议体系的探讨［J］. 研究与发展管理（4）.

30. 詹姆斯·杜德斯达 . 2005. 21 世纪的大学［M］. 刘彤，译 . 北京：北京大学出版社 .

31. 中国科学院科学基金委员会 . 1985. 美国国家科学基金会的同行评议［M］. 中国科学院科学基金委员会办公室 .

英文部分

1. Berry R L. 1980. Academic Freedom and Peer Reviews of Research Proposals and Papers. *American Journal of Agricultural Economics*, 62（4）.

2. Burnham John C. Sauer John E. Gibbs Ronald D. 1987. Peer-Reviewed Grants in U. S. Trade Association Research. *Science*, *Technology*, *& Human Values*, 12（2）.

3. Chubin D E. , & Hackett, E. J. 1990. *Peerless Science Peer Review and U. S. Science Policy.* Suny series in science, technology, and society. Albany, N. Y. : State University of New York Press.

4. Cole S, Cole JR, & Simon GA. 1981. Chance and consensus in peer review. *Science*（New York, N. Y. ）, 214（4523）.

5. Cole S, Rubin L, & Cole JR. 1977. Peer Review and the Support of Science. *Scientific American*, 237（4）.

6. Couzin J. 2007. Research policy. NIH Weighs Big Changes in Peer Review. Science（New York, N. Y. ）, 318（5857）, pp. 1708 – 1709.

7. David H. Guston. 2003. The Expanding Role of Peer Review Processes in the United States. *Public Research*, *Innovation and Technology Policies in the U. S.*

8. Davidoff F. 1998. Masking, Blinding, and Peer Review: The Blind Leading the Blinded. Annals of Internal Medicine. 128（1）, pp. 66 – 68.

9. Eisenhart M. 2002. The Paradox of Peer Review: Admitting too Much or Allowing too Little? *Research in Science Education*, 32（2）.

10. Frankel M. S. & Cave, J. 1997. *Evaluating Science and Scientists: an East-*

west Dialogue on Research Evaluation in Post-communist Europe. Budapest: Central European University Press.

11. Geiger R L. 1997. *What Happened after Sputnik? Shaping University Research in the United States*. Kluwer Academic Publishers. Minerva 35 pp. 360 – 361.
12. Geiger R L. 1993. *Research and relevant knowledge: American research universities since World War* Ⅱ. New York: Oxford University Press.
13. Groeneveld L, Koller N, & Mullins NC. 1975. The Advisers of the United States National Science Foundation. *Social Studies of Science*. 5 (3).
14. Gustafson T. 1975. The Controversy over Peer Review. *Science*. 190 (12).
15. Harnad, S. R. 1982. Peer Commentary on Peer Review: A Case Study in Scientific Quality Control. Cambridge [Cambridgeshire]: Cambridge University Press. p. 4.
16. Kronick D A. 1990. Peer Review in 18th-century Scientific Journalism. JAMA : the Journal of the American Medical Association. 263 (10), 1321.
17. Menand L. 1997. The Future of Academic Freedom. Chicago: University of Chicago Press. p. 8.
18. National Science Board. *Report to the National Science Board on the National Science Foundation's Merit Review Process Fiscal Year* 2006. NSB – 07 – 22, March 2007.
19. Peters J. 1995. The Hundred Years War Started Today: an Exploration of Electronic Peer Review. *Internet Research: Electronic Networking Applications and Policy*, 5 (4).
20. Poter J R. 1964. The Scientific Journal—300th Anniversary. *Bacteriological Reviews*. 28.
21. Porter, Alan L. & Rossini, Frederick A.. 1985. Peer Review of Interdisciplinary Research Proposals. *Science, Technology, & Human Values*. 10 (3).
22. Rennie, D. 1990. Editorial peer review in biomedical publication. *JAMA*. March 263 (10).
23. Report to the National Science Board on the National Science Foundation's Merit Review Process Fiscal Year 2006 March. 9.
24. Rip A. 1985. Commentary: Peer Review Is Alive and Well in the United

States. Science, Technology, & Human Values. 10（3）.

25. Roy R. 1984. Alternatives to Review by Peers: A Contribution to the Theory of Scientific Choice. *Minerva.* 22（3－4）.
26. Roy R. 1985. Funding Science: The Real Defects of Peer Review and an Alternative to it. *Science, Technology, & Human Values.* 10（3）.
27. Scarpa T. 2006. Peer Review at NIH. *Science-New York Then Washington.* 311（5757）.
28. Spier R. 2002. The History of the Peer-review Process. *Trends in Biotechnology.* 20（8）.
29. Staats E B. 1979. Federal research grants. *Science*（New York, N. Y.）. 205（4401）.
30. Stumpf W E. 1980. "Peer" Review. *Science.* New Series, 207（4433）.
31. United States, & Bush, V. 1945. Science, the endless frontier. A report to the President. *Transactions of the Kansas Academy of Science*（1903—）. 48（3）pp. 231－264.
32. Weller A C. 1990. Editorial Peer Review in U. S. medical journals. *JAMA: the Journal of the American Medical Association.* 263（10）.
33. Zwerling S. 1980. The Dynamics of Domain Negotiation: The National Science Foundation and the Geographic Distribution of Research Awards. Public Administration Review. 40（4）, pp. 351－358.

电子资源

1. http://www.nsf.gov/about/history/nsf50/vbush1945_roosevelt_letter.jsp, 2009－02－13.
2. http://www.nsf.gov/about/history/waterman_bio.jsp, 2009－02－13.
3. http://www.nsf.gov/about/history/overview－50.jsp, 2009－02－13.
4. http://history.nih.gov/exhibits/history/docs/page_09.html, 2009－02－14.
5. http://grants.nih.gov/grants/peer/peer.htm#overview, 2009－02－14.
6. http://www.nature.com/nature/peerreview/debate/nature05535.html, 2008－07－06.
7. http://www.reference.com/browse/wiki/Peer_review, 2008－07－06.

8. http：//en. wikipedia. org/wiki/National _ Medal _ of _ Science，2009 - 03 - 16.

9. http：//www. nsf. gov/od/nms/nominations. jsp，2009 - 03 - 16.

10. http：//www. nsf. gov/od/nms/committee. jsp，2009 - 03 - 16.

11. http：//www. ucop. edu/acadadv/acadpers/handbook/appoint. htm，2009 - 03 - 17.

第4章

美国研究型大学学术“近亲繁殖”防范制度

所谓学术“近亲繁殖”（academic inbreeding，又称 institutional inbreeding 或 faculty inbreeding），主要指应届毕业生留任本校任教，到外校工作后被返聘回母校的则为“衣锦还乡者”（silver-corded faculty），不属于“近亲繁殖”。在19世纪末20世纪初，随着美国学术职业化进程的加快，美国高校开始越来越关注教员聘任问题，并将时兴的生物和社会进化论中的“近亲繁殖”（inbreeding）一词引入以形容本校毕业生留任本校教学的危害，如哈佛大学校长埃利奥特在其《大学的行政》（Eliot，1908）[90]一书中就表示“近亲（breeding in and in）对大学有致命危害”；1910年，学者汉德钦（Handschin，1910）也在《科学》上发表《美国大学讲师近亲繁殖》一文，认为虽然无法证实学术界的近亲繁殖的影响，但从动物和植物近亲繁殖上可获得如下启示：学术“近亲繁殖”会束缚学生的思想和视野，如果学生并未接受很好的学术训练，则这种危害更大。

关于学术“近亲繁殖”对学者流动和学术创新所引发的负面影响，近年来在国内“建设世界一流大学”的背景下也逐渐被学者、官员及媒体提出。有的学者甚至认为，中国的大学就算一分钱都不增加，只要打破“近亲繁殖”，人才流动起来，创造的价值都会成倍增加。

人们批判国内高校的“近亲繁殖”时，总会提到当前美国大学不留本校毕业生的做法。据有关数据显示，美国大学声望排名前10的大学中，社会学专业的教师队伍里本校毕业生仅占8.8%，声望居前三名的大学此项比例仅2.7%，声望居首者的此项比例则是零（上官子木，1998）。然而一些研究也表明，美国大学史上近亲繁殖曾一度是美国高校中的基本问题之一（Eells et al.，1935），教员“近亲繁殖”长期被视为大学教员雇用的特征之一。早在1910年，哈佛大学有64%的教员毕业于本校（Hargen et al.，1973），当时这一现象在其他大学中也广泛存在。那么，美国大学是如何从这样的“近亲繁殖”困境中解脱出来？实际上，在查阅美国众多研究型大学①《教员手册》及各校政策时，并未发现各校对“不留本校毕业生”进行明确规定，仅有芝加哥大学的《教员手册》中有“聘任时尽量避免聘任本校毕业生”的字眼。那么，美国研究型大学防范学术“近亲繁殖”的做法是如何“制度化”（institutionalized）为一种约定俗成的惯例呢？②

基于上述问题，本章主要围绕以下三个方面展开：第一，美国研究型大学学术“近亲繁殖”防范制度的历史演变；第二，美国研究型大学学术“近亲繁殖”防范的做法被制度化为不成文规则并被广泛接受的运作逻辑；第三，美国研究型大学学术“近亲繁殖”防范制度的运行特点。

一、美国研究型大学学术“近亲繁殖”防范制度的历史演变

讨论美国研究型大学何时开始防范学术“近亲繁殖”，至少要有两个重要的前提：一是学术开始在美国大学中进行有系统地传承，而这有赖于第二个条件的保障；二是学术工作在美国建构为一种全职的工作，学术研究成为大学教师的主要任务之一。

虽然1636年哈佛学院的创立标志着美国高等教育历史的开端，但在这

① 美国高等院校中还有很大部分是以“教学”为主要任务的院校，这些高校不是本章的考察对象。

② 之所以使用“制度”一词，在于笔者接受伯格和卢克曼（Berger & Luckmann，1966）所认为的，制度化是“不同行动者彼此形成相互接纳（reciprocal）的习惯化互动（habitualized action）的过程”，“近亲繁殖”防范制度即是参与聘任的各利益相关者互相接纳的习惯化互动，聘任方不聘任本校应届毕业生，而应聘方也不申请本校的教职。

之后将近一百年时间里，高校中的教师并非现在我们所指的以“学术为职业”的教师。在早期的殖民地学院中，学院由教会神职人员构成的监事会或董事会进行管理，旨在为本教派后裔提供心智训练（mental discipline），教授某个具体学科知识反不如传授道德和智力的价值重要，而教学内容、教师聘任、校长遴选等方面均强调与教派信仰相一致。除了校长以外，教师一般都是临时聘用未找到教士工作的本校毕业生，负责监督学生的纪律和协助校长教学，地位低下且工资低廉。这种留校担任教师与现代意义上的学术“近亲繁殖”不能相提并论。

1721 年，哈佛学院设立了霍利斯神学教授职位，在 1727 年又设立了霍利斯数学和自然哲学教授职位。其他学院受此影响，也根据自己的财力设立不同的教授席位。1750 年，全美院校仅有十几位教授，到了 19 世纪则增加到 200 多位教授。教授席位的出现在某种意义上标志着学术组织趋向规范化，意味着学术活动和教学方式开始由泛化的、综合的方式向着知识专业化方向转变。这些旧式学院的教授大多受过学士后教育①，主要在神学、自然哲学、古典文学等领域。出于宗教信仰的考虑，许多学校在聘任教授时较多考虑本校的毕业生（毕业后到别的行业工作后再回母校担任教授）。卡雷尔（Carrel，1968）通过对 18 世纪后半期的 124 位教授的背景进行分析后发现，平均有 40% 的教授是在自己母校中任职一生。其中，费城学院（后来的宾夕法尼亚大学）有 1/3 的教授毕业于本校，而哈佛则为 83% 。但各高校直接留任的“导师”（tutor）却很少被母校聘为教授，在 18 世纪的哈佛学院，没有一个导师成为教授，而在同时期的耶鲁大学和布朗大学，导师转为教授的比例则分别为 1/10 和 1/5 左右。这也反映出当时高校尚未形成学术研究的环境，教授主要聘自民间，因而大多数教授也同时从事着其他职业，如在卡雷尔的数据中就显示，仅 15% 的人将自己看成是专业教师，20% 左右的人认为自己不仅是教师，还是医生、牧师或者律师，还有一半左右的人认为自己只是一项传统职业的实践者（Carrel，1968）。早期的教授仍然主要关心向学生传递对上帝的信仰和管教学生的纪律，很少有教授在自己任职的专门领域进行研究，有些教授甚至不以进

① 如布朗学院当时任职的 8 位教授中，有 7 人受过学士后阶段的教育，而同时期哈佛学院的 10 位教授均受过这种教育。见：Altbach，P & Finkelstein，M. 1997. *The Academic Profession：The Professoriate in Crisis.* New York：Garland Publising，Inc. ，p. 25.

行研究为荣（张斌贤，2004）[94]。虽然在19世纪后已有少数院校开始发展小规模的科研和研究生教育，① 学科也有所细分②，但这主要存在于一些规模大和建院早的学院中。在小规模的学院中，教师仍然主要教授古典学科和神学训练，很少有专门学科的学术训练，他们也更多将自己看做教育者而非学术研究人员。此时，教授所拥有的权力和福利也不高，流动性较强。1850年9月6日，匈牙利籍物理学家戈德马克（Joseph Goldmark，1818—1881）在给瑞士生理学家瓦伦丁（Gabriel Gustav Valentin，1810—1883）的信中这样描述了当时美国学术界的状况：

> 这里没有一所真正的国立学校，大部分都是由富人捐助，部分运作经费则来源于学生的学费……有少数获得州执照许可的教授，他们提供必需的教学场地、器材和开放的课堂。每一位新来的教授都会带来他的一部分资产作为公用，但当他离开的时候也会把这部分资产带走。补助金和教员聘任在美国尚未为人所知。连阿加西（Agassiz）③教授也只有五年的任期。但作为惯例（as a rule），教授有时候即使年龄很大了也仍然在岗，因为院校的繁荣与他们的声誉和学识息息相关。④

---

① 1819年，哈佛大学教授批评乔治·蒂克纳（George Ticknor）批评美国学院不符合时代的要求，不从事科学研究，图书馆设施极差，不开展研究生教育。1826年，蒂克纳担任哈佛大学校长，开始倡导改革，为取得学士学位的学生开设高一级的课程。虽然改革收效甚微，但毕竟迈出了美国研究生教育的第一步。1852年，塔潘（Henry Philip Tappan）出任密歇根大学校长，力图使其成为一所德国式的研究型大学，1858年，他在密执安大学开设了正式的硕士研究生课程。1846年8月，耶鲁学院建立了哲学和文理系，开展高一级的教学，并于1861年首次颁发了三个哲学博士学位，但此时的博士学位还是一个荣誉性的授予。

② 以前也许一个自然哲学教授要教授所有的科学，但这种任务逐渐被分解，如耶鲁1836年创设了数学教授，1853年化学从自然史中独立出来单设教授职位，11年后又从自然史中分化出植物学和地质学的教授。在学院中也开始出现了不同级别的学术头衔，如助理教授和副教授，并出现了新人职后从初级教员逐渐晋升到教授的职业轨迹体制。

③ 路易斯·阿加西（Louis Agassiz，1807—1873），瑞士出生的美国籍动物学家和地质学家，冰川学奠基人，是第一批享誉世界的美国科学家之一。

④ 整封信较长，大致是瓦伦丁想到美国任教，故向已移居美国，刚参加完纽黑文举办的美国科学促进会年会的戈德马克询问情况，除了介绍美国的科学发展情况外，戈德马克还向瓦伦丁建议如果想在美国高校中获得高薪水，一定要结交知名人士，通过他们的引荐来求职，同时借助各种演讲来扩大自己的知名度。见：Cohen，S. 1974. *Education in the United States：A Documentary History*. Volume Ⅲ，Random House New York，p. 1457.

从这封信可以看出，早期殖民地学院期间各高校出于生存而挽留知名教授的做法，在客观上延长了教授的整体任期，使学术工作建构为全职工作得以可能。但在美国，学术开始系统性地传承始于研究型大学的建立，故研究美国研究型大学防范学术“近亲繁殖”的起点为约翰·霍普金斯大学的建立。

（一）1876年—20世纪20年代：学术“近亲繁殖”防范的自发阶段

南北战争结束后，美国经济迅速发展，对科学研究和高级人才提出了新的要求。随着越来越多留德学生归国①，德国大学的影响在19世纪中期以后渐渐显现，一些学者也开始反思美国大学中的教员聘任制度，如哈特（Hart，1874）在自己留德经历的自述中就指出：“在德国大学中，大约有2/3的教师来自外校。作为惯例，正式的但没有报酬的讲师第一次收到教授职位的邀请时，这所发出聘任的学校常常是他没学习过的大学。像美国这样频繁留任自己毕业生充当教员的做法在德国是很少见的”。19世纪末期至20世纪初，应该说是美国学术秩序开始变化的时期，学者和科学家逐渐被大学机构所取代（爱德华·希尔斯，2007）[2]。而新成立的研究型大学在“学术优秀”的考虑下也纷纷着手聘任优秀教员，学术“近亲繁殖”的问题逐渐被提上教员聘任的议程。

1. 德国大学中重视科学研究理念的影响

1876年，全美成立了第一所完全仿照德国大学建立的研究型大学约翰·霍普金斯大学。在此之后，在一些实业家的捐助下，又成立了一批研究型大学，旧式殖民学院也在这样的压力下向研究型大学转型，一批优秀的留德归国学者纷纷被聘任为大学的校长。

受德国大学理念的影响，这些大学校长不再将自己看成是过去那种飞扬跋扈、大权独揽的行政管理者，而是开始围绕学术目标行使自己的权

① 由于19世纪美国国内的高等教育无法满足需求，在这段时间，想从事高一级学习的美国青年人纷纷到德国学习。自1815年美国恢复与欧洲的联系起，在之后的100年中，共有10 000多名美国青年在德国高等学校学习过，仅19世纪60年代就有1 000多美国青年在德国高等学校学习。

力，他们深信，学术生活是人的最崇高的职业之一，并深刻认识到教师的质量对于一所大学的重要性，纷纷选聘最优秀的教师（爱德华·希尔斯，2007）。① 但此时，选聘优秀的教师是一件非常困难的事情，因为学术劳动力市场上的供给远远小于需求。约翰·霍普金斯大学校长吉尔曼（Daniel Coit Gilman）在其1876年的学校年度报告中就表示，选拔教师是他和董事们面临的一件非常棘手的工作，但又必须首先解决这一难题。因为没有卓越的教授，就不会有卓越的大学。为此，吉尔曼走访了许多学校和学会，通过发表演讲、会见高学术声望的教授等方式吸引优秀人才，最终他聘任到了6位优秀的教授和12位副教授。②

在选聘标准上，吉尔曼认为教师应具有较强的科研素质和能力，他还与董事会达成协议，在聘任教师时，特别考虑应聘者在其研究领域的贡献和知名度，要有独立创新研究和激发学生学习热情和研究的能力。应该说，在霍普金斯大学建立以前，包括埃利奥特、安吉尔、怀特等校长领导的学校在内，尚没有将师资要求提升到研究的层面。霍普金斯大学这种追求学术卓越的思想也随着其毕业生到各高校任教而得以传播。从其建立到19世纪80年代末，她培养的哲学博士总数超过了哈佛大学和耶鲁大学（1887年耶鲁学院改为大学③）的博士生数之和。1896年，哈佛大学有10位教员毕业于霍普金斯大学，哥伦比亚为13位，威斯康星则为19位。到1926年约翰·霍普金斯大学建校50周年时，其1 400位毕业生有1 000位在全美各院校任教（Brubacher et al.，1958）[179]。据1928年卡特尔（J. McKeen Cattell）的统计显示，美国1 000位卓越的科学家中，243位毕业于霍普金斯大学。

---

① 爱德华·希尔斯认为，这些校长之所以追求学术伟大，可能交织着个人的虚荣心和集体的自豪感，但他们相信这种抱负只有通过学术成就才能实现，见：爱德华·希尔斯.2007. 学术的秩序［M］. 李家永，译. 北京：商务印书馆.

② 在吉尔曼的领导下，霍普金斯大学制定了具体的教师队伍建设规划，将教师队伍分为教授、限时教师、副教授和助理教授。弗莱克斯纳表示，约翰·霍普金斯大学的建立首次为将美国所有的学者团结起来提供了可能，见：Brubacher，J. & Rudy，W. 1958. *Higher Education in Transition——An American History*：1636—1956. New York & Evanston：Harper & Row Publishers，p. 177.

③ 在19世纪前3/4的世纪里，人们始终在争论着“大学”和“学院”的区别，并逐渐形成一个共识：如大学招生规模更大，比学院提供更广泛和更专业的课程，其定位比文理学院更加注重专业性、职业的准备和功利性。而且，一所真正的大学提供学士后教育或研究生教育。由此，殖民地学院由学院纷纷改为大学本身也就意味着开始更加重视科学研究和学术训练了。

由于约翰·霍普金斯大学重视科研的做法成就了她的辉煌，其他大学也纷纷模仿其做法。1892年，芝加哥大学著名的校长哈伯（William Rainey Harper）对理事会宣称，以后芝大教员的职务晋升将更看重学术研究而不是教学，并首倡减轻教师教学工作量制度；1901年，一向保守、“把培养年轻人视为大学的第一要务”的耶鲁大学也开始鼓励教师开展创造性的研究，并直言不讳地说明其目的是为了提高大学的国际“声望”；哈佛大学校长埃利奥特在《大学的行政》中表示确定教授人选时应根据其著作而定。

对科研的重视，使得大学里的教员不再是无足轻重，呼之即来，挥之即去的校长的“助手”，由此伴随而来的是教师对自己的自我认同、权力、特权和义务的认识的改变；他们开始为学术事业而努力（希尔斯，2007）[23]。科研产出的不同也促使美国高教系统逐渐开始分层，少数大学开始爬上了金字塔的顶端。为了维持地位，这些名校展开人才争夺战，千方百计吸引名教授。

需要指出的是，此时初级教员的地位是较低的。在吉尔曼领导霍普金斯大学时，就规定教授必须在某些学科研究中成绩斐然，并能推动这些学科的发展，激励年轻人从事学习和研究，副教授和助理教授则通常任职1—5年，参与教授的工作，作为教授工作的补充。对于年轻教师，吉尔曼通常很冷淡，而且任期也很不固定，可随时调换他们的工作。加上财政困难，霍普金斯大学常以极低的工资聘用年轻人做教师，只调整他们的工作而不予提升。为此，一些年轻教师越来越反感并于1888年春夏爆发了教师抗议活动，当芝加哥大学、哈佛大学等开始竞聘最好的教师时，这些教师纷纷跳槽，导致了霍普金斯大学后来的没落。

1915年，终身教职的推行，高校中初级教员就处于更为劣势的地位。在全美教授联合会（AAUP）有关教学和科研自由的条款中就明确规定：助理教授和讲师必须遵守由负责教学和科研的教授所指定的研究方法和步骤。虽然鼓励有能力的副教授享有探究自由，但如果某种研究方法被认为是核心的，那么副教授也必须遵守此法①。在这样的压力下，一些有才华的年轻教员努力积累自己的文化资本，一旦看到有高校向他抛出橄榄枝

① 转引自：Wilson, L. 1995. *The Academic Man.* New Brunswick & London: Transition Publishers. Second Edition (With a new Introduction by Philip G. Altbach, first edition in 1942). p. 118.

时，便欣然前往，以实现自己的价值。

2. 学术组织的影响

虽然在德国大学的影响下一些大学开始以研究为主，但在研究型大学成立初期，基本上还是一个强人主导的时代。尽管校长开始代表学术来行使权力，并且在学校中成立了教授会，但这些教授会大多只负责课程设置和学生纪律方面的问题，至于教师聘任和晋升并不属于他们的职责①，可以说，在20世纪前，很少有教员向学校就教员聘任提出建议。

此时，高校对于优秀学者的聘任更多是一种偶遇，或者依靠人际间的推荐。以爱荷华大学（创办于1855年）为例，该校开始吸引并形成一个优秀的学术团队始于1873年聘任了萨缪尔·加尔文（Samuel Calvin）② 担任自然科学的执行教授。加尔文到爱荷华大学后，聘任自己一位非常优秀的学生托马斯·马克布莱德（Thomas H. Macbride）为自然科学和植物学的助理教授，尽管马氏原本接受的是数学和语言学方面的训练，但如加尔文的判断，马克布莱德后来在黏土铸型方面的研究取得了很大的成就。加尔文还分别留任了自己的学生吉尔伯特·豪泽（Gilbert L. Houser）和那丁（C. C. Nutting）担任地质学和动物学的教职。在爱荷华大学心理学科中，教员聘任中人际推荐的方式也成为持续了将近一个多世纪的显著传统（Persons，1990）。

在这个时期中，年轻教员的聘任则仍然较多采用留任本校毕业生的方式，哈佛大学校长埃利奥特（Eliot，1908）在《大学的行政》中就明确表示从本校留任毕业生是最有效、最通行的弥补教员缺口的办法③。可以说，

---

① 如吉尔曼在1875年对将要设立的霍普金斯大学进行组织设计时，就这样设计了教员的权力：教授会（faculty）负责学校课程的设置，学生入学、升学和毕业的条件，不同讲师的任务空间和学生纪律条例。见：Cowley，W. H. 1980. *Presidents，professors，and trustee：The evolution of American academic government.* San Francisco：Jossey-Bass Publishers，p. 86.

② 萨缪尔·加尔文（Samuel Calvin，1873—1911），生于苏格兰，在科学方面完全是自学而成，在地质学和古生物学方面有很高造诣，曾当选为美国地质学会（The Geological Society of American）主席。

③ 埃利奥特认为这些留校的毕业生必须先在有关专业上进修3—4年，再担任一年期教员3—4年，而后任无期的教员若干年（连续通过3次一年一度的考评后，即可终身在该校任教），评上副教授后再过5—10年晋升教授，这样一位留校学生通过15—20年的时间就可以担任教授了。对于教授的聘任，还有两种途径，一是从别的学校中聘任成名者；二是从其他行业中聘任有专长者。见：Eliot，C. 1908. *University administration.* Boston & New York：Houghton Mifflin Company，pp. 93 - 94.

在这个学术刚刚起步的阶段，留任本校毕业生或者人际推荐的方式可以更有针对性地聘任，不仅减少了搜寻成本和聘任风险，而且有利于学术的积累和传承。但这会造成教员往往是从本地或者离学校不远的地方招募，大多没有获得全国性的学术认可，视野也相对过于狭窄的弊端。

由于此时教员聘任没有明确的程序和系统的搜寻过程，很容易渗入学术以外的标准。在20世纪初，一些以学术为业的学者及致力于促进大学教学与研究的民间组织，就纷纷谴责教师聘任中忽视了候选人的研究能力和教学能力，而考虑更多的是该候选人的人品是否足够好、是否持保守的政治和宗教信仰、外表是否出众（prepossessing）、是否在学界有着良好的圈子等（Wilczynski，1909a）。如1908年，民间机构卡内基教学促进基金会在其5月出版的通讯中就介绍并号召各大学模仿意大利大学教授招募制度，建议由5位教授组成评议小组来对候选人进行考察。而许多学者也利用自己所在的学术组织发出改革聘任制度的声音。

19世纪末20世纪初是美国学术职业化进程加快的时期，大量的专业学会得以成立（Eliot，1908）。通过学会组织和学术期刊的交流，他们将自己视为本学科的一员，而非所在大学中的一员，对本学科的发展有着强烈的责任感和使命感。由于学会先于研究型大学存在，且许多教授的聘任都来源于学会，这就使得虽然学术研究移进了大学，但学者对自己所属的大学机构的感情仍然较淡。正如著名射影微分几何数学家魏尔钦斯基（E. J. Wilczynski，1876—1932）在1909年美国数学学会年会的晚宴致辞中所言："我们以数学家的身份聚在一起，但我们中的大多数也处于学院体制下，因此，很自然的，我们必须考察我们所在的机构是否最有利于学术的发展，如果没有，我们要努力去改善它。"（Wilczynski，1909a）。在这次年会上，魏尔钦斯基以主席的身份发出了《高校数学教师聘任》的倡议书（全文发表在《科学》杂志），号召各院系应该公布招聘信息，其中应该明确写明薪资和岗位需求①，并成立招聘委员会负责遴选招聘人才（Wilczynski，1909b）。在当时背景下，专门成立招聘委员会的成本太高，并没有得到多数人的响应。与此同时，数学家乔治·米勒（George Abram Miller，1863—1951）和汉德钦也分别在1909和1910年在《科学》杂志上发文抨

① 这是一个开放的劳动力市场的重要表现。

击高校讲师聘任中的“近亲繁殖”现象；米勒还建议应由学会公布教员招聘信息，以便学校在最大范围内择优录用（Miller，1908）。但这些呼吁多还是由个别学术人员或者个别学术组织发出，未形成大范围的影响。

如前所述，在研究型大学成立初期主要由强权校长负责教员聘任，但校长对其权力的使用也非一帆风顺，常常会受到董事会的干涉，董事会经常没有经过合理的程序和必要的解释就随意解雇教师[①]。据有关数据显示，1860—1914 年，美国122 所高等院校的68 次解雇教授中仅有4 次举行过听证会（徐辉，2003）。一些试图代表学术立场说话的校长也因与董事会在教师聘任的问题上产生分歧而招致解聘。以爱荷华大学（the University of Iowa）医学院为例，弗莱克斯纳 1909 年在受卡内基教学促进基金会委托对全美医学院进行调研的时候就发现，该医学院存在着严重的“近亲繁殖”现象：87% 的学生属于爱荷华本地居民，15 名教员中有 11 名拥有爱荷华医学院的学位。在弗莱克斯纳看来，这种地方主义将会严重阻碍医学的进步，于是他在考察报告中建议爱荷华大学应该聘任一位能够承担主治医师职务的人担任常驻院长（resident dean），由这位院长掌管一切教员事务并要致力于消除学院的“近亲繁殖”现象。尽管当时爱荷华医学院的人员对弗莱克斯纳的评估报告非常不满，由于弗莱克斯纳与卡内基和洛克菲勒基金会均有广泛的联系，其话语权可影响到爱荷华大学所能得到的资助，时任爱荷华校长的乔治·麦克莱恩（George MacLean）[②] 还是决定改革，从全国范围内聘请内科领域中能将教学和科研相结合的最优秀的科学家，对爱荷华校友的申请则一概不予考虑。由于在人事聘任上与董事会之间发生了冲突，乔治·麦克莱恩的任期在 1911 年就结束了，接替他的是卡内基基金会秘书长约翰·鲍曼（John G. Bowman，1911—1914）。鲍曼在卡内基基金会中是弗莱克斯纳的好友兼助理，毫无疑问，他完全采纳了弗莱克斯纳的意见，进行了更进一步的改革，通过系列外聘行为替换了原来的院长、助理院长（junior dean）和附属医院主任。由于医学院中成员基本都是爱荷华大学的校友，已经逐渐把医学院当做了自己的财产，为维持自己的垄断地位，他们自觉地形成圈子抵制外聘人员。因此，鲍曼的一系列外聘行为

---

① 这也引发了对学术自由的关注和全美教授联合会的建立。

② 乔治·麦克莱恩（George Edwin MacLean），爱荷华大学第 8 任校长，任期为 1899—1911 年。

都遭到了抵制，加上在聘任中，鲍曼拒绝了一些由董事会成员推荐的教员候选人（通常是董事会成员的朋友），引起了董事会的强烈不满。1914 年，鲍曼被董事会解聘。

由此可见，哈佛大学的强权校长埃利奥特在20 世纪初主张由教授会负责教员事务在某种程度上也是一种与董事会抗衡的行动策略。在代表学术行使权力的各学会及教授的努力下，旨在维护教授学术自由，发出教授群体声音的全美教授联合会（AAUP）于1915 年成立，并在其《通讯》中坚决主张教授不同于雇员，教授应当拥有“委任人”（appointee）的地位，这就为后来美国高校的聘任制改革打下了基础。

（二）20 世纪20 年代末—20 世纪50 年代：学术“近亲繁殖”防范的初步制度化阶段

随着重视学术研究的理念逐渐获得广泛的认可，在20 世纪20 年代末，美国的学术职业（academic occupation）基本上建制为一个专业（academic profession）（Jencks et al.，1968）。知名高校逐渐开始防范学术“近亲繁殖”，一些学会在年会上也专门开辟了特殊区域来发布高校教职空缺。但随着博士毕业生的增加，一些追求学术卓越的研究型大学纷纷将博士学位作为教员入职门槛，由于此时博士毕业生培养规模较为有限，一些知名大学只好聘任自己的优秀毕业生。埃尔斯等人1935 年的统计就发现，在219 所高校中，拥有博士授予点的高校平均“近亲繁殖”比例为24.8%，在一些博士授予数较多的高校，如芝加哥大学的“近亲繁殖率”为59%，哥伦比亚大学为49%，斯坦福大学为46%，加州理工则为21%（Eells et al.，1935）。

在地方性大学中，由于其所处位置及所拥有的学术声誉在学术劳动力市场上没有吸引力，教员聘任中渗透了许多非学术的因素。霍林谢尔德（Hollingshead，1938）通过对印第安纳大学1885—1937 年入职的802 名教员进行分析就发现，802 名教员中有42.89% 曾经毕业于印第安纳大学，54.9% 的讲师职位均由校友担任。学术小团体（academic ingroup）① 也在教员聘任中起着重要作用：如一些系主任在上任后所聘任的教员要么是其

① 霍林谢尔德采用3 个指标来衡量学术小团体：一是在该团体内部获得学术训练并获得至少一种等级的学位；二是应聘者与该大学或其他大学中的教员有着友谊关系；三是教员之间有着血缘或者婚姻关系（Hollingshead，1938）。

好友兼合作者，要么则是其过去的学生；还有一位系主任在15年间录用了12位教员，其中4位是他在印第安纳大学的学生，其他8位则来自他一位担任系主任的好友的学系。

这个时期“裙带关系”（nepotism）以及“家庭主义”（familism）在教员中也普遍存在。在1885—1937年的印第安纳大学，新雇用的教员中有20.45%是学校中行政人员或者教员的亲戚（见表4-1），有些院系甚至出现了几位亲属在一起工作的局面，而领导权威往往是这种裙带关系建立的关键。据调查显示，在这53年间，有14位系主任、院长和行政官员将自己的孩子安置在教员的位置上，仅有一位教授成功为自己的孩子获得了一个最低级别的教师职位。这些亲戚关系中有72.4%是一级亲缘关系，其中夫妻关系最为普遍，而且因这种关系入职的教员在不断增长，1915年前只有11例，1915—1937年则增加了43例。

表4-1 印第安纳大学1885—1937年教员雇用情况及亲戚所占比重分布表（Hollingshead，1938）

年代	1885—1894	1895—1904	1905—1914	1915—1924	1925—1937
新入职的教员数	97	83	148	252	222
属于大学员工亲戚的数目	21	20	28	50	46
亲戚所占百分比（%）	21.5	24.1	18.9	19.8	20.7

在印第安纳大学这53年间入职的803位教员中，42.8%来自校友，20.45%来自亲戚和家庭成员，尽管朋友关系的具体比例难以测查，但这三者合起来也基本达到了80%，也就是说只有一小部分的教员是通过专业竞争而进入印第安纳大学的。

随着德国科学研究方法对专门化的要求以及20世纪哈佛大学率先设立选修制带来的教育个性化，学系的权力逐渐取代校长的权力。自20世纪20年代起，学系在决定人事、课程和研究活动方面发挥着重要的作用①。但由于此时一个学系中正教授极其稀少，有的系只有系主任一人是正教授，因此，进入20世纪后直到“二战”前，研究型大学基本上是一个系主任独裁的时代。尽管1915年AAUP制定了关于教授任期和学术自由的若

① 早在19世纪20年代，弗吉尼亚大学就已经出现了学系组织。

干原则，但在“二战”以前，这些规定并没有得到太多高校的响应。根据AAUP 1929年发布的通讯显示，AAUP的会员单位中，有35%的院系由系主任一人负责全部教师聘任事务，15%的院系则是系主任或院长与校长共同协商完成聘任，还有10%则由系主任与系中其他成员协商完成。总之，在60%的教员聘任中，系主任都发挥了关键的作用（Wilson，1995）[89]。另据1939年该协会对177所学院的一项调查表明，有132所学校（约占75%）都没有按照原则成立教授委员会，教授在校董会的决策过程中没有参与权（Brubacher et al.，1958）[358]。直至“二战”后，随着科学的发展和教授在其中作用的增大，各高校才开始逐渐建立起教授委员会管理学术事宜。

由于这个时期尚缺乏对教师聘任权力的明确规定，在不同学校内部，董事会、校长、院长、系主任、教授会各自在教师聘任中发挥的作用，取决于各方谁更强势（aggressive）和该校的传统。若是一位强权的系主任，当他定好人选后，就会极力说服校长接受自己的推荐；而在一个有着强权校长传统的学校中（如哈佛大学），校长会亲自参与每次终身教职的聘任。在耶鲁大学，由于1817年上任的校长杰瑞迈亚·戴（Jeremiah Day）本人喜欢和教授会一块讨论和决定学院的各项重要政策，因而到戴1846年离任时，在耶鲁大学已经形成了一种强大的惯例，以至如果没有教授会的推荐和支持，学院董事会就不能作出任何决策。“教授会立法，校长赞同，院董事会认可”逐渐成了耶鲁治校的格言。

20世纪30年代美国经济危机带来了高校财政上的困难，也为大学进行教员聘任改革提供了契机。以哈佛大学为例，1924—1933年，哈佛大学文理学院的收入（包括捐赠和学生学费）增长了85%，而在1933—1939年，其收入只增长了3%（Smith，1986）[134]。由于“近亲繁殖”带来的派系斗争和人浮于事现象①，时任哈佛大学校长的柯南特大刀阔斧地开展了

① 在20世纪初哈佛大学校长洛威尔（Laurence Lowell）时代，哈佛大学教师分为编外讲师、编内讲师、助理教授、副教授和教授几类。编外讲师的聘书一年一发，编内讲师的聘书五年为一期，助理教授为期三年，而副教授和教授的聘书是终身的（洪丕熙，1981）[651]。尽管如此，任何教师只要过得去就可以在哈佛任教直至退休。这就造成编内讲师和助理教授人数不断增加，形成论资排辈的局面。许多平庸之辈混迹其中，等着熬出年头，晋升职称，而许多优秀人才，因受压制，无法施展才华而流失校外。

教师聘任制改革。

科南特鲜明地提出学术价值是遴选教师最重要的或者说唯一标准。如果系里某一职位出现空缺，必须采取竞争方式填补，从系到院再到学校，一级级投票通过。在终身教授的聘任中，哈佛大学专门成立“搜寻委员会”，在全世界搜寻优秀学者，并由学校组成“特别委员会”（ad hoc committee）① 对候选人进行考察审定。整个聘任过程不遗余力，而且不计成本。科南特还开创了如今我们熟知的“非升即走”（up or out）原则。该原则规定，一位哈佛教师从讲师升到副教授的最长期限不得超过 8 年，如果讲师聘期满，无法升入助理教授，学校对该教师不再续聘；同样，如果助理教授期满无法升入副教授，也得另谋出路。这就确保了教员的“学术能力”。

科南特的这个做法在当时遭到了很多非议和责难，一些利益受到侵犯的教师，甚至扬言要将科南特赶下台。柯南特于是任命了一个 8 人调查委员会，专门研究哈佛大学有关聘任教师政策和具体操作问题，发表了一份 200 多页的报告书，详细规定了解聘和聘任教师的操作规则。学校根据未来 10 年的预算定编，把预算金额折算为职位名额摊给各系，如果某个系今年名额不够，可向名额有余的系借，次年归还，这就是所谓的“教职名额周转制”。1937 年，哈佛大学首先在经济系实施新的聘任办法，7 名年轻的候选教师，按能力依次排出顺序，最后只有 5 名教师接到了 1—3 年时间不等的聘书，其他两名教师只得另谋高就。这一举措在哈佛引起了极大的震动，教师普遍感到了竞争的压力和进取的动力。自 1941 年这套人事制度正式实行以来，哈佛大学逐渐拥有一支出色的教师队伍，这也保证了其声誉始终在世界大学的前列。

---

① 特别委员会通常由 5 位委员组成，其中 3 位代表候选人所属的学科领域（来自其他大学），还有两名委员是哈佛内部的知识渊博的通才，主要来自相关学科的学者，比如招聘古代史的教师，请近代、当代历史的学者作评估；招聘社会学的教师，请政治学和经济学的学者作评估。特别委员会的成员是保密的，这个委员会的作用至少有这样几个：1. 可以避免任人唯亲，也可以打破一个学科的垄断地位，避免一个派系、流派或学圈的支配；2. 由于有其他学科的专家，这样可以评价应聘者的跨学科潜力，这样平行地评估的做法，也使得学科之间的水平不会差距太大，不至于出现一个大学中一些学科特别出色，而另一些学科则极端“落后”的情况；3. 委员会成员间可以进行相互制约，确保公平。同时，由于是整个委员会作出决议，即使最终某位本校教员被拒绝，也不会形成内部矛盾。

“非升即走”制度的实行，特别是在对教师聘任和晋升中需要系全体教员投票的过程，无疑对于学系中某个教员留任自己的弟子产生了牵制，客观上防范了学术“近亲繁殖”，也将重视学术能力的理念进一步传达给了学者和大学里的行政官员。

哈佛大学之所以能够实行聘任委员会制度也与AAUP的努力分不开。1915年，AAUP的小册子中对教授享有聘任权的规定并未得到高校行政官员的认可。而1940年，AAUP发布的进一步确立终身教授制度的原则和程序的《关于学术自由与终身教授制的原则宣言》，则由教授和高等院校的校长所组成的委员会共同发表。这就意味着，高等院校的管理人员也开始接受这一制度。尽管受高校财政预算体的约束，来自学校行政官员和董事会的干预仍然不同程度地存在，但已有很大比例的教员聘任由教授根据本学科内在的要求参与聘任决策。

在20世纪50年代，系主任对聘任的影响仍然存在。卡普洛和麦吉（Caplow et al.，1958）在其著名的关于学术劳动力市场的研究中，通过对1954—1956年美国各高校的教员空缺及聘任过程中有关人员的访谈发现，在聘任过程中，不同院校不同级别的权力参与聘任过程是不一样的。通过对每一级权力的参与度以满分100为标准校正后发现，在整个聘任过程中，系主任和高级教员的参与度是最高的，而在发出聘任书（offer）前的咨询中，院长和院级的聘任委员会却显得非常关心（见表4－2）。卡普洛等人在访谈中发现，系在多大程度上享有聘任权取决于院长的管理和个人愿望。

表4－2 聘任的不同阶段中各级权力的参与情况

（Caplow et al.，1958）[183]

参与活动类别	搜寻	评估应聘者	选出候选人	发出聘任书前的咨询	发出聘任书	签订合同
高级行政人员（校长/教务长）	5	3	8	15	27	8
院长和聘任委员会	76	60	48	85	67	34
系主任和高级教员	91	87	83	48	75	75
全体学系成员	17	29	40	25	5	–

（三）20 世纪 50 年代末至今：学术“近亲繁殖”防范制度的巩固阶段

第二次世界大战让人们进一步认识到了科学的重要性，学科被新建立的专业学会和日渐蓬勃的高等教育系统进一步制度化（institutionalized）。许多教授开始在各种专业委员会中担任委员，政府、大工商业、基金会的科研契约和优秀的学生，往往以名教授为转移，他们成了高校的“财神”，声誉、地位和影响都大大上升，高校对科研和学术质量的重视也提升到了前所未有的高度（Rice，1986）。

伴随着政府对高校科研资助力度的增大，《肯定性行动法案》[①] 的实施以及 20 世纪 60 年代的学生运动[②]和平权运动，教员聘任决策中的力量逐渐多元化，“能力主义”（meritocracy）、凭借“学术能力”获得聘任和晋升的理念也深入人心。同时，在 20 世纪 80 年代后，博士培养数量大大上升，促成了学术劳动力市场上买方市场的到来[③]，这些都进一步落实了教师聘任中的学术能力标准。如哈格斯特龙和哈根斯（Hargstrom et al.，1967）的研究显示，1950 年前入职的教员的博士毕业院校的声望与其工作院校的声望之间的相关系数为 0. 51，但在此之后入职的教员这两者之间的相关程度就只有 0. 21，他们认为聘任中的不公平现象是在不断减少的。

1. 20 世纪 60 年代的学生运动：学生的参与

在 20 世纪前半个世纪中，美国高等教育经历了一个呈指数增长的时代，在大学注册的学生人数每 15 年翻一番，特别是“二战”结束后，《退伍军人法案》的实施大大增加了大学注册人数，在“二战”后的 10—20 年，大学注册人数的增加比具有大学学龄人口的增加超出了 10 倍（罗索夫斯基，1996）。在 60 年代，随着入学人数的激增，一些学校在短短 10 年间，学生人数由原来不到 2 000 人迅速增加到了 10 000 多人，而高校中拥

---

① 《肯定性行动法案》的实施使得招聘的过程更加公开透明。各高校纷纷颁布《教员搜寻手册》，涉及的内容甚至细到如何撰写招聘广告以免招歧视的指控等。

② 由于在“二战”后，《退伍军人法案》的实施极大地增加了大学的入学人数。各高校为了解决师资紧缺问题，聘用了一些能力不足的教师引起学生不满，成为学生运动的一个原因。

③ 以 1975—1976 年度加州大学伯克利分校社会学系的聘任来看，仅 4 个空缺职位就收到了 285 份申请材料（Smelser et al.，1980）。

有博士学位的教员迅速短缺。为了解决这一问题，许多学校采取各种办法挽留一些学术表现尚过得去的教员，甚至给那些研究成果很少甚至没有研究成果的人授予终身教职（Cardozier，1987）[98]。

20世纪60年代是美国大学教师队伍扩展最为迅速的时期，新增教师达20余万，比1950年全国高校拥有的教师总数还要多。据卡内基委员会1969年对四年制学院中58 000名教师的抽样调查显示，60%的教师在60年代后开始从事教学工作（陈学飞，1989）[198]。由于对教员选任放宽了标准，课堂教学质量大大下降，造成学生不满，成为20世纪60年代学生爆发学潮运动的原因之一。学生纷纷要求提高自己的权利，参与教师聘任。这就直接促使各高校在教师聘任程序中添加试讲的程序，而学生也需要派代表参与评价。

2. 平权运动和肯定性行动：政府的介入

“二战”结束后，来自政府的科研经费在各高校的运行经费中的比重大大提升，政府也开始介入高校的管理，其中一个明显的表现即是介入教师聘任。

在20世纪60年代平权运动的影响下，联邦政府在1964年颁布了《肯定性行动法案》（Affirmative Action）和《民权法案》（the Civil Rights Law），规定各高校必须增加教员的多样性，并将少数族裔和女性教师的聘任情况作为财政支持的条件。在60年代以前，各大学需要聘任新教员的时候，往往采取写信给有博士授予权的学系或该学科学术权威者或者聘任单位院长自己在其他学校的朋友，请他们推荐候选人。这个时期用广告招聘的方式往往被视为“糟糕的做法”（Cardozier，1987）[107]。但这两部法案的颁布使得各大学将职位公开成为必须，每所大学的教员招聘信息都必须在本学科的全国性期刊上刊登，或者是在《高等教育纪事》（*The Higher Education Chronicle*）这一全国性的周刊上刊登①。各高校还专门成立了肯定性行动办公室（Affirmative Action Office），并专门颁布《教员搜寻手册》（*Faculty Search Committee Handbook*），其中对如何组建聘任委员会（必须

① 美国大学教员（faculty）聘任和工作人员（staff）聘任是分开的。前者由各院系的学术事务办公室负责组织，如发布信息、简历的搜集以及对教授会的评议提供一切后勤的工作；后者则由学校的人力资源办公室负责。

有少数族裔和女性代表)、如何发布广告、广告用语如何撰写以避免招致歧视的指控[①]、哪些地方可获得少数族裔和女性博士毕业生的信息、如何对聘任过程建档、哪些内容必须建档[②]、如何对候选人进行面试等问题都作了非常详细的规定。尽管这意味着联邦政府开始插手大学的人事聘任,但客观上也促进了学术劳动力市场的进一步开放,因为一切聘任信息都必须公开,聘任过程也需要记录以备各群体监督。

自平权运动之后的20多年里,美国开始了一种新的绩效制度:实力主义(meritocracy)[③]的绩效考评。这也是为何在这段时间中出现了大量考察学者毕业院校及其学术产出之间关系的实证研究。在这一理念的引导下,学术聘任中"学术能力"的标准进一步被强化,注重多样性的理念也被大学所接受,这都在无形中进一步减少了学术"近亲繁殖"的现象。还有一些高校将这种对学术多元化的追求传播给学生,如耶鲁大学工程系系主任对笔者表示,他们系甚至不鼓励自己的本科生继续在本校攻读博士。

---

① 如在斯坦福大学2007年新修订的《教员手册》中就明确了这样的广告语:斯坦福大学遵守《肯定性行动法案》,致力于提供公平的就业机会和扩大教员的多样性。我们欢迎女性、少数族裔以及任何能为我们履行研究、教学和临床医疗(clinical)使命提供独特视角的人。在密歇根大学的《教员搜寻手册》(*Advance Handbook for Faculty Searches and Hiring*)中则这样建议广告语:"本学校对符合这些资格的候选人非常感兴趣:他们能够通过自己的研究、教学和社会服务,促进本学校学术共同体的多样性和卓越"或"我们特别欢迎妇女、少数族裔、残疾人或退伍军人申请我们的职位"或"本大学会尽力满足学术夫妻的需求",等等。在麻省理工学院2002年修订的《教员搜寻手册》(*Faculty Search Committee Handbook*)中也列了众多建议的广告语,除了在广告中必须出现联邦政府所规定的:"麻省理工遵守《肯定性行动法案》,致力于提供公平的就业机会"外,还设计了下列有吸引力的话语:"麻省理工正在组建一支文化多样性的教员团队,我们极力鼓励女性和少数族裔申请我们的职位","候选人可以在提交申请时同时建议我们应该如何指导少数族裔、女性或其他代表名额不足的群体(underrepresented groups)"或"候选人可以建议我们如何在我们的课程中添加入多元文化问题"。

② 这样建档以备政府和认证机构的抽查,也为自己在受到未被聘用的少数族裔或女性候选人的控诉时准备证据。

③ 该词最早由迈克·扬(Michael Young)在其1958年的专著《实力主义的兴起》(*Rise of the Meritocracy*)中所使用,认为一个人在社会中的位置是由其智商和努力所决定。虽然其起源有着负面的意义,但仍然有很多人认为根据实力考评绩效的方法是更加公平有效的。因此,该词就被引申为强调奖励和回报应建立在个人完全得以展示出来的能力(ability、merit)和天赋(talent)基础上,而与个人的财富、家庭、所在阶层、社会关系、社会地位和政治权力等,一概没有任何联系。见:http://www.reference.com/browse/wiki/Meritocracy,2008-04-20。

3. 学术劳动力市场中买方市场的形成

“二战”后，由于对大学教育日益增大的期望，研究生教育迅速发展，许多大学都新开设了博士生培养计划。1950—1951 年，美国有 800 所最高可授学士学位的高等学校、360 所可授硕士学位、155 所可授博士学位的高等院校；到了 1983 年，这些数字分别增至 827、705 和 466 所（罗索夫斯基，1996）[120]。大学培养出的哲学博士人数每 11 年就翻一番，仅 1960—1970 年，培养出的哲学博士人数就增加了两倍。在这些新的博士中，2/3 都在高校就职。然而到了 70 年代，随着人口的下降、学生人数的递减以及教授退休年龄的延长，新的教职岗位越来越少，在 1976—1985 年，只有工程专业（包括计算机科学）还存在着对哲学博士的需求，在其他领域——物理学、生命科学、社会科学和心理学、艺术和人文学科以及教育学，毕业的新博士远超过了教职空缺岗位。

在 1960 年以前，除了少数顶尖大学以外，大学在聘任教员的时候博士学位都不是必须的条件，但随着 70 年代博士学位获得者的增加，博士学位逐渐成为了教员聘任中的必备条件之一①。学术劳动力市场上买方劳动力市场的形成，使得高校有了一个庞大的候选人群体。以 1975—1976 年度加州大学伯克利分校社会学系的聘任来看，仅 4 个空缺职位就收到了 285 份申请材料②。这也使得院系在依“学术能力”这一标准衡量之后，还可充分考虑自己院系的研究风格、传统、发展方向，候选人的价值观是否与本院系一致、候选人的气质、演讲风格等。高校聘任中选择空间的扩大，客观上也保障了学术“近亲繁殖”防范制度的执行。

4. 明确的聘任制度

这个时期，各高校也开始修订自己有关教学的规章制度，一些高校还

---

① 1947—1948 年，教员中博士学位拥有者为 38%，到了 1977—1978 年度，这一数量上升到 61%，1980 年就已上升到 80%。

② 由于当时伯克利大学社会学系在全国排名第一，这 285 位申请者已经经过了一个自我选择的过程，根据斯梅尔瑟等人的分析，这些申请者中 65% 来自排名前 20 的社会学系。如今在高校教职空缺减少的情况下，一个职位收到几百份应聘材料也不是什么怪事了。

成立了教授参议会来负责学术事务条例的制定①。根据詹姆斯·马奇等人对斯坦福大学规则演变史的研究发现，自1881年斯坦福大学建校到1967年，平均每年教学条例创建的数量是2.2个，而在1968—1987年，每年平均为8.6个，规则变动频次大大高于先前（詹姆斯·马奇，等，2005）[161]。各大学现行的教师聘任政策也大多在这个时间段中创建②，这些聘任制度对其中的聘任程序、标准和由谁负责进行了明确的规定，同行评议制度得到了明确的规定。

尽管不同院校在教员的搜寻、招募和聘任的过程上多少有些不同，但主要程序还是基本一致的。首先由系主任授权成立搜寻委员会③，进行候选人的搜寻和推荐工作，除了在报纸和期刊上刊登教员空缺信息外，他们也会将招募计划发给一些学术声誉较好的相关院系④。对该职位感兴趣的人则可以将自己的申请信，连同个人学术简历（Curriculum Vitae，CV）及其他相关资格证明、推荐人及其联系方式等寄往聘任单位。搜寻委员会从这些材料中初步列出意向者名单，若此时恰逢该学科的全国性研讨会等，则搜寻委员会会前往并对有意向的候选人进行初次面试。同时，为了全面了解候选人，搜寻委员会还会与申请者所列的推荐人联系，了解申请者的情况，并阅读申请者所发表的研究成果以评估其学术能力⑤。待所有名单中的成员都被一一考察后，搜寻委员会确定出一个3—5人的名单，这些人都将被邀请来聘任单位进行面谈。如果聘任经费紧缺，一般就只选取2位候选者来院面谈。对于东部和中西部名校云集的地方，这样的成本一般不太高，但若是西南部或者西部地区，面谈的成本就比较可观了。这些候选

① 如斯坦福大学1968年成立教授参议会，负责学术事务条例的创建，这种规则维持和变革的系统化程序的引入意味着一个充分理性化规则结构的开始。

② 芝加哥现行的教员手册始创于1973年，哈佛大学肯尼迪学院的教员手册则始创于1974年。

③ 一般为终身教职的教员担任，在《肯定性行动法案》实施后，搜寻委员会中也有女性或少数族裔代表。

④ 对于教授的聘任则通常是学校方主动，以哈佛大学为例，哈佛大学拥有一批“考察”者，其任务就是调查和了解各个专业领域的最新发展和谁是该领域的权威，然后想尽一切办法“挖”过来。

⑤ 但在具体操作上，许多系主任都反映很少有学者认真去读每一位候选者的发表物。这也是为什么初级教员的聘任会更看重推荐者的名声和候选人的毕业院校，终身教职的聘任则看重候选人的学术声誉和学术影响的原因。

人不仅会接受搜寻委员会的面试，还要接受系主任、系中的教员、院长以及部分学生的面试，通常还会被要求试讲。[①] 在一些小学校或有争议的聘任中，候选人还有可能被学校中负责学术事务的官员或者校长亲自面试。

面试后，系主任请系学术委员会成员[②]对提名的候选人进行投票，投票结果将呈交给院长，院长会与院聘任委员会对这一聘任过程的记录和结果进行审议。若意见一致，则将结果上报教务长审核。教务长若发现其中有问题，可以要求院长或系主任提供进一步的材料。然后，教务长将候选人材料上报给校学术委员会（Advisory Board of the Academic Council）。该委员会通常会指定两名委员审阅所有的材料，审核该聘任过程是否严格遵照既定程序、文件记录是否齐备、是否按照学术标准进行聘任以及该候选人的合适性（suitability）。如果不满意，他们会要求重新提交新的证明材料。审议后，学术委员会全体成员对这一聘任进行投票，委员会主席将确定的人选提交校长，校长也仍然可以对结果表示赞同或否定，如果不赞同，他可以要求系或学院重新进行考虑；如果赞同，其赞同的决议将写进呈交给董事会（Board of Trustee）的报告当中。最后，由教务长签名的录用或续聘或晋升的正式通知信将发送到候选人手中。整个聘任的过程通常历时一年，要耗费大量人力、物力和精力。[③] 也正是如此，每一级的评审都不敢懈怠，以尽量避免返工。[④] 当然，如果是一些知名学者，常常是聘任单位主动到其所在地进行游说。

虽然此时初级教员仍然受到体制性的漠视，但教员的聘任和治理已经比50年代要开放和民主得多，“尽管寡头统治和集权仍然没有在系一级的治理中消失，但已大大有所削弱和限制了……由所有正式教员设置的民主惯例（rule）已形成一种普遍的规范（common norm）……教员，即使未获

---

① 据了解，在哈佛大学聘任终身教授的时候，虽然进入面试阶段的候选人都是世界上的顶尖学者，但仍然有许多学者在试讲中是拿着手稿逐句念，生怕出错，足见其对哈佛的重视程度，也反映出了哈佛大学对知名学者的吸引力。

② 一般来说，在聘任初级教员时，只要该系中期满两年的助理教授即可参与投票，未满两年的教员虽然是学术委员会成员，但无投票权。而在聘任教授时，则只有终身教授才有投票权，这样设计也是为了缓和利益冲突。

③ 这一套程序也基本适用于教员的续聘、晋升、终身教职的评审和给某位增加薪水等学术事宜。

④ 这也部分解释了为何各高校虽然规定重视科研、教学和服务，但都将侧重点放在了科研上，因为仅科研成果是可见的衡量学术能力的指标。

得终身教职，在自己的聘期、学系事务参与的权利、工资条件等方面也有明确成文的规定”（Caplow et al.，2001）[xiii]。此外，为了协调在聘任过程中的利益冲突和不同委员会之间的冲突，各高校还在教员手册中就如何解决这些冲突进行了说明。每所高校都成立了申诉委员会，并制定了相应的教员申诉制度。如果大家对某位录用者有异议，还需进行公开辩论，各方摆出说服的理由，这就产生了不同利益之间相互制衡的效果。这些象征着学术民主精神的制度设计，无疑体现了各高校对“追求学术优秀”和“尊重学术”理念和原则的程序运用。尽管如亨利·罗索夫斯基所指出，虽然这样的制度有时候也会错过后来作出卓越成就的学者，而招进来的人却成为失败者，但即使这样，也比可想象的其他办法要好，无论是行政管理者还是教员，都必须与这些选择所带来的后果同甘共苦（罗索夫斯基，1996）。确实，当一个群体内部形成一种特定规范并且以各种方式制度化（institutionalized）的时候，个体成员就很难否认它，哪怕这个成员有充分的证据证明这种制度的无效（Ladd，1979）。

二、美国研究型大学学术“近亲繁殖”防范制度的形成机制

上一部分讨论了学术“近亲繁殖”防范制度在美国的演变历史，这一部分将重点分析为什么这一制度会被美国研究型大学所接纳并扩散，形成约定俗成的做法。在作者看来，这中间有两种机制在起作用：一是竞争性机制，这主要在学术“近亲繁殖”防范制度的产生阶段起作用，美国大学之所以形成学术“近亲繁殖”防范制度是各高校在长期的竞争和博弈中所总结出来的有利于自己参与竞争的均衡策略的浓缩性表征；二是合法性机制，来自外部的制度法令以及学术场域的内在规范都“迫使”高校为了树立自身的合法性，必须自觉采纳已在一些高校中形成的学术“近亲繁殖”防范制度。

（一）美国研究型大学学术“近亲繁殖”防范制度产生的竞争性机制

由于美国早期殖民地学院都由各个教派兴办，各教派为了捍卫各自教

派的独立和解释教义的自由，坚决抵制政府官员的干涉，形成了自治的传统。由于自治，各个高校要想获得足够多的运行经费以实现自身的目标，就必须面临激烈的竞争。因此，根据伯顿·克拉克的分析，美国大学是最靠近市场一级的，美国大学无时不处于市场竞争当中（克拉克，1994），院校间的竞争是美国高等教育发展的一个重要的推动力（Light，1974）。

激烈的竞争促使各高校纷纷寻找制胜的法门。他们发现，在学术界，学术声誉才是“通货”（primary currency），成为学术中心的机构总是可以吸引到更多的募捐和研究拨款（Smelser et al.，1984）；而学术中心的形成往往依靠少数的几位学者①，一些院校虽然暂时处于学术边缘，但如果聘任到知名学者，也有机会转移到学术的中心，这是一个开放、竞争的系统。而一旦聘任失误，不仅影响了大学的学术方向、质量以及大学的学术声誉，还浪费了大学一大笔资金②，正如爱德华·希尔斯（2007）[379]所言：

> 一所大学每一次或随随便便，或任人唯亲，或有蓄意的政治倾向的聘任，都会在很大程度上损害这所大学未来的学术能力和名望。一所大学每一次随随便便地，或蓄意不顾过去的学术成就和未来学术成就的前途而使一位教授得到聘任，这所大学在差不多未来二十五年里保证会出现学术上的更加平庸和专业上的更不负责任。这是在损耗它的未来。

因此，早期的一些大学管理者常常将教师聘任比做学校与教员之间的一场婚姻，教员与院系捆绑在一起，“不论好与坏，不论富裕还是贫困”，两者都将在一起，直到一方死去。对于院校来说，虽然获得优秀的教员很

① 除了上文提到的爱荷华大学的例子外，还有哥伦比亚人类学领域，其领先地位可以大大归功于弗朗兹·博厄斯（Franz Boas，1858—1942），及其之后的克罗伯（A. Kroeber，1876—1960）和洛伊（Robert Heinrich Lowie，1883—1957）等人；又有如芝加哥大学社会学系，在托马斯（W. I. Thomas，1863—1947）和帕克（Robert Ezra Park，1864—1944）的带领下，逐渐形成芝加哥社会学派。

② 首先，聘任过程通常耗时1年，需要耗费大量的人财物力；其次，由于美国大学根据预算定编，如果聘任失败，特别是终身教职上聘任失误，不仅浪费了预留的教员的薪水，还要支付一大笔该教员的退休补助金。据有关数据显示，在大多数学院和大学的花费中，75%—80%是用于人员的花费，在20世纪90年代初，哈佛大学设置一个教授席位需要净增资金约200万美元，而且价格还在不断上涨。

难，但要摆脱一位不优秀的终身教员也很难。正如哈佛大学校长埃利奥特在写信给密歇根大学校长安吉尔（James B. Angell）时表示，如果大学不幸雇用了一位平庸的教授，且该教授平稳地度过试用期，学校就只能自食其果，依照规定给其应有的福利待遇（Woodburne，1943）。

但在不同时期，美国高等教育系统内的竞争激烈程度也有所不同。在早期殖民地学院期间，虽然各教派为了传承教义纷纷开办学院培养本教派教士，形成了美国大大小小几百家学院，但此时的竞争尚在教派之内，聘任教师和录取学生时优先考虑的是宗教信仰，因此各校之间竞争的程度和规模相对较小。模仿德国大学建立的研究型大学则重视科学训练并以通过科学研究增加知识为己任。如前所述，激烈的竞争进一步强化了大学以研究为主要任务的取向。比如哈佛大学校长埃利奥特担心教授将过多时间花在研究而忽视教学时，曾试图整合研究和教学，希望教授能够通过研究多为本科生开设选修课。然而，在同时期约翰·霍普金斯大学和克拉克大学的竞争下，埃利奥特还是对选修课制度的具体实施作出了调整（Hawkins，1972）。

1900 年，全美大学联合会（Association of American Universities，AAU）的成立，在统一了博士生培养标准的同时，实际上是一个封闭的俱乐部（克拉克，2001）[265]，从事研究生教育和科研的大学处在了美国高等教育系统的顶端。卡内基教学促进基金会于 1905 年实施的教授退休补助金计划则直接促成了美国大学的分级制度，处于顶级的大学对自己的地位越来越关注。此时，私人和慈善基金会的捐赠在大学科研运行中起着很大作用，但这些捐赠往往直接资助学者个人，这就使得各大学为获得更多捐赠，竞相聘请知名学者以提高自己的学术声誉，但这种竞争也仅限于少数顶级的研究型大学。据有关数据显示，1937 年，16 所美国大学的科研支出占全国大学科研支出的一半，授予全国博士学位的 50%（克拉克，2001）[267-268]。也正是在这个时期，一些顶级的大学开始不留本校毕业生，而从全国乃至全世界搜罗人才。

"二战"后，鉴于大学科研对国防的贡献，联邦政府扩大了对大学科研的资助。1954—1958 年的 5 年内，政府对大学科研的支出增长了 60%。1958 年的《国防教育法》又开创了联邦政府资助研究生的先河。1958—1968 年的 10 年，联邦政府对大学基础研究的资助增长了 7 倍。为了保证资助和鼓励最优秀的科研，政府引入了建立在竞争基础上的同行评议制度。由此可见，学术职业化的发展在很大程度上是出于外部对科研的巨大要求，而非仅仅是知识爆炸的结果。为了培育优秀人才，联邦政府在考虑资助时也作出一些努力，将资源分散到各个地区和规模较小的学校，这种资助直接导致了各高校倾向于研究生教育，也加剧了各校对科研资源和有志于科研的人员的竞争。可以说，美国大学间激烈的竞争是直到60年代政府资助极大地扩张时才全力地凸显（克拉克，1995）。这种竞争就成为了各高校改革教师聘任制度的一大动力。

但由于各高校的特点不同，如不同高校有着不同的治理结构、处于不同的地域（东部或中西部、地方或大都市）、具有不同的性质（私立和公立）和不同的传统等，各高校在参与人才竞争、接受学术“近亲繁殖”防范制度中，也存在着不同的路径，大致有三种：第一种路径是一些有财力的、重视学术声誉的大学花大力气吸引优秀教师，并在校内创设一系列吸引优秀人才的制度以留住人才，最终使其学术声誉提高，从而进一步吸引优秀的师生和捐赠，学校发展形成良性循环；第二种路径则是一些学校根据个人主观意愿随意聘任，这引发了原有院系中成员的不满，随即离去，由于离去又产生了新的聘任需求，但这些学校继续任人唯亲，最终破坏了自己的学术声誉，形成恶性循环；第三种路径则是一些地方院校，由于其地理位置及所拥有的学术声誉对优秀学者均没有吸引力，因此，必须提高薪水待遇以吸引名校的毕业生①，使得一些新进入的讲师和助理教授工资待遇比一些资历老的教授和副教授的还好。尽管其有意进行变革，但终因阻力重重，而且由于其经费有限，也只能以更多聘任本校毕业生的方式以节约外聘优秀学者的资金，从而又容易形成高“近亲繁殖”率，加强了本地学术利益集团的力量，这实际上还是一种恶性循环。

激烈的竞争不仅仅局限在高校之间，高校中的每一位成员也深受这种竞争观念以及高校为应对竞争所设立的各种制度的影响。在这些观念和制度的约束下，不论教员还是毕业生，选择不聘任自己的学生或者不留在本校任教都是一种理性选择。

---

① 用高薪水弥补学术声誉的落差，可以说是一种以经济资本兑换文化资本的过程，但愿意达成这种交易的学者并不太多，毕竟名校中的助理教授的名声也会比在一所地方大学中的教授的名声强很多。

以哈佛大学为例，虽然教授在哈佛大学是终身教职，但其教授种类多种多样。光看各种加在教授前面的名称就可以看出，有××系教授（如Professor of Economics），有哈佛学院的教授（Harvard College Professor），有的则是大学教授（University Professor），还有许多教授是以基金会建立者命名的讲座教授（如Laird Bell Professor，George F. Baker Professor，等等）。这种区别不仅仅是名称的区别，还是资历和薪资的区别，更是在哈佛地位的区别。一般来说，学科教授只是初级教授，做得好才能升为学院教授或大学教授，而资深的有突出贡献的教授才会被聘为名字教授。可见，在教授中间也仍然存在着竞争压力，这种压力无疑间接地冲淡了师生关系，毕竟，教授首先要考虑的是如何保持和提升自己的地位。特别是在现有的聘任和晋升制度下，每个决定都需要系全体成员进行投票，这就形成了教员间的相互牵制。假设个别教员通过不正当的游说留下自己的弟子，其意图可能会受到其他教员的质疑：是不是要形成自己的圈子？[①] 在这样的怀疑下，该教员会被孤立，这对于该教员的各种晋升和学术评审都将很不利。已经有众多关于高校组织中关系网络的研究表明，在现有的评审制度下，学者对于拥有一个良好的人际关系网络非常在意，因为学者最关心的是他们是否能够被同行认可而非其他的物质奖励，因此每位学者都会努力去构建一个良好的人际关系网络（Gersick et al.，2000）。由于“非升即走”制度的实行，如果教员所留下的弟子在晋升评审中被淘汰，这对该教员的学术声誉也是一个沉重的打击。又或者如果留下的弟子无法被其他教员接受，该教员也将处于很尴尬的境地[②]。但如果他将自己的弟子广泛推荐到其他高校，这些弟子在自由竞争市场中胜出，这对于扩大自己的学术声誉和学术网络都是非常好的办法，无形中也扩大了自己的跳槽空间和增加薪资待遇的可能性。

对于学生个体来说，自己留下后仍然会被周围的同事和老师视为学

① 亨利·罗索夫斯基根据自己多年的经验认为，在聘任当中，并不能仅仅听信闲谈，因为在小团体中表现不错往往意味着这个老师是个卑鄙小人。

② 在一个学系中，每聘任进一位新人，可能都会影响到其研究兴趣、研究范式、人际关系等，因此，每位教员对于聘任新教员都非常小心。在卡普洛和麦吉（Caplow et al.，1958）对学术劳动力市场的研究中就发现，在一次聘任中，由于有位系主任大力推荐了一位候选人，这位候选人最终获得了聘任，但入职后，他的表现让已有的教员非常不满，怨声载道。这位系主任碍不过面子，只好引咎辞职。

生，他至少要花费2—3年的时间去改变自己在其他老师心目中的印象，而且不论自己多么努力，也会被人认为他只是继承了老师的思想，没有自己的创新，得不到对自己学术的认可，这在重视科研、重视第一作者的潜规则下对自己这样一位需要等待层层晋升以获得终身教职的年轻初级教员来说，无疑是非常不利的。为了帮助初级教员发展，各高校都制订了相应的初级教员辅导计划，但一些留任本校的教员由于被认为对本校非常熟悉，不仅在入职指导时被忽视，而且常常被寄以更加苛刻的要求，承担更多的行政事务，因此，学生也愿意到外校去为自己打下一片天地。而美国高等教育的多样化（有的重视教学、有的重视科研）也为毕业生提供了更多的选择空间。一位从芝加哥获得政治学博士学位，而后到西雅图大学任教的学者就这么对笔者说：

> 大多数美国的博士毕业生并不指望在本校谋求教职，恰恰相反，大家在拿到博士学位后都宁愿离开母校。在此，人们都形成了一种典型的预期：应该从另一所院校中开始你的学术生涯，哪怕将来你可能还有机会回到母校。从我个人来说，我就很不愿意待在芝加哥大学从事学术职业，因为我更愿意教学而非科研，而且我更愿意从事一种与众不同的非传统的学术职业，每年讲课6个月而非9个月。西雅图大学恰恰为我提供了这样的机会。当然，作为从芝加哥大学受过学术训练的人来说，西雅图大学也不会是我待一生的地方。

实际上，学者与自己的母校、与自己的工作院校、与自己的学生之间关系淡化，也是学术职业化之后的必然结果。学者往往将自己归属到本学科或者更大的研究社群当中，传授知识、出版科研成果成为了他们赖以生存的手段，这都大大减少了他们对自己所在组织的忠诚。布劳（Blau，1994）对学术组织的研究就发现，虽然学术“近亲繁殖”可以带来学者对组织的忠诚，但学术上越优秀的人往往对机构的忠诚度越低。这也说明在美国这样竞争而开放的学术劳动力市场上，有学术能力者往往不需要以留校的方式来获得工作，甚至如果谁得到了多所院校的邀请，反而是对自己学术的认可，同时也是自己要求提高薪水和各种待遇的砝码。在这样的利益诱惑下，“近亲繁殖”是没有生存土壤的。

（二）美国研究型大学学术“近亲繁殖”防范制度扩散的合法性机制

在竞争的压力下，越来越多的高校采纳了学术“近亲繁殖”的防范制度，并且形成了一种共识，这时仍未采用此制度的高校就面临着合法性的压力了，因为在这种合法性背后，是一种适当性逻辑（logic of appropriateness）和社会认可，以及伴随着这种认可后面的各种资源。因此，合法性机制是指“那些诱使或迫使组织采纳具有合法性的组织结构和行为的观念力量”（周雪光，2003）[75]，这个过程可以说也是一个制度趋同（isomorphism）的过程。所谓“趋同”，根据霍利（Hawley，1968）的定义，即是在一个给定的相同的环境条件下，个体或组织表现出与其他个体或组织相同的限制性过程（constraining process）（DiMaggio et al.，1983）。那么，为何会有这样的趋同现象呢？这里，笔者借鉴迪马吉奥和鲍威尔提出的三种趋同机制来分析学术“近亲繁殖”防范制度扩散的合法性机制。

1. 强迫性趋同（coercive isomorphism）

强迫性趋同主要指来自政治和法律方向的强迫性压力迫使组织必须遵守政府制定的法律、法令，否则会受到惩罚。这也意味着，一项制度的实施会受到相关域中制度的影响。比如美国各州大概在 20 世纪早期①就颁布了明确的“反裙带关系”法令（anti-nepotism），规定任何部门在聘任的过程中必须理性地根据能力（merit）而定，不能任人唯亲，特别是不得聘任与掌权者有着三代血亲关系的人员，如配偶、父母、子女等。受其影响，美国各高校也纷纷制定了“反裙带关系”的政策条文。这里需要指出的是，各高校在当时出台“反裙带关系”政策除了响应州的立法外，还有一个潜功能即是以此来对抗当时行政官员随意开除教授的举措（Simon et al.，1966）。“反裙带关系”政策的实施就确保了在学术聘任中以“学术能力”作为唯一的衡量标准。

---

① 在一些文献中提及美国在 20 世纪早期出台《反裙带关系法》（Anti-nepotism Law），但经笔者多方检索，仍无法确定该法案最早出台的具体年代。根据所看到的 1933 年的得克萨斯州专门成立了“联合反裙带关系委员会”（Joint Anti-Nepotism Committee）以调查经济危机期间该州落实《反裙带关系法》的材料来推测，《反裙带关系法》的出台应该在此之前，大约在 20 世纪 20 年代。

但在具体实施当中，许多高校就演变为夫妻或者亲属不可以在同一个单位工作，因此，这一政策受到了人们的指责，认为是对女性学者的变相歧视，因为在学术界中有很多学术夫妻，一旦丈夫接受了一所大学的聘任，同样身为学术研究人员的妻子若要跟随着到丈夫所在的城市，就只能要么失业在家，要么自降身份担任实验员，不然就必须忍受两地分居。① 因此，在20世纪60年代的平权运动和女权运动中，美国大学女学者联合会（American Association of University Women）率先对这一不公平的政策进行了反击，各高校纷纷开始修订这一政策，如斯坦福大学就规定，教员的亲戚或伴侣（domestic partner）只要符合所规定的标准，就可享有平等的应聘权。但在应聘过程中，与该申请者有关系的教员或行政官员必须回避，不得参与投票、推荐或其他影响决策的活动。许多大学为了吸引学术人才，推出了双轨聘任（dual-career appointment），针对本身是合作伙伴的学术夫妻进行聘任。为了吸引优秀的人才，高校还纷纷在自己的职位空缺广告中打出“本学校欢迎学术夫妻”之类的标语，当然，由于采取利益相关者回避的制度，其评价标准仍可确保是根据学术能力而定。

此外，如前所述，《肯定性行动法案》和《民权法案》中对聘任信息公开的要求和对师生多样性的要求，以及与之相伴的政府拨款，也激励了高校必须扩大教师队伍的多样性，并接受各个群体的监督，这在客观上也刺激了高校接受在其他高校中已形成的学术“近亲繁殖”防范制度。

2. 模仿性趋同（mimetic isomorphism）

模仿性趋同主要指各个组织模仿同领域中成功组织的行为和做法。为什么会有这种模仿机制呢？在迪马吉奥和鲍威尔看来，这是由于不确定性所致，这种不确定体现在三个方面：一是组织技术（organizational technologies）难以被理解；二是目标不明确；三是从环境中产生的象征性的不确定（symbolic uncertainty）。在这些不确定中，组织不知道怎么做才是最好

---

① 如我们所熟知的认知心理学中知名的吉布森夫妇：詹姆斯·吉布森（James J. Gibson，1904—1979）和埃莉诺·吉布森（Eleanor J. Gibson，1910—2002）。詹姆斯·吉布森于1928年获得普林斯顿大学心理学博士，1932年与埃莉诺结婚，埃莉诺于1938年获得耶鲁大学的心理学博士。但在1949年詹姆斯赴康奈尔大学任教时，由于“反裙带关系”政策，埃莉诺无法获得教职，只能作为研究助理（research associate）身份在那里工作。直到1965年，此政策被修改，她才有机会被正式聘用，而且一下子成了心理学教授。

的，于是，通过模仿那些已成功了的组织的做法可以减少不确定性。

在高校组织中，组织目标是很不明确的，我们常常听到的是科研、教学和社会服务三大任务，但如何评定好的科研，如何评定好的教学和社会服务都没有清晰的技术规定。正是如此，科恩和马奇将大学称为“有组织的无序状态”。于是，大家都接受了这样一个模糊的规范：根据学术声誉而定。如果一所大学享有很高的学术声誉，则是一所好的大学。如何确保好的学术声誉呢？大家又聚焦到了优秀的学者。何为优秀的学者，各大学在其教员手册中都采用了四种指标来衡量：科研、教学、对知识共同体的贡献（如在学术会议上的发言）和社会服务①，但对每条指标各赋以多大权重，如何测查都是非常模糊的，这种模糊也给高校聘任带来风险。当一切都模糊的时候，高校就更需要树立自己的合法性，把象征性的东西做好，以符合学术界中的共享观念和公共道德，获得制度环境的认可，这就是一种制度性的模仿趋同。因此，在看到许多名校都不留本校毕业生时，他们也采取不留本校毕业生的方式。此外，高校出于竞争的考虑，也会模仿那些竞争成功者的做法以减少自己在教员聘任中的风险，这即是迪马吉奥和鲍威尔所说的竞争性模仿趋同。这也是为什么在科南特实施“非升即走”的制度后，各高校也纷纷实行这一原则，并面向全美乃至全世界搜罗优秀的人才，很多高校还学习哈佛大学，在终身教职的聘任中成立了“特别委员会”。

3. 社会规范机制（normative isomorphism）

在上文中我们分析了学术“近亲繁殖”防范制度产生中的竞争机制，简而言之即是高校出于自己的利益需求而在长期摸索中得出了应该防范学术“近亲繁殖”的规律。但正如道格拉斯（Douglas，1986）所言，建立在功利基础上的制度是不稳定的，因为利益会不断变化，制度必须建立在人们都能接受的基本的理念规范之上，而这种理念规范常常是隐含在自然或超自然的世界中。如果一项制度已经建立在功利性基础之上，那也必须通过某种方式将其自然化，把它变成天经地义的道理，它才能获得稳定性。

① 在各高校网站上看到博士生的CV，均从这几个方面来介绍自己的经历，在某种程度上也是一种趋同现象。

而这种天经地义的道理其实就是社会规范。

在长期的学术发展中，学术界已经形成了独特的精神气质：普遍主义、公有性、无私利性和有组织的怀疑态度（默顿，2003）。① 其中，普遍主义规范不仅意味着真理的客观性，排斥或接受某些学说进入科学体系不依赖于这些学说的倡导者的个人属性和社会属性，如种族、国籍、宗教等，也意味着科学之门应向所有有才能之人打开（默顿，2006）。在这些规范下，学术能力成为了学术评审的标准，获得同行的认可成为学者最大的奖励和鼓舞，正如达尔文所说：“我对自然的热爱……因有心要得到我的自然科学家同行们的尊敬而大大增强”（默顿，2003）[395]。经过学术训练，对学术声誉和学术认可的追求已内化到每一位学者心中，甚至是如布迪厄所说的是一种学术场域中长期形成的“习性”。② 这就使得每一位学者都愿意根据学术界中的普遍主义规范来行动，积极参与学术共同体中的交流，努力去维持和扩大自己在学术共同体内部的声誉。为此，他们尽可能地流动到最适合自己的院校，最适合自己的工作岗位，为自己寻找最好的工作条件。据一些研究显示，教员们之所以选择换工作的最重要的一个原因就是“未来的发展潜力”③，在入职后教员的流动方面，平均每位美国教授的工作机构为2.6所，而从这些教授所接受的学术训练来看，平均每位

① 尽管约翰·齐曼对这一默顿规范提出了质疑，认为随着大科学时代的到来，学院科学正在被产业科学取代，科学成为所有者的（Proprietary）、局部的（Local）、权威的（Authoritarian）、定向的（Commissioned）和专门的（Expert）。笔者认为默顿规范和齐曼规范之间是一种应然和实然的关系，但不管怎么变，实际上学术界中的普遍主义规范是在被强化的，因为，产业科学要讲究每一分钱的问责，这就会更加重视“学术能力”这一标准而非其他。

② 制度本身也起了一种塑造社会群体记忆和遗忘的功能，慢慢地就形塑了学术场域中行动者的思维习惯，任何评审都根据学术能力而定。

③ 但不同级别的教员的关注有所不同，根据舒斯特对管理学会中131名会员的研究发现，副教授关注“薪水”及学校管理水平，助理教授则更加关注“薪水”“未来发展潜力”和“管理水平”，全职教授则更加更加关注“未来的发展潜力”，见：Shuster：L. 1970. Mobility among business faculty. *The Academy of Management Journal*, 13（3）：325 - 335。当然，学者的流动受到了其所处的院校类型以及职称的影响，研究型大学中由于更加重视研究，且往往提供更少的终身教职岗位，教师迫于晋升压力会倾向于流动，而且也有较多的流动机会；职称越高越不倾向流动，如教授的流动率就远远小于助理教授的流动，而副教授，特别是获得终身教职的副教授往往也倾向于在自己原来的岗位上等待晋升教授。而教授如果要流动，则更多地是为了寻找新同事或是被外校竞聘走。见：Rosenfeld R. & Jones J. 1986. Institutional mobility among academics：The case of psychologists. *Sociology of Education*, 59（4）：212 - 226。

教授曾在2.5所高校中接受过学术训练。①

除了在学术上共享的规范外，美国大学防范学术“近亲繁殖”还有其独特的文化土壤。克拉克·克尔就曾表示：“在过去3个多世纪里，美国与其他任何国家相比，其文化作为一个整体与高等教育之间形成了一种更为密切的关系，两者相互结合并相互发展。美国高等教育的一个突出特点是多样化，但各类高等学校在发展演化过程中有些共同的趋势，这些趋势深受美国人所迫切关注的问题和价值观念的影响，而且极易发生持续但却微妙的变化。”（Handlin et al.，1970）美国文化中非常典型的共和文化和个人主义文化深刻地影响着每个美国人的价值取向：追求自由、民主、平等和个人实现，规范着每个美国人的行动。

这种自由、民主、平等和追求个人实现的文化反映到美国大学组织内部的师生关系上，是一种平等的契约关系，而非如中国的“一日为师，终身为父”。实际上，在最早的殖民学院期间，“导师”主要起监督学生的作用，某种程度上也充当着家长的角色。但在1825年以后，由于平等思想的广泛传播，学生们要求获得更多的自由，对教师的监护采取一种排斥的态度，并建立了以希腊字母命名的兄弟会（女生则是姐妹会），同属一个兄弟会的学生共住一个宿舍，通过选举产生自己的领导，学生在这里学习自我管理。这无形中就进一步促进了平等的师生关系的形成。而对个人实现的渴望以及尊重“每个人通过自己的劳动和能力取得成功”的理想也激励着每一位学子愿意离开导师的庇护，到外校开辟一片天空。毕业于威斯康星大学，现执教于加州大学富尔顿（Fullerton）分校的一位助理教授就对笔者表示：

> 从我个人经验来说，我从没想过继续留在我学习的院系与我的导师一块工作。我觉得如果我和他一块共事的话，我将永远处于他的阴影之下，而且永远会被别人视为他的人，而不是我自己。因此，我决定离开他来开始我的学术生涯。当然，并不否认，也许将来我还有可

① 根据新堀通也（Michiya Shimbori）对多国教授职业生涯的比较研究显示，一位日本教授平均在1.5所大学服务、法国为3.2所、德国为3所、英国为2.5所、美国为2.6所，见：Shimborid M. 1964. Comparative study of career patterns of college professors . *International Review of Education*, 10 (3), 284 - 296.

能再回到威斯康星和他一块共事。但现在，我刚毕业，和他一起工作是我没想过的。

不可否认，我想我们都在求职中“兑现”了导师的文化资本。我能找到现在这份工作也依赖于我导师的推荐以及我毕业于威斯康星这样的名校。但有些时候，“他的学生”这一标签也对我不利，我敢确信，有一所大学连面试的机会都没给我就是因为我是“他的学生”。当然，大部分情况下，这个头衔还是有利的。

这种平等的契约关系还体现在教师与学校之间的关系上。美国大学对教师的聘任实行任期制、契约制和终身聘任制相结合的方式，在“非升即走”原则和“要么发表要么出局”（publish or perish）的潜规则下，教师更多将高校当做自己从事学术研究的一个场所，从中获得学术资源、积累自己的学术资本，一旦有高校提供更好的研究条件，他们便会选择离去。

民主与平等参与的思想也确保了学术界中普遍主义规范的进一步落实。正如默顿之言，无论普遍主义规范在付诸实践方面做得多么不充分，普遍主义在民主的精神气质中仍是一个居支配地位的指导原则，一个社会达到民主的程度，就会为普遍主义标准的实施提供广阔的天地（默顿，2006）[826]。美国并没有像德国那样设立讲座教授，让一名教授高居之上，其他教师为之服务，而是建立了教师间相互平等的分系制度，每位教师只要通过自己的努力都可以获得晋升。在各系中，教师群体决定着课程的设置和教师的聘任与晋升等各种学术问题。美国也没有把教师当做国家公务员，而是坚持高校自治，各院校竞争聘任教师，各级教师均有进行科研和教学的自由，既相互竞争又相互合作，给整个高等教育系统带来勃勃生机。

也许有人会认为在竞争性机制中，高校追求效率，这与合法性机制存在着矛盾。但在防范学术“近亲繁殖”这一问题上，这两种机制之间并不存在矛盾。高校在防范学术“近亲繁殖”，获得合法性和认可的同时，也提升了自己的学术水平，有利于自己参与竞争；而竞争也进一步强化了防范学术“近亲繁殖”规则的执行。

三、美国大学学术“近亲繁殖”防范的特点

尽管美国高校逐渐确立学术“近亲繁殖”的防范制度，然而在其具体的落实中存在以下三个方面的特点。这些特点在某种程度上也反映出美国学术界的运行逻辑。

（一）防范学术“近亲繁殖”的重点在终身教职的聘任上

在激烈的市场竞争下，美国研究型大学都普遍存在一个这样的现象：更加重视对终身教职的聘任，注重教授在引领本学科发展中的作用。因此，许多高校都致力于在终身教职阶段控制学术“近亲繁殖”，以保持学术的多样性。其中一个做法即是控制本校教师直接晋升终身教职的数量。

根据控制程度，美国研究型大学大体可以分为两种模式。第一是哈佛模式。虽然国内学界一直对哈佛大学不惜重金向全世界聘任优秀学者的做法津津乐道，但据一些在美的学者透露，哈佛大学在初级教员的聘任中，留任自己弟子的情况比美国其他知名高校更加严重，但这些初级教员无法在哈佛大学获得终身教职。在哈佛大学，只有教授才能获得终身教职，而且只针对全世界的顶尖学者。这就意味着副教授在任期之内就得考虑跳槽了。当然，哈佛大学的副教授到了别的高校，一般都可以获得终身教职。如果他们表现出色，作出成绩，注重保持学术传统和风格的哈佛大学会再将其返聘回来。有趣的是，从哈佛大学终身教职的聘任情况来看，大多数受聘者都多少与哈佛大学有过某种关系，比如在哈佛大学就读、访学或曾在哈佛大学任教，等等。以哈佛大学法学院为例，71 位教师中有 54 位教师的博士学位是在哈佛取得的，占到了 76%（姜远平，等，2004）[108]。

第二种模式笔者称之为耶鲁或威斯康星模式，美国大多数研究型大学采用这种模式。在这些高校中，从助理教授的聘任上就严格筛选，成功获聘者即可进入终身教轨（tenure-track），有很大希望获得终身教职。以耶鲁大学为例，教师从助理教授晋升至终身岗位的成功率还是较高的，人文学科最低，为 14%，而后依次是社会科学（15%）、自然科学（22%）和

生物科学（39%）。据威斯康星大学的一位教授透露，这种聘任方式可以更好地培养教员对学校的认同，而且有助于减少教员之间的矛盾，增强教员的士气，形成和谐的工作环境。

实际上，不管何种模式，其聘任和晋升都根据学术能力而定且存在淘汰平庸者的机制。

（二）不同层次的大学形成各自的博士毕业生交换网络

尽管美国研究型大学看似没有近亲繁殖，但却在长期的学术聘任中形成了毕业生互相交换的互惠圈。需要指出的是，由于大学之间存在着等级差异，这种互惠圈往往是在同一层次的大学中间形成的，如在麻省理工的一些学院中，大多数教员来自少数几所同行的学校。以其工程系为例，在过去14年聘任的教员中有64%来自以下三所学校：麻省理工学院（MIT）、斯坦福大学和加州大学伯克利分校。其中，有43%的教员是在MIT取得博士学位。[①] 斯梅尔瑟等人（Smelser et al.，1980）在对1975—1976年度加州大学伯克利分校社会学系教员招聘过程的个案分析中就发现，285位申请者中的65%来自排名前20的社会学系，最终的4位被录用者也都来自前20的社会学系。[②] 布里斯（Burris，2004）通过对美国98个社会学系博士生就业情况进行分析也发现，名牌学校的博士生更容易在学术劳动力市场中处于优势地位，而且美国顶尖大学的社会学博士的交换圈是比较固定的。以排名前五的社会学系为例，威斯康星、芝加哥、密歇根大学、伯克利、哈佛这5所大学所聘任的博士生中56%都出自这5所大学。当然，随着就业压力的上升，一些博士也选择了往下流动，但很少有毕业生可以由下往上流动。

当然，这种交换网络对于高校来说至少存在着两个好处：一是降低聘

---

① 由于该系网页上教员详细信息缺乏，尚无法考察该教员是否直接留校还是校外返聘回来，见：Massachusetts Institute of Technology faculty search committee handbook，Revised 3 January 2002。

② 在这次聘任中，有8位伯克利毕业生投递了简历，但只筛选出了其中的一位进入最终的面试（该校首次采用了计算机系统，将不同候选人的信息输入电脑后根据不同的指标进行筛选。由于申请者人数众多，这种计算机系统逐渐被推广开，这也进一步杜绝了人为的因素），此时，有教员提出要防止近亲繁殖，系里正犹豫是否要找该位学生面试的时候，恰逢该候选人已经收到了西北大学的录用通知，因此，这次聘任没有录用一位伯克利自己的毕业生。

任风险。人们往往更容易信任自己所熟悉和信赖的高校的毕业生，以及朋友所推荐的弟子。若根据信号筛选理论来看，由于评估标准的不确定，人们更倾向于从“毕业院校”这一信号来判断该候选人的学术水平。二是从自己的辐射圈中聘任，即保持了院系的研究风格和研究兴趣，同时又不违背学术“近亲繁殖”中不留本校弟子的做法，树立了自己的合法性，也借此与其他高校形成互惠网络。这种互惠网络在当前学术劳动力市场竞争日益激烈的时代，对各高校推介自己的毕业生无疑是非常有好处的。① 洛根·威尔逊早在1942年就指出，如果出于特殊考虑将一些人留任母校，长远来看，不仅学术这一普遍性的标准被替代，大学间的互惠关系也会被破坏，个别大学将会从互惠网络中孤立出来，形成学术地方主义（Wilson，1995）[56]。

这种互惠圈的形成也体现了学术劳动力市场的特点。洛根·威尔逊早在1942年就指出，学术劳动力市场相对来说是非正式的，他发现，通过与顶尖大学里的资深学者的交往是获得学术岗位信息的最主要渠道。卡普洛和麦吉（Caplow et al.，1958）对学术劳动力市场的研究也得出了同样的结论，他们认为在聘任当中人际影响是最重要的，某人被聘任是因为有人认识他们，有人可以证明他们是非常有学术前途的，或者他们的导师非常知名。尽管随着职位空缺信息的公开化，学术劳动力市场已经逐渐开放，但学术劳动力市场仍被高度区隔，一位出身名校的中等水平的博士也会比出身于低层级学校的非常优秀的博士更容易在好学校中找到工作。

但这种从自己的学术辐射圈中聘任的做法如果走向极端，也不利于学术研究的多元视角的形成。贝蒂等人（Baty et al.，1971）通过对79所商学院之间的教员流动进行研究就发现，虽然通常人们认为组织之间交换是为了互通有无，但各商学院在聘任时并非像预期那样聘任对自己学科发展起结构性补充作用（structural complementarity）的学者，而更多是聘任与自己本院系课程设置和学术训练设置相似的学者。他们认为这其中很重要的原因即是学者或学系往往出于自己学术兴趣参加各种学会，这就带来了学会中人员的高同质性，由于在聘任过程中人际推荐的作用仍然很大，故

---

① 实际上，这里有一对悖论：随着学术劳动力市场上买方市场的到来，高校可以在更多的聘任候选人中进行挑选，但恰恰是由于竞争的激烈，人际引荐的作用也就更大了。

而最终聘任的又是来自本圈子里的人员。

值得指出的是，虽然这种互惠关系让名校毕业生更容易在名校中谋得教职，但这种互惠关系却无法进一步持续到教员的晋升中，“非升即走”原则的实施并不会因教员的毕业院校声望而有所改变。

（三）注重维护本院系的学术“正统性”

在现实中，一些院系为了维持自己院系的风格和传统，在聘任中反而演变为一种打击异己的行为，一些教职申请者常常由于不符合该院系的学术兴趣而被拒绝。艾格曼（Carl H. Eigenmann）① 教授在自己的回忆录中就讲述了这样的故事［（Eigenmann，1960；转引自：（Wilson，1995）[44]］：

> 30年前②我去哈佛大学学习，准备研究古生代螳螂触角，相对其他高校，哈佛大学拥有更多的古生代螳螂标本。③ 可当我把自己的研究手稿给研究螳螂的教授，并请求能够以此做我的博士论文的时候，他告诉我，哈佛大学对触角不感兴趣，他们更感兴趣的是胸腔研究……这位教授甚至压根不看我的手稿……后来，我的这份手稿在加利福尼亚科学院（California Academy of Sciences）以特刊连载了，而且，我相信至今这份研究仍然是这个领域的权威……

哈佛大学文理学院的一位助理教授根据自己的体验这么描述了聘任的标准：

> 通常的情况是他们会放大（over-value）自己所认为的一位“好”（sound）学者的品质：勤奋、技术熟练、在本专业研究上多产、在作

---

① 卡尔·艾格曼（Carl H. Eigenmann，1863—1927），出生于德国，著名鱼类学家，与其妻子罗莎·艾格曼（Rosa Smith Eigenmann）对北美和南美的许多鱼类进行了首次记录。

② 1887年左右。

③ 这些藏品都由前文提到的路易斯·阿加西斯（Louis Agassiz）和弗朗兹·斯坦达赫纳（Franz Steindachner）两位科学家所搜集。

> 为学者（scholar）[①] 和教师的常规工作上表现优秀、安守并尽到自己岗位的义务，同时表现出“合作”，这种合作通常指能够接受学系资深学者为他设定的研究目标和研究标准、不质疑、不添乱；但对一些他们不喜欢的品质，如精力旺盛、思维活跃、有创新精神和独立性，对既有思想进行质疑的思想家型（thinker）的而非学者型（scholar）的品质，他们则给予低评价（under-value）。对于一些已经被聘任的教员来说，如果他开始打破原有的学术传统，但要是不过激的话，仍然还算个好同事（good fellow），大家还可以忍受；但如果他人品令人讨厌的话，则渐渐地会被隔离，最终晋升无望甚至被辞退，因为他不够合作（non-cooperative）。

因此，在聘任过程中，有的学者就发现，性格比学术能力更加重要。有关终身教职候选人的社会学研究显示，出版物的数量远远比出版物的质量重要得多，此外，还有两个关键的因素：一是候选人拥有顶尖大学的一个学位；二则是候选人的人际技能和魅力。历史学家莱昂内尔·刘易斯（Lionel Lewis）通过对3 000多份申请终身教职的推荐信进行研究发现，成功获得终身教职的教员并不在于其智力水平多高，而是如何向资深的学者反映出自己善于团队合作，是一位有魅力、有着良好人际沟通的人。西奥多·哈梅罗（Theodore Hamerow）对历史学科教员的研究则发现，推荐信中如果有提到候选人妻子很受欢迎或者非常慷慨大方，或者夫妻之间关系非常和谐之类话语的时候，这些候选人也更容易获得终身教职（Trumpbour，1989）。但哈佛大学在终身教职的聘任中，政治倾向也有很大的影响，哈佛大学所聘任的终身教授主要是保守主义者或自由主义者，而激进的左派则很少能够受聘。

在笔者访谈芝加哥大学的政治学博士生时，他也告诉笔者，哈佛大学政治学系的学术“近亲繁殖”非常严重，他们对系中成员的研究方向、提出问题的方式、所用的研究方法都有统一的规定，如果不遵守则会受到其

---

① 从对一些早期殖民学院的记录来看，Scholar在早期被用来指学校中的学生。由此推测，学者可能更侧重指饱学之士，接受既有知识；思想家则更多指富有学术研究所需要的批判、质疑和创新精神的研究人员。如柯班（Nannerl O. Keobane）所认为的，现代研究型大学学者的主要任务是发现和分享知识，而不是获得和传播知识，因此思想家这样的人才应该是更需要的。

他成员的排挤。

对学术正统性的关注还有一种极端的表现，即聘任中的学术政治。一些学者由于政治立场不被系中其他成员接受，而无法获得聘任或晋升。据一位美国学者透露，左派学者很难在美国大学中获得晋升，也很难获得课题资助。以左派政治经济学者萨姆·鲍尔斯（Sam Bowles）为例，他于1966—1973年在哈佛大学经济系任教，并发表了有关教育经济学方面的著作，以及教育如何在美国社会中进行阶级再生产。尽管他从副教授晋升为终身教授得到了该系中三位最有名的经济学家的支持：华西里·列昂惕夫（Wassily Leontief）①、肯尼思·阿罗（Kenneth J. Arrow）② 和约翰·加尔布雷思（John Kenneth Galbraith）③。他们三位过去都曾经担任美国经济学会的主席。但在全体教员投票中，鲍尔斯被否决了。加尔布雷思表示，“尽管大家都认为政治意见的不同不能视为影响聘任决定的因素，但我坚信，萨姆的政治观点影响了他。这也将窄化哈佛大学经济系的研究兴趣”。斯蒂芬·马格林（Stephen Marglin）也表示，在自己的系中，从以往的经验来看，没有激进的学者能够获得终身教职，而他自己则是其中的一名幸运者。

这种对异己的排斥，尽管与留任本校毕业生不同，但在某种程度上也产生了和学术“近亲繁殖”相似的效果：形成派系、窄化研究兴趣。这也是一种学术界内部对学术自由的侵害。在学术界，这样的事情常有发生，表现形式有终止续聘、不予晋升、指派不对口的任务、不让其参加某些活动，等等。正如希尔斯（2007）[297]所说，“不要认为学者们总是愿意为争取同事的学术自由而付出努力”。

从上面的特点我们也可以看出，学术界的文化是一种柔性的文化，我们很难用一种具体的刚性的制度来对学术聘任进行规定。但是，学术人员作为人本身也会有各种利益诉求，幸而美国研究型大学在其100多年的发展和学术工作的专业化（professionalization）进程中已经有各种制度对行政

---

① 华西里·列昂惕夫（Wassily Leontief，1906—1999），美籍俄裔著名经济学家，1973年获诺贝尔经济学奖。

② 肯尼斯·约瑟夫·阿罗（Kenneth J. Arrow，1921年至今），美国经济学家，于1972年获得诺贝尔经济学奖。

③ 约翰·加尔布雷思（John Kenneth Galbraith，1908—2006），美国经济学家、新制度学派的领军人物。

人员和学术人员的权力进行限制的制度，如明确的教员聘任程序、教员申诉程序，等等，这种分权在客观上约束了各方利益群体，确保了学术聘任中以“学术能力”为主要标准的落实。

参考文献

中文部分

1. 爱德华·希尔斯．2007．学术的秩序［M］．李家永，译．北京：商务印书馆．
2. 伯顿·克拉克．1994．高等教育系统：学术组织的跨国研究［M］．王承绪，译．杭州：浙江教育出版社．
3. 伯顿·克拉克．1995．探究的场所——现代大学的科研和研究生教育［M］．王承绪，译．杭州：浙江教育出版社：150－152．
4. 伯顿·克拉克．2001．研究生教育的科学研究基础［M］．王承绪，译．杭州：浙江教育出版社．
5. 亨利·罗索夫斯基．1996．美国校园文化：学生·教师·管理［M］．谢宗仙，等，译．济南：山东人民出版社．
6. 罗伯特·默顿．2003．科学社会学（上）（下）［M］．鲁旭东，林聚任，译．北京：商务印书馆．
7. 罗伯特·默顿．2006．社会理论和社会结构［M］．唐少杰，等，译．南京：译林出版社．
8. 詹姆斯·马奇，马丁·舒尔茨，周雪光．2005．规则的动态演变［M］．上海：世纪出版集团上海人民出版社．
9. 陈学飞．1989．美国高等教育发展史［M］．成都：四川大学出版社．
10. 姜远平，刘少雪．2004．世界一流大学教师学缘研究［J］．江苏高教（4）：106－108．
11. 上官子木．1998．学术界近亲繁殖愈演愈烈［N］．南方周末，1998－10－30．
12. 徐辉．2003．外国高校教师队伍管理的历史发展及启示［J］．比较教育研究（10）：77－81．
13. 张斌贤．2004．学术职业化与美国高等教育［J］．北京大学教育评论

(2)：92—96.

14. 周雪光．2003. 组织社会学十讲［M］. 北京：社会科学文献出版社．

英文部分

1. Baty, G.; Evan, W.; & Rothermel, T. 1971. Personnel flows as interorganizational relations. *Administrative Science Quarterly*, 16 (4), 430 – 443.
2. Berger, P. L., & Luckmann, T. 1966. *The social construction of reality*. New York: Doubleday & Company, Inc.
3. Blau, P. 1994. *The organization of academic work*. New Brunswick & London: Transaction Publishers, Second Edition.
4. Brubacher, J. S. and Rudy, W. 1958. *Higher education in transition——An American history*: 1636—1956. New York & Evanston: Harper & Row Publishers.
5. Burris, V. 2004. The academic caste system: Prestige hierarchies in PhD exchange networks. *American Sociological Review*, 69 (2), 239 – 264.
6. Caplow, T & McGee., R. 2001. *The academic marketplace*. With a foreword by Jacques Barzun (first edition in 1958). New York: Science Editions, Inc.
7. Cardozier, V. 1987. *American higher education: An international perspective*. Aldershot & Brookfield: Avebury
8. Carrel, W. 1968. American college and professors: 1710—1800. *History of Education Quarterly*, 8 (3), 289 – 305.
9. DiMaggio, P. & Powell, W. 1983. The iron cage revisited: Institutional isomorphism and collective rationality in organizational fields. *American Sociological Review*, 48 (2), 135 – 154.
10. Douglas, M. 1986. *How institutions think*. Syracuse: Syracuse University Press.
11. Eells, W. & Cleveland, A. 1935. Faculty inbreeding: Extent, types, and trends in American colleges and universities. *The Journal of Higher Education*, 6 (5), 261 – 269.
12. Eliot, C. 1908. *University administration*. Boston & New York: Houghton

Mifflin Company.

13. Gersick, C. & Bartunek, J. & Dutton, J. 2000. Learning from academic: the importance of relationships in professional life. *Academy of Management Journal*, 43 (6), 1026 – 1044.

14. Handlin, O. & Handlin, M. 1970. *The American college and American culture.* New York: McGraw-Hill Book Company, Forward.

15. Handschin, C. 1910. Inbreeding in the instructional corps of American colleges and universities. Science, *New Series*, 829, 707 – 709.

16. Hargens, L. & Farr, G. 1973. An examination of recent hypotheses about institutional inbreeding. *The American Journal of Sociology*, 78 (6), 1381 – 1402.

17. Hargens, L. & Hagstrom, W. 1967. Sponsored and contest mobility of American scientists. *Sociology of Education*, 40 (1), 24 – 38.

18. Hart, J. 1974. German universities: A narrative of personal experience, in Cohen, Sol. *Education in the United States: A Documentary History* (p. 1537). Volume Ⅲ, Random House New York.

19. Hawkins, H. 1972. *Between Harvard and America.* New York: Oxford University Press.

20. Hollingshead, A. 1938. Ingroup membership and academic selection. *American Sociological Review*, 3 (6), 826 – 833.

21. Jencks, C. & Riesman, D. 1968. *The Academic revolution.* New York: Doubleday.

22. Ladd, E. 1979. The work Experience of American College Professors: Some Data and an Argument. *Current Issues in Higher Education*, 2, 135 – 154.

23. Light, D. 1974. Introduction: The structure of the academic professions. *Sociology of Education*, 47 (1), 2 – 28.

24. Miller, G. 1908. Appointments in colleges and universities. *Science*, New Series, 721, 561 – 562.

25. Persons, S. 1990. The University of Iowa in the Twentieth Century: An Institutional History. Iowa City: University of Iowa Press.

26. Rice, R. 1986. The academic profession in transition: Toward a new social

fiction. *Teaching Sociology*, Teaching and the Academic Profession: A Symposium, 14 (1), 12 –23.

27. Simon, R; Clark, S. & Tifft, L. 1966. Of nepotism, marriage, and the pursuit of an academic career. *Sociology of Education*, 39 (4), 344 –358.
28. Smelser, N. & Content, R. 1980. *The Changing Academic Market*. Berkeley, Los Angeles, London: University of California Press, 1980.
29. Smith, R. 1986. *The Harvard century: The making of a university to a nation*. New York: Simon & Schuster, Inc.
30. Trumpbour, J. 1989. "Cleaning House": Hiring, tenure and dissent, in John Trumpbour. *How Harvard Rules: Reason in the Service of Empire* (pp. 267 –269) . Boston: South End Press.
31. Wilczynski, E. 1909a. Appointments in colleges and universities. *Science*, New Series, 739, 336 –339.
32. Wilczynski, E. 1909b. Mathematical appointments in colleges and universities. *This Bulletin*, 15, 492 –495.
33. Wilson, L. 1995. *The academic man*. New Brunswick & London: Transition Publishers. Second Edition (With a new Introduction by Philip G. Altbach, first edition in 1942) .
34. Woodburne, L. 1943. An administrative responsibility. *The Journal of Higher Education*, 14 (3), 133 –139.

第 5 章

美国的学术奖励制度

学术活动与其他的社会劳动不同，它有其自身的特点，这些特点决定了学术奖励与公司、企业奖励的不同之处。学术活动的特点也决定了从事学术活动的学术人员不同于其他劳动者的主体需求，那么学术奖励的本质是什么？它能否满足学术人员的特殊需求？学术奖励对学术活动和学术人员又有什么作用，它具有哪些功能呢？本章将对美国的学术奖励制度进行细致地研究，以期从中获得一些启发。

一、学术活动及其特征

学术活动有广义和狭义之分，广义的学术活动指“探究学术真谛、应用学术成果、提高学术水平、取得学术成就、传播学术思想的各种活动”（徐涌金，等，1998）。美国当代高等教育理论家欧内斯特·博耶（Ernest L. Boyer）把学术活动分为探究的学术、综合的学术、教学的学术以及应用的学术（Boyer，1996）[18-33]。而狭义的学术活动则仅指学术研究活动，因为研究是学术最基本的成分。

从宏观上来看，学术研究主要包括基础性研究和应用性研究。基础性研究包括理论和实验两个方面的工作，分为基础理论研究和应用基础研究两部分。基础研究这种学术研究活动的主要目的在于分析事物的性质、结构以及事物之间的联系，从而揭示事物所遵循的基本规律。联合国教科文组织对基础研究有个界说：基础研究是“旨在增加科学、技术知识和发展新的探索领域的任何创造性活动，而不考虑任何特定的实际目的”（张彦，

1994)[52]。而应用性研究则致力于解决国民经济发展中所提出的实际科学技术问题，它的对象与核心是技术。应用研究把科学理论和生产很好地联系了起来，通过应用研究，可以把理论发展到应用的形式。应用研究的直接目的，已经不是求知或求真，它的着眼点转向了确定基础研究成果的可能用途，以及利用这些成果达到预定目标的方法。

大学的研究主要是基础研究、理论研究，注重的是学理的探究，而专业性的研究所则主要以应用研究为主，尽管目前二者开始有融合的趋势，但大学学术研究的基础性特征还是比较浓厚的。美国更是如此，美国没有独立的大规模的从事基础研究的单独机构，大学承担着大部分的基础研究的工作。由此，这里所探讨的学术活动主要是指狭义上的、与大学相关的学术研究活动。

学术研究活动的目的，就是要不断揭示物质世界的运动规律，探索、发现真理，扩展正确无误的知识。这一活动与社会生产活动、文化艺术活动、政治活动等不同，它有着自己鲜明的特点。默顿在《科学的规范结构》中指出，有四种基本的社会规范，构成了科学的精神气质（echos of science），科学以其自身的精神气质区别于其他的社会活动，并把从事科学活动的人联系在一起，使他们在不同程度上把这种精神气质内化，规范他们的科学行为。默顿认为，构成科学精神气质的是普遍主义（universalism）、公有性（communism）、无私利性（disinterestedness）和有组织的怀疑态度（organized skepticism）。默顿对科学这四种精神气质的描述，同样适用于对学术研究活动的特点的分析。

普遍主义即“关于真理的断言，无论其来源如何，都必须服从于先定的非个人性的标准，即要与观察的和以前被证实的知识相一致”（默顿，2003）[365]。由此，我们认为，学术研究活动是探索、发现真理的过程，它不受种族、国籍、宗教、阶级和个人品质等诸如此类的社会属性的制约，这些因素也不应在对任何学术人员的研究成果的评价之中予以考虑。

学术研究活动具有公有性特征。这种公有性要求科学家公开其研究成果，不独自占有新思想、新信息或新理论。“科学上的重大发现都是社会协作的产物，因此它们属于社会所有。它们构成了共同的遗产，发现者个人对这类遗产的权利是极其有限的。”（默顿，2003）[369]科研成果公布于众，才能不断地使人类知识增加。学术人员也只有把自己的研究成果公开于世，不独自占有，才能接受学术同行的评价，得到适当的承认与奖励。

学术研究活动具有无私利性特征。这要求学术人员为“科学的目的”从事科学研究，不应以科学研究来谋取荣誉、地位、声望或金钱等，也不应以不正当的手段在科学竞争中压倒对手。学术人员具有“求知的热情、莫名其妙的好奇心、对人类利益的无私关心”（默顿，2003）[373]，这使他们能潜心于自己的研究之中。基础理论研究较之应用研究要略显枯燥，尤其不像应用研究那样容易得到企业的资助，也不会像应用研究那样在短期内产生巨大的经济效益，这就更显示出学术研究的无私利性特征。即使在科学已经高度专业化的今天，学术研究早已经不是一种业余爱好的情况下，对科学知识的追求，仍然被定义为一种对真理的不谋私利的探索，仅仅在次要意义上才是一种谋生的手段（默顿，2003）[440]。

学术人员把自己的研究成果公之于世，他们或许会得到某种奖励，但获得这种奖励并不是他们从事科学研究的初衷，他们更看重的是学术共同体乃至社会对他的研究成果的承认与认可。奖金对学术人员具有一定的作用，但几乎没有哪位学者从事研究的目的就是为了获得某种学术奖励的奖金，从而提高其生活水平，过上更加优越的日子。大多数学术人员都是在为科学的发展、知识的增加而探索着、无私地奉献着。

默顿提出的“有组织的怀疑态度”提倡一种怀疑精神，要不断地向自然界和社会提出疑问，但这种怀疑必须借助于经验和逻辑的标准，不能胡乱怀疑。这种怀疑精神与学术研究活动的探索性特征紧密相连。学术研究活动是一种发现事物本质、内部联系、运动规律的过程，而事物的本质、内部联系以及运动规律却是隐藏在事物内部的，是直接看不到、摸不着的。对学术活动的主体来说，是未知的。把未知变成已知，就需要学术人员进行不断地探索、不断地尝试。在探索中就要勇于质疑，发现问题，从而解决问题。此外，这种探索可能需要一代人甚至几代人的研究积累才能取得成果，它的效益不是短期可以见到的。而且，学术研究的理论成果还可能超越现实、超越当前的实践，更不会在短时间内看到它的指导性与价值，只有经过更长时间的实践，才会被人们所接受和认可。学术研究活动的这一特征是在对学术成果进行奖励时应该加以考虑的。

此外，学术研究活动还有一个本质特征，即创造性，这也是它与其他社会劳动最重要的区别之一。无论是以探索发现客观存在的自然规律为主要目的的基础性研究，还是研制、发明以改造客观世界为主要目的的应用性研究，其根本特征都是创造、创新，而不是重复。物质财富的生产讲求规模效益，在一般情况下，规模越大，重复生产越多，效率越高。教学、医疗、经营等一般脑力劳动虽也有创造的成分，但也存在大量的重复性劳动。而学术研究活动则不能重复前人、他人或自己的研究成果，而是在已有成果的基础上进行创新，从而使知识扩大、加深和发展（王炎坤，1993）[38]。创造性程度是衡量一项科研成果水平高低的重要指标，科研成果的创造性越大，其水平就越高。学术研究活动的这种创造性特征决定了学术奖励的原则应该是重视、鼓励那些有探索能力和创造能力的人，有开拓精神的人。以学术奖励的形式肯定学术人员的创造性劳动，肯定他们对未知世界探索的价值，这样会更加强化他们探索追求的欲望，进而促进其学术产出。

学术研究活动的这些特点决定了学术奖励与其他奖励的不同之处，只有在制定学术奖励的原则和标准时考虑到这些特点，才能使学术奖励更符合实际，充分发挥学术奖励的积极作用和良好的社会效应。

（一）学术活动主体的需求分析

大学教授是学术活动的主体和中心，大学的质量如何在很大程度上取决于该大学里教授的水平（Baldwin，1985）[6]，而一个国家一个时期学术研究活动开展的程度及水平的高低，在很大程度上取决于该地或该时期学术人员的水平和数量。从科学活动的实际来看，有了一大批高水平的科研人员，才能够研制出先进的科学仪器，研究最新的课题，获得高水平的研究成果。否则，即使有了再充足的科研经费，购买了再尖端的科学仪器和设备，而缺乏科研人员，也不能顺利进行各种科学活动（王德胜，等，1993）[265]。

学术活动的特点决定了从事学术研究的学术人员也具有与其他劳动者不同的特征。学术活动的无私利性特征要求学术人员对科学具有强烈的热爱精神，对科学具有浓厚的兴趣和好奇心；探索性特征要求学术人员具有严谨、一丝不苟的求知精神和不屈不挠的坚强意志；创造性特征要求学术人员具有丰富的知识，较高的学术素养，敏锐的洞察力，较强的思维能力与想象力。具有这些特征中的一种或许并不难，但是要成为一名优秀的学者，这些品质都是不可或缺的，它们共同构成了学术人员的精神气质。

那么，具有这样精神气质的学术人员，他们的需求是什么呢？对他们构成激励的因素是什么呢？这是高等教育机构都非常关注的一个问题。高教机构希望利用激励手段来促进教授们良好的教学、富于创造性的研究以及有价值的公共服务，不断促进学术的发展（Baldwin，1985）[7]。

麦克斯基（McKeschie）认为，对大学学术人员构成激励的因素是复杂的，不能简单地从物质的观点来解释，大学教授对学术职业的内在的满意要比外在的物质上的奖赏更能对他们形成激励，“同行的支持、对自己的研究工作的自主管理与掌控、管理上的宽松，这些都在很大程度上激励了学术人员”（转引自：Baldwin，1985）[10]。从麦克斯基的论述中，我们可知，大学学术人员更注重精神上的需要和满足，学术同行的认可和支持要比获得奖金更能让他们感到满足。学者托尼（Tony）在其研究中指出，能够在自己所从事的研究领域内获得荣誉是对学术研究人员构成激励的首要因素。汉克尔（Henkel）的研究也发现，获得学术认同是促使学术研究人员能潜心研究的动力（Becher et al.，2001）[75]。

学术人员具有一般人的需求，但因其职业特点、文化水平、素质、外在环境要求的不同，学术人员有其特殊的内在需求，这就是来自学术共同体的承认。“对杰出工作的承认对大学里的每一位学者而言，都是非常重要的、直接的激励因素。”（Baldwin，1985）[41]学术人员因其研究成果，因其在促进科学知识增长方面所作出的贡献，而得到本学科领域内学术同行的承认，获得奖励，这几乎是每个学术人员的愿望。学术人员荣获某种奖励，看重的是奖励代表的承认、奖励的荣誉性。虽然各种形式的奖励也包含着数目不等的奖金，但奖金并不是对获奖者的劳动所给予的报酬，获奖者贡献的大小不是以奖金的多少为尺度来衡量的。一些奖项没有奖金，例如美国国家科学奖和国家技术奖，但却具有极高的荣誉性，是对获奖的学者一种最好的认可和承认。

麦克斯基还从激励理论中得出结论：人在不同生命阶段的需求和满意度是不同的。这一结论表明，像获得某种资助这样的因素可能会激励年轻的学者，促进他们的学术产出，但是，这种激励因素就不会对中年的教授产生作用，因为他这时的期望是使自己的事业进入一个新的阶段。他们的需求是不同的，因此，对他们构成激励的因素也有所差别。塔克曼（Tuckman）提供了更确切的证据来证明在连续的职业阶段，对学者构成的激励因素的差异。他认为，在学术职业的早期阶段，促进学术产出的激励因素是非常强大的，因为这对年轻学者以后的学术职业发展有重要影响（Baldwin，1985）[16]。由此，我们可知，尽管学术人员都渴望获得奖励，获得承认，但他们在不同时期对承认方式的认可是不同的，学术奖励制度在分配奖励时也应考虑到学术人员的不同需求，使奖励真正发挥其激励作用。

（二）学术奖励的本质

从以上分析中可得知，学术人员是一个掌握了丰富的科学文化知识、具有较高精神需求和知识素养的群体，他们除具有一般人的追求和需要之外，更注重精神上的需要和满足，更渴望获得学术同行的认同和承认。学术奖励恰好满足了学术人员的这种需求，如果某位学者在学术研究中作出了突出的成就，就给予其一定的承认和荣誉，这就是学术奖励，其实质就是承认，“承认是科学王国中的通货”（杰里·加斯顿，1988）[7]。具体说来，学术奖励的本质主要体现在以下两个方面。

1. 学术奖励是对学术成果的承认

学术奖励是通过同行评议而授予的，学术奖励的评议过程实际上就是对学术创新成果的一种判定，经过评议并授予奖励就等于确认了该项学术成果的发现权或者创新权。因为随着科学日新月异的发展，科学研究的专业分工越来越细，学术人员所研究的问题、所使用的概念、理论、实验技能和研究方法等越来越专业化，越来越精细，这就决定了只有同行的专家学者才能担当起科学研究成果评价的重任。所以，同行对学术人员的研究成果给予的客观、公正的评价，就是对其研究成果的质量给予实事求是的认证，就是对学术人员所作出的成就的一种承认。相应地，获得奖励的学术成果就意味着其价值得到了学术同行乃至社会的广泛认可。

2. 学术奖励是对学术人员的承认

学术成果是由学术人员作出的，对学术成果的评审过程，也是学术人员接受竞争、接受比较和筛选的过程。经历这一过程而得到奖励的人，就等于他的科研能力得到了学术同行的承认，他也会因此而在该领域中得到同行的尊重，其威信也会大增，甚至还会被尊为该领域的权威。这样，承认了学术人员的创造力，肯定了他对科学探索的价值，继而会鼓励学术人员继续作出新贡献。

由此，我们可以看出，学术奖励的本质就是对学术人员及其创造性学术成果的承认，这种来自学术同行的承认使学术人员获得了精神上的满足与慰藉，满足了他们自我实现的需要。美国科学社会学家默顿在谈及科学奖励的本质时指出，“对独创性的承认成了得到社会确认的证明，它证明一个人已经成功地实现了对一个科学家最严格的角色要求。科学家的个人形象在相当程度上取决于他所在领域的科学界的同仁对他的评价，即他在什么程度上履行了这个高标准的、极为重要的角色”（默顿，2003）[395]。默顿的这一观点意味着，获得学术共同体的承认是对学术人员最高的、最重要的奖励。

（三）学术奖励的功能

学术奖励是对学术人员及其学术成果的承认，那么，这种承认会起到什么作用呢，也就是说学术奖励的功能是什么呢？简单说来，学术奖励就是要对学术人员形成一种激励作用，并在整个社会中引起积极的反应，促进学术的发展。具体说来，学术奖励的功能主要体现在以下两个方面。

第一，促进学术人员的科研产出，这是学术奖励最本质和最重要的功能。

美国学者伊丽莎白·G. 克里默（Elizabeth G. Creamer）认为，是否获得承认是衡量科学家在科学领域取得成功与否的首要标准，而承认是可以通过科学家获得的奖励、出版物的引用率等指标来衡量的，因为这都反映了来自同行的评价。反过来，奖励等因素又会促进科学家的研究和学术产出（Creamer，1998）[21]。科学研究有一定的目标，就是发现更多的知识，学术奖励的运行，就是为了促进科学知识的增长。虽然，学术人员从事学术研究的初衷并不是为了获得奖励，但是，当学术人员因其研究而得到了学术同行的承认和认可，获得一定的奖励时，其精神和物质的需求就会得到一定程度的满足。在这种情况下，他又会有新的需求，又将进行新的创造，进行更高层次的、更高水平的研究，从而会有新的科研产出。

美国学者坎特（Kanter）认为，正式的奖励和公众的承认对未获奖者的意义要大于获奖者，因为未获奖者可以发现，高目标是能实现的，他们所作出的贡献同样也可以以这样的方式得以关注、认可和铭记（转引自：Baldwin，1985）[13]。因此，对于那些还没有得到奖励的人，获得承认是他们潜在的动力，这将激励他们潜心研究，早日拿出科研成果。

从以上两方面可以看出，学术奖励对获奖者和未获奖者都具有重要意义。奖励将激励学术人员的研究工作，强化他们的创新意识与进取精神，从而有更多的学术产出，促进科学知识的不断增加。

第二，引导竞争及后继研究的方向。

奖励作为一种刺激因素，它可以影响竞争的过程和方向，引导受到激励作用的学术人员按照被激发的方向前进或者限制往哪个方向前进。而评奖的结果也可以表明目前科学发展的最新情况及学术人员后继研究的主方向。如前所述，学术研究活动具有创造性特征，但这种创造是在继承中的创造。学术奖励肯定了新的创造，那么，这种创造不久就将变成后继研究者继承的东西，后继研究者会在此基础上进行新的创造，这样，就无形规定了学术研究的发展方向（张忠奎，等，1990）[18]。

就其实质来说，学术奖励的功能就是要在学术群体中形成一种激励作用，促进学术人员的学术产出。学术奖励的设置就要以此为宗旨，这样才会促进学术的发展。

二、美国学术奖励制度的类型与特征

学术奖励的本质是对学术人员及其创造性研究成果的承认，学术奖励的这种承认形式能够促进学术人员的学术产出。那么，美国的学术奖励制度是否实现了这一功能呢？为了解答这一问题，我们首先要对美国学术奖励制度的概况有所了解，为此，本部分将从学术奖励的制度化历程、美国学术奖励制度的类型以及美国学术奖励制度的特征三方面进行阐述，以便对美国学术奖励制度有宏观上的把握和认识。

（一）学术奖励的制度化历程

学术奖励的制度化历程起源于欧洲，学术奖励是随着科学的发展和进步逐渐形成和发展起来的，它与科学的建制化过程密切相关。

在科学发展早期，科学尚未从哲学领域中分化出来，所谓的科学家或哲学家仅把他们从事的研究视为一种休闲，并没有作为一种职业，科学在此时并没有形成一种建制。与此相应，科学奖励也没有一种制度化的形式，以科学家的名字命名某种科学成果是这一时期主要的奖励形式，如毕达哥拉斯定理、阿基米德浮力定律等。命名法是科学中历史最为悠久、最持久的奖励方式；是科学家的科学成果得到社会认可后，后人所追加的一种奖励方式；是一种非官方的、民间的承认方式（焦贺言，等，2005）。到十六七世纪，当科学研究正式成为一种社会化的活动时，这种以命名为奖励的方式变得尤为普遍起来。一门新科学的诞生，往往将其创始者称为“某学科之父”，如“社会学之父”孔德。

旨在保护发明创造、促进新技术交流和转让的专利制度的出现和形成，表明了由政府支持和倡导的公开的科学奖励制度的出现。公元十三四世纪，随着商品经济的产生和兴起，一些国家为发展经济和增加收入采取了某些保护和鼓励发明创造的措施，如给持有发明物的工匠或商人以一定期限的免税或独家经营权。这种由国家的统治者对发明物或发明人给予确认、保护和鼓励的办法，就是现在普遍实行的专利制度的雏形，同时也被认为是现代科学奖励制度的萌芽（张忠奎，等，1990）[145]。

17世纪，欧洲各国科学家纷纷成立各种学会、科学院，大大加速了科学技术活动的社会化进程，大学、各种学派、科学机构大量涌现，科学活动实现了初步建制化。“与科学的进一步建制化相适应，基于对科学家角色进行内部评价和控制的需要，种种学术奖励、学位奖励制度日益发展并完善起来。各种科学学派都设立了奖章、勋章、称号等多种形式的奖励，促进了科学技术在国家之间的交流。”（焦贺言，等，2005）例如，英国皇家学会于1662年成立，并逐渐发展成为拥有很高学术和社会地位的科学团体，成为该学会的会员即是一种崇高的荣誉和对学术贡献的承认。皇家学会又于1731年和1800年分别设立了科普利奖章和朗福德奖章，荣获该学会颁发的奖章则是另一种崇高的荣誉。皇家学会设立的奖项对鼓励创新性科学研究起了重要的作用（Bektas et al.，1992）[43-49]。

在19世纪，德国实行了教育改革，使得大学不但成为教育中心，而且成为了科学研究的中心，这种科研与教育一体化的结构使得科学研究趋于职业化了。后来，这种结构模式为南北战争时期的美国所效仿，而且，美国的一些名牌大学还创办了一种研究生院，使得科学研究更加专业化了（王炎坤，1993）[19]。这一时期，美国的一些学术机构也开始逐渐建立起来，科学研究日益组织化。与此相应，学术奖励制度在美国也初步形成，并得到了发展。

20世纪以来，科学获得了极大的发展，科学活动高度建制化，科学研究表现为集体化、高度组织化的活动，大学日益成为科学研究的中心，大学的学术研究备受关注，而学术奖励活动也成为整个科学活动的重要组成部分，它在充分调动学术人员的积极性，促进科学技术进步和社会发展方面发挥越来越大的作用。1901年设立的诺贝尔奖及其获得的成功，标志着现代学术奖励制度的确立。目前，世界各国都普遍重视和积极开展各种学术奖励活动，建立了有利于本国科学技术发展的学术奖励制度。美国在“二战”后，为鼓励学术人员的研究，促进科学的发展，设立了各种学术奖励，其学术奖励制度日益成熟、完善。

（二）美国学术奖励制度的类型

进入20世纪以来，世界各国普遍制定了与自己经济政治和科技体制相适应的学术奖励制度。尽管各国的学术奖励制度有一些共同点，但各国社会制度、思想文化和科技体制的不同，导致各国在学术奖励制度方面存在很大的差异。美国作为世界上科学技术最为发达的国家之一，在学术奖励方面，也独具特色，在不断的发展中，逐渐形成了以政府级的奖励、民间机构的奖励以及大学的奖励为体系的学术奖励制度。

1. 政府级的奖励

美国最高的政府级学术奖励是总统奖，它是以美国政府名义授予的，分为两个奖项：国家科学奖和国家技术奖。美国政府与科研相关的各部门，如国家科学基金会、能源部、国防部、农业部、商务部等都设有自己的奖项，这些部门设立的奖项也可算是国家级政府奖励。下面将从政府级的学术奖励中选取一些比较有影响的，具有一定典型意义的奖项作一下简要的介绍。

（1）国家科学奖（The National Medal of Science）

国家科学奖是美国最高的科学荣誉，被誉为“美国的诺贝尔奖”。该奖创设于1959年，主要授予在物理学、化学、生物学、数学、工程科学、行为科学以及社会科学方面作出了卓越贡献的科学家。每年的获奖者不超过20人，由美国总统亲自授奖。奖励对象是美国公民或在12个月内已提出申请加入美国国籍的具有永久居留权的人士。该奖评选的唯一标准是获奖候选人的学术水平，候选人必须有人推荐，其获奖者往往是在美国某一特定领域内具有重要影响的科学家。截至2005年3月，共有425位科学家获得美国国家科学奖。一些著名的美籍华裔学者，如吴健雄、杨振宁、丘成桐等曾获得过此奖。①

（2）国家技术奖（The National Medal of Technology）

该奖是美国总统授予美国优秀技术创新者的最高荣誉，创设于1980年，1985年第一次授奖，主要授予那些在先进技术方面和在提高美国技术的竞争力方面作出杰出贡献的人士。与国家科学奖不同，国家技术奖每年授予的名额较少，至多10名，截至2000年底，只有120个人获得该奖。

为了加强国家的技术创新，该奖也试图鼓励美国的青年人从事技术方面的研究，以此保证美国在全球的技术与经济的领先地位。该奖的奖励范围包括产品与工艺发明、技术转让、先进制造技术、技术管理、人力资源开发、环保技术等领域。被提名人必须是美国公民，可以是个人或不超过4人的团队。②

（3）国家科学基金会（NSF）设立的奖项

国家科学基金会是联邦政府的一个独立机构，由国会创建于1950年，其宗旨是促进科学进步，促进国家发达、繁荣和幸福，保证国家安全。国家科学基金会支持一般性、全面的基础研究，联邦政府资助的大学的基础

① http：//www. nsf. gov/od/nms/medal. jsp，2006-12-21.

② http：//www. technology. gov/medal/，2006-12-21.

性研究中，20%都是由国家科学基金会提供的资助基金。在许多领域，像数学、计算机科学以及社会科学等，国家科学基金会也是政府资助基金的重要来源。它还是唯一的、支持基础科学与工程学中除医学外的所有学科领域的政府机构。[①] 国家科学基金会设立了一些奖项，以奖励那些在科学、技术、工程学、数学等领域作出突出成就的科学家、工程师和教育者。国家科学基金会还与美国航空航天局、美国环保署等10个联邦政府机构联合设立了年度青年科学家总统奖，主要奖励在学科前沿表现出具有特别发展潜力的青年科学家或工程师。获奖者必须是美国公民或绿卡持有者，获奖者可以获得几万到几十万美元不等的科研经费支持。

国家科学基金会设立的学术奖项主要有总统杰出青年学者奖（The Presidential Early Career Award for Scientists and Engineers，PECASE）、沃特曼奖（Alan T. Waterman）、总统杰出指导奖（the Presidential Awards for Excellence in Science，Mathematics and Engineering Mentoring，PAESMEM）等。

总统杰出青年学者奖是美国政府对青年学者在开拓自己独立研究生涯方面的最高荣誉，创设于1996年，主要针对取得博士学位不久并有固定工作岗位的从事科学与技术研究的青年科学家、工程师。该奖显示出政府对杰出科学家与工程师的重视，用意在于培养持续发展的栋梁之材，保持美国科技在世界上的领先地位。总统杰出青年学者奖每年评选一次，每次不超过60人获奖，获奖者应是美国公民或在美永久居民。获奖者享受5年内50万美元的研究资助，并且终身只能获得一次。截至2000年年底，共有299位青年学者获得该奖。

沃特曼奖设立于1975年，每年奖励一次，专门授予在各学科最前沿取得杰出成就的美国青年科学家，授奖学科包括数学、物理、医学、生物、工程、社会科学等各个领域。获奖者须是美国公民或在美国的永久性居民，年龄在35岁以下或获得博士学位不满5年者。获奖者可获得一枚奖章及一笔奖金。奖金只能用于研究与学习，数额为每年5万美元，连续提供3年，获奖者可在任何学院或研究机构进行各学科的研究与深造。

（4）费米奖（Enrico Fermi Award）

费米奖是由美国联邦政府授予的历史较悠久的、最具权威性的科技奖

---

① http：//www. nsf. gov/about/，2006 - 12 - 22.

之一，创设于1956年，主要授予在发展、使用与生产能源方面以及技术研究方面进行长期研究、取得杰出成就并享有很高国际声誉的科学家、工程师与科学政策制定者。费米奖每年评选一次，每年获奖人数1—3人，获奖者将得到一个由美国总统和美国能源部部长共同签署的奖状、一枚带有费米像的金质奖章以及10万美元的奖金。如果同一年获奖者多于1人时，所有获奖者将分享20万美元的奖金。截至2000年年底，共有53位科学家获该奖。①

2. 民间的奖励

美国有很多的民间学术机构，这些机构设立的奖励数量和种类繁多，它们构成了美国学术奖励的主体。美国比较有影响的民间学术机构有美国国家科学院（National Academy of Sciences）、国家工程院（National Academy of Engineering）、美国科学促进会（American Association for the Advancement of Science）、美国化学学会（American Chemical Society）、美国物理学会（American Physical Society）、美国纽约科学院（The New York Academy of Sciences），等等。这些学术机构设立的一些奖项也具有很高的权威性，对学术人员具有很大的激励作用。由于民间学术机构较多，设立的学术奖励更是繁多，不可能一一作详细的描述，下面仅以几个机构为例，对其设立的学术奖励作简要的介绍。

（1）国家科学院设立的主要奖项

国家科学院创立于1863年，是非营利性的机构，在法律上独立于政府，主要为联邦政府提供科技方面的政策咨询，无论政府的哪个部门提出要求，它都要对科学中的任何一个学科进行调查、考察、实验并作出报告。它在美国科学界具有崇高的荣誉和学术地位。在国家科学院内不设研究机构，院士是它的主要组成部分，是不受薪的荣誉职位。科学院设有海洋学、生物与医学、航天工程、数学、化学、神经科学、分子生物学、天文学及美国科学院公共福利奖等30项奖励。② 这些奖均由不同的机构、公司或个人捐资设立，成立的时期不一，管理、评审机构各异，受理的学科

① http：//www. sc. doe. gov/fermi/，2006 - 12 - 27.

② http：//www. nasonline. org/site/PageServer? pagename = ABOUT_ main_ page，2006 - 12 - 27.

不同，评选周期、奖金数额也无统一规定，但其宗旨只有一个，就是表彰获奖者在不同学科取得的卓越成就和对社会所作出的杰出贡献。

美国国家科学院设立的学术奖项主要如下。①研究创新奖（Award for Initiatives in Research）：每年奖励一次，奖金1.5万美元，奖励不限学科。1981年由美国电话电信公司（AT&T）贝尔实验室为纪念威廉姆·O. 贝克（William O. Baker）设立，现在改由从AT&T分离出来的朗讯科技公司资助。②埃利奥特奖（Daniel Giraud Elliot Medal）：每4年奖励一次，奖金5 000美元，奖励在动物学或古生物学方面最近的优秀成果。1917年由玛格丽特·亨德森·埃利奥特（Margaret Henderson Elliot）捐赠设立。③科学评论奖：每年奖励一次，奖金5 000美元。奖励10年以来优秀的科学评价。1979年设立。④化学奖：每年奖励一次，奖金2万美元。1979年设立，目前由默克公司基金会资助。⑤特罗兰德研究奖（Troland Research Awards）：每年奖励一次，奖金3.5万美元。用于奖励2名在实验心理学与行为学研究方面取得杰出成就的青年科学家。由里昂纳多·T. 特罗兰德（Leonard T. Troland）捐赠设立，于1984年开始颁发。⑥数学奖：每4年奖励一次，奖金5 000美元，奖励已出版的数学研究的优秀成果。1988年由美国数学学会在纪念该学会成立100周年时设立。⑦分子生物学奖：1962年设立，每年奖励一次，奖金2万美元。奖励年轻科学家最近在分子生物学方面的显著成就。⑧卡蒂科学促进奖（John J. Carty Award for the Advancement of Science）：此奖项由美国电话电信公司成立于1932年，主要奖励各科学领域里作出卓越成就的学者。[①]

（2）美国工程院设立的主要奖项

美国工程院成立于1964年，是私立的、非营利性的机构，是美国工程界最具权威的学术社团。它除对联邦政府及公有、私营事务提供决策外，还通过自身的基金支持科技人员开展一些独立的工程项目研究。[②] 美国工程院目前共设立5个奖项，以奖励那些在工程领域取得杰出成就的学者以及对工程学教育作出贡献的学者。

---

① http：//www. nasonline. org/site/PageServer？pagename = AWARDS_ Alphabetical_ Listing，2006 - 12 - 27.

② http：//www. nae. edu/nae/naehome. nsf/weblinks/NAEW-4NHMQM？OpenDocument，2006 - 12 - 28.

美国工程院设立的奖项主要如下。①德瑞珀奖（Charles Stark Draper Prize）：每年奖励一次，奖金50万美元，是世界上奖金最高的大奖之一。颁发德瑞珀奖，是对获奖者在工程技术创新或社会科技普及方面取得突出成就的肯定，也是让社会对他们所作贡献有更多的了解和认识，以促进科学技术更多、更好地为社会的公共福利事业服务。②戈登奖（the Bernard M. Gordon Prize for Innovation in Engineering and Technology Education）：设立于2001年，奖励工程与技术教育方面的进步，鼓励发明与创造。每两年奖励一次。奖品包括：金质奖章、获奖证书、国家工程院网站及其季刊杂志《桥》的承认、还有奖金50万美元，其中50%归获奖者，50%归获奖者所在机构用于资助获奖者继续发展、完善及扩大自己的发明成果。奖励技术发明的个人或小组应仍在世，是美国公民或具有在美永久居留权的居民，目前及今后仍在美国从事工程与学术研究。③创业者奖（Founders Award）：1965年设立，奖励对工程专业及社会都作出卓越贡献的人士。获奖者将得到2 500美元的奖金和一枚含国家工程院印的金质奖章。[①]

（3）美国科学促进会设立的主要奖项

美国科学促进会创建于1848年，是美国历史最悠久的学术团体之一，它是非营利性的组织，主要通过鼓励科学政策、国际项目、科学教育等方面的创新来实现它的“促进科学发展、服务社会”的任务，它的主要职能是推动科学家的研究工作和加强他们之间的合作，促进公众对科学的理解。美国科学促进会是目前世界上最大的科学联合会，附属的学术团体有272个，现有13.8万会员，多是科学家、工程师、科学教育家、科技政策制定者。除组织会员的活动外，科学促进会还出版科学时事通讯、书籍和报告等，同时，它还是世界最具权威的自然科学杂志《科学》的主办者。[②]

为奖励科学家在为科学和公众理解科学方面所作出的杰出贡献，科学促进会设立了许多奖项，不仅奖励学术上有杰出贡献的人，而且还奖励在服务上有突出贡献的人。在科学促进会设立的奖项中，主要的学术奖励有：①克利夫兰奖（Newcomb Cleveland Prize）：该奖是美国科学促进会最早设立的奖项，于1923年由纽约市的纽科姆·克利夫兰（Newcomb Cleve-

---

① http://www.nae.edu/nae/awardscom.nsf?OpenDatabase, 2006-12-28.

② http://www.aaas.org/aboutaaas/, http://chemport.ipe.ac.cn/cgi-bin/chemport/getfiler.cgi, 2006-12-29.

land）捐资设立。奖励已发表的有关科学方面的杰出研究论文、报告等。每个获奖者获得一枚铜质奖章，并分享5 000美元的奖金[①]。②国际科学合作奖（Award for International Scientific Cooperation）：奖励在加强科学与工程合作中作出特别贡献的个人。获奖者获得5 000美元奖金及一枚纪念奖牌。③公众科学技术理解奖：该奖设立于1987年，奖励从事科学与工程研究的人士并在普及科学方面作出突出贡献的学者。获奖者获得5 000美元奖金及一枚纪念奖牌。[②]

3. 美国化学学会设立的奖励

美国化学学会建立于1876年，是美国历史悠久的科学社团，也是目前世界著名的学术团体，现有成员158 000多名。为了奖励在化学科学的各个领域作出卓越贡献的人员，美国化学学会设立了61项奖励，其中24项的奖名都冠以美国化学学会奖，其余的奖名都冠以已故的著名化学家的姓名，以纪念和表彰他们在化学的各个方面所作出的伟大功绩。在化学学会设立的诸多奖项中，属于主要化学分支学科的奖有30多个，例如，分析化学奖、工业化学奖、理论化学奖、无机化学奖、有机金属化学奖等。[③]

美国化学学会设立的一些学术奖项有：①大学机构研究奖（Award for Research at an Undergraduate Institution）[④]：该奖设立于1986年，每年颁发一次，主要奖励那些在大学从事化学研究并得到广泛承认、为化学学科以及大学本科生的专业发展作出重要贡献的大学化学教师。该奖项将发给获奖者及其所在机构各5 000美元的奖金，并给获奖者颁发一个证书。②无机化学奖（Award in Inorganic Chemistry）[⑤]：在学科奖方面以该奖为例，这一奖项由得克萨斯器械公司于1960年设立，鼓励并奖励无机化学领域的基础研究，被提名者必须在无机物的特性、反应、结构等方面作出出色的研

---

① http：//www.aaas.org/aboutaaas/awards/newcomb/index.shtml，2006－12－29.

② http：//www.aaas.org/aboutaaas/awards/int/index.shtml，2006－12－29.

③ http：//www.chemistry.org/portal/a/c/s/1/acsdisplay.html？DOC＝awards \ quicklist.html，2007－01－04.

④ http：//www.chemistry.org/portal/a/c/s/1/acsdisplay.html？DOC＝awards \ undergrad.html，2007－01－04.

⑤ http：//www.chemistry.org/portal/a/c/s/1/acsdisplay.html？DOC＝awards \ inor.html，2007－01－04.

究。获奖者将获得5 000美元的奖金和一个获奖证书。③布朗研究创新奖（Herbert C. Brown Award for Creative Research in Synthetic Methods）[①]：该奖设立于1997年，目前由普迪尔硼烷研究基金会（Purdue Borane Research Fund）进行捐助支持。该奖主要奖励在合成方法研究方面作出杰出和创造性贡献的学者，被提名者的研究必须包含对新的、有用的化学合成方法的发现和发展，这种合成方法可以是化学任何领域内的。获奖者将获得5 000美元的奖金、一个大奖章和一个获奖证书。

4. 大学的奖励

相对而言，大学设立的内部奖励的荣誉性没有那么强，更多的奖项是为了鼓励和资助本校学者的学术研究。这些奖项由学院或系设立，学科性比较强，但有的奖项也是为了鼓励校内不同学院的学者之间的合作，以及跨学科研究。这里说的大学主要指综合性研究大学，这些大学具有雄厚的研究实力，它们的研究工作占美国高等院校研究工作的绝大部分，所以，一般来说，只有这些大学才会设立一些鼓励学者研究的学术奖励。下面以哈佛大学设立的奖项为例，介绍一下大学层面的学术奖励情况。

（1）哈佛大学环境中心（HUCE）设立教员研究项目奖（Faculty Research Project Awards）

该奖每年颁发一次，由凯恩·赖斯缪森基金会（V. Kann Rasmussen Foundation）资助。该项奖励旨在促进哈佛大学不同学科之间、不同研究者之间为了解决全球共同关注的环境问题而进行的合作研究，鼓励学者打破传统的单独研究的模式。获奖者是由来自哈佛大学本校以及校外的一些专家以同行评议的方式评选出来的。评选委员会由哈佛大学公共卫生学院的生物统计学家路易丝·M. 赖安（Louise M. Ryan）教授、文理学院大气与环境科学专业的史蒂芬·C. 沃夫斯（Steven C. Wofsy）教授和阿尔波特·劳伦斯·罗琪（Abbott Lawrence Rotch）教授共同主持。[②]

（2）哈佛大学肯尼迪政治学院公共领导中心（The Center for Public Leadership）设立领导学研究奖（Faculty Research Awards in Leadership

---

① http://www.chemistry.org/portal/a/c/s/1/acsdisplay.html? DOC = awards \ brown.html, 2007-01-04.

② http://www.hno.harvard.edu/gazette/2002/12.12/20-huce.html, 2007-01-07.

Studies)

这一奖项的设立是为了促进对“公共领导”的学术研究，鼓励学者在他们各自的学术研究领域内阐释对“公共领导”的独到见解。该奖每学年评选一次，奖金为5 000—30 000 美元。哈佛大学所有专职教员都有资格申请该奖项，教员可以以个人的名义申请，也可以以小组的形式申请。奖励的研究成果形式包括论文、期刊文章、专论、专著，有时也资助一些小的研究项目。①

(3) 哈佛大学脑行为研究奖（Mind/Brain/Behavior Research Awards）

该奖是为鼓励哈佛大学从事脑行为相关研究的学者之间的合作而设立的。申请的研究项目应该集合两个或更多的学科视角，或者跨越学科界限。此研究项目的研究人员不仅可以由来自不同院系的学者组成，也可以由来自同一院系内具有不同分析水平的学者组成。脑行为研究奖设立高达25 000 美元的奖金，用于资助获奖者一年内的研究。由于基金有限，申请者在5 年内只能申请一次。获奖者要提交一个包括经费使用总结的最终报告，还要提交研究报告的副本。②

（三）美国学术奖励制度的特征

从上述对美国学术奖励情况的介绍中，可以概括出美国学术奖励制度具有如下一些特征。

1. 美国学术奖励制度具有分散、多元化的特点

美国学术奖励的设置，资金来源以及运行方式等方面都呈多元化的特点。首先，从奖项的设置方面看，除了美国国家科学奖和国家技术奖这样的总统奖和政府部门奖以外，美国的民间学术团体、大学都设有自己的奖项，它们与政府及其各机构设立的奖项相互独立，政府对其奖励的设置和运行也很少干预。政府、民间学术团体和大学既可以独立设奖，也可以相互合作设立或支持某种学术奖励。此外，奖励设置涉及的学科领域也非常

---

① http://www.ksg.harvard.edu/leadership/facultyawardsinfo.html, 2007-01-07.

② http://mbb.harvard.edu/faculty/newproposals.php, 2007-01-07.

广泛，几乎涵盖了所有的学科，使不同学科领域的学术人员都能受到奖励的激励。其次，从奖励基金的来源看，也是多渠道的。某种奖项的奖励基金既可以是政府、学术机构或大学的专项拨款，也可以是企业或个人的捐赠，在美国名目繁多的学术奖励中，企业和个人的捐赠资金占很大的比例。最后，从运行方式看，美国的学术奖励众多，不同机构设立的奖励，其运作方式表现出很大的差异，即使同一机构设立的奖励，其评审、运行方式也会有差异，呈现出多元化的特点，这一点将在下一部分中作具体分析。美国的这种多元化的学术奖励制度灵活多样，涉及面广，奖励的种类和数量较多，对美国科学技术的发展起到了很大的促进作用。

2. 美国学术奖励的权威性不由设奖机构的行政级别决定

这一特征也是由美国学术奖励制度的多元化特点决定的。美国的学术奖励以民间奖为主，政府奖为辅，奖励的荣誉等级主要取决于设奖机构的学术权威性，而不是其行政级别的高低（叶小梁，等，2003）。有些学会、学术机构设立的奖项，也往往代表着该学科、该领域内的最高荣誉，是对学术人员学术成果的最好的认可和肯定。因为不同的政府部门、学会、大学在奖励的评审标准、评审程序、奖金数额等方面都存在很大的不同，没有统一的标准，所以很难说某个奖项的级别就要高于另一个奖项。因此，美国不存在从各市、州到国家的奖励层次递进关系。

科尔兄弟的研究也证明了这一点，他们对物理学方面的奖励情况作了调查和分析，其中，20 个一流的物理系设有 150 个不同的奖项，这些奖项中有 98 个都享有很高的荣誉。这 98 个奖项中的大部分并没有在全国的物理学家中形成很高的声望，不属于全国范围的奖励，但是它们在当地却很有影响，具有一定的权威性，获奖者都感到很大的荣誉（Cole et al.，1967）[383]。

3. 奖励侧重荣誉性

美国主要的国家科技奖侧重于荣誉性，并没有奖金，例如美国国家科学奖、国家技术奖都没有奖金。总统青年学者奖的奖金也是限于资助获奖人的科学研究。大多数奖项的获奖者除获得荣誉、奖章、奖牌外，还会有一定的奖金，但这些奖金也多用于获奖者进一步的科学研究，对其生活水平的大幅改善并不会有多大作用，也不会因此而增加获奖者所享受的福利项目，如晋升、加薪等。

4. 着重对青年科技人才的奖励

人才是科技发展的先决条件，美国十分重视对青年科技人才的培养和鼓励，并为此设立了各种奖励。例如，前面提到的国家科学基金会设立的总统杰出青年学者奖、国家科学院设立的特罗兰德研究奖等。美国各种基金会为了鼓励并资助高等院校的青年研究人员，也设立了许多奖励，例如在医学方面，丽塔·爱伦基金会（Rita Allen Foundation）设立的基础研究与临床研究学者奖（Scholars Awards in Basic Research or Clinical Research），侧重于奖励那些具有研究潜质、并有望走在学科前沿、处于事业早期的年轻的研究者①；由罗伯特·伍德·约翰逊基金会（Robert Wood Johnson Foundation）提供支持的医师学者奖计划（Physician Faculty Scholars Program），也是奖励那些致力于提高卫生保健事业发展水平的年轻学者，促进他们的学术产出，并加强他们学术研究的领先地位②。在其他学科领域，这样的奖项也很多，他们的目的都是对青年科技人才进行奖励，鼓励他们的学术创新，促进他们的学术产出。

三、美国学术奖励制度的运作

由上述我们可知，美国从政府到民间学术机构、各种基金会再到大学，都设有各种奖励，这些奖励各自相对独立，互不干涉，其评选标准、评审程序等也都存在一定的差异，但它们作为美国学术奖励制度的组成部分，又具有一些相同之处，正是这些不同与相同诠释着美国的学术奖励制度。为了进一步探究美国学术奖励制度的具体运作程序，下面将从政府级、民间学术机构以及大学这三个层面各选取一个个案进行详尽的阐述与分析，以考察美国学术奖励制度的运作是否保证了公平性，是否有利于促进学术人员的产出，以及它所产生的效应。

---

① http：//www. fas. harvard. edu/ ~ research/ucbs/ritaallen06. html，2007 - 01 - 07.

② http：//medapps. med. harvard. edu/fellowships/rwj-pfs07. html，2007 - 01 - 07.

（一）美国学术奖励的个案分析

1. 美国国家科学奖

国家科学奖在美国具有崇高的荣誉，能获得此奖是对学术人员研究工作的最好的肯定。2000 年的统计数据显示，在国家科学奖的 386 名获奖者中，曾获得诺贝尔奖的就有 81 人，达到了 21%（见表 5－1）。这说明国家科学奖在评选时对研究成果的学术水平的要求是非常高的，而在一定意义上也可以说明其评奖程序保证了高质量研究成果的脱颖而出。那么在政府一级的层面上，就以国家科学奖为例，剖析一下其具体的运作程序。

表 5－1　国家科学奖获奖人的学科分布（1962—2000）

（高洪善，2002）

获奖学科类别	获奖人数（人）	获奖者中曾获诺贝尔奖的人数（人）
行为与社会科学	17	6
生物科学	105	25
化学	42	12
工程科学	63	0
数学与计算机科学	46	0
物理学	113	38
合计	386	81

评审主体的组建：评审主体就是由评审专家组成的评审委员会。国家科学奖的评审委员会是由美国总统任命的一个独立的委员会，负责对国家科学奖候选人的遴选，并由该委员会向总统推荐最后获奖名单。该评审委员会由 12 名具有很高知名度、来自自然科学和社会科学不同学科领域的科学家与工程专家组成，其中现任美国国家科学院院长与白宫科技政策办公室主任是其当然成员。国家科学奖评审的日常工作由国家科学基金会负责组织。

评选程序：候选人由推荐产生，特别鼓励推荐那些年轻有为的科学家。推荐机构包括美国国家科学院和美国其他的科学与工程机构。国家科学奖对候选人的提名要求很高，主要有以下标准：（1）最重要的标准是候选人的研究工作对目前的物理学、生物学、数学、工程学或者社会和行为科学的研究现状会产生全面、积极的影响；（2）研究所取得的成就会对科学思想的发展产生深远的影响；（3）科学和工程学研究在对科学的发展、科学内容的增加作出实质性的贡献的同时，也要具有服务社会的价值；（4）在科学共同体内得到同行的承认；（5）对技术革新和工业发展作出贡献；（6）通过出版物、对学生进行传授等方式对教育产生影响；（7）候选人必须是美国公民或者是永久性居民。符合以上标准的科学家才能够被提名。

对候选人的推荐要包括以下材料：一封提名信和三封支持提名的推荐信。推荐信少于三封的，评审委员会将不予考虑。推荐信以邮寄、传真或电子邮件附件的形式寄到国家科学奖总统委员会。提名信在提交后 3 年内都有效，如果申请者当年没有获奖，委员会会在下一年的评审中，对其进行重新考虑。学术机构可以提名多个候选人，委员会对候选人的数量没有限制。① 候选人的材料由评审委员会进行综合评审，然后评选出最后获奖者，推荐给总统。

2. 美国化学学会奖

美国化学学会（ACS）是美国历史悠久的学术团体，在国际上也享有一定的声誉，剖析其运作的情况，可以对美国民间学术团体的奖项的运作过程有所认识。

美国化学学会全国性奖励授予在化学科学各个领域里作出杰出贡献的个人或者合作小组。通常情况下，在 ACS 的春季全国大会上举行授奖仪式，而获奖者名单是在上一年的 ACS 秋季全国大会上公布的。每个获奖者不仅需要本人到会领奖，而且还要在会上发表演讲，介绍他的研究工作②。

评审主体：评审委员会由 5 名本学科的专家构成，委员会的成员要经过 3 个奖励年的循环。委员由化学学会会长任命，委员的选任是秘密的，不对外公开。为了保证任何一个优秀的候选人都不被忽视，每个奖项都设

---

① http://www.nsf.gov/od/nms/nominations.jsp, 2007-01-10.

② http://www.chemistry.org/portal/a/c/s/1/acsdisplay.html?DOC=awards%5Cprocedures.html#Introduction, 2007-01-11.

有了一个专门负责奖项提名工作的审查委员会（canvassing committee）①。该委员会要确定一些新的、有潜质的候选人，并安排他们的提名工作。审查委员会也要规定一些奖项提名材料提交的截止日期，并提醒提名者的责任。例如，女化学家委员会（The Women Chemists Committee）负责加文—欧林奖（Garvan-Olin Medal）的提名审查工作；公共关系与交流委员会（the Committee on Public Relations and Communications）是格莱迪—史泰克奖（Grady-Stack Award）的审查委员会。在每一年的提名申请工作开始之前，化学学会的会长都会为每个审查委员会任命委员，这些委员任期为3个奖励年。资深的审查委员会委员将作为委员会主席。审查委员会的委员不能作为该奖项的提名人，也不能成为候选人。

评选程序如下。

（1）提名。通常情况下，一位已经荣获一种被广泛公认的科学奖的人就不能再授给任何美国化学学会奖，除非提名为ACS奖的候选人的成果是新的。获得ACS全国性奖励的个人如果符合下列条件，还可以被提名为ACS的其他奖励：①此项提名的研究内容明显不同于前一个奖励的研究内容；②获得前一个奖励后5年以上，但ACS有一些全国性奖励是为终身成就而设立的，这些奖的候选人不受这一点约束。除评审委员会的成员外，任何人都可以在某一奖项评选的当年提交一份提名信或者一封推荐信。在提名申请书中，签名在第一位的人将被认为是提名者，后面的签名将不予考虑。②

提名材料需要：①一封不多于1 000字的推荐信，信中包含对被提名者成就的评价和对此项研究的特别鉴定，专利则要详细分析。如果被提名者不是该项工作的唯一作者，对被提名者作出的贡献要特别加以说明。如果被提名者还是任何其他美国化学学会奖的合适人选，则要对作为特定奖候选人的理由详加说明。②被提名者的一份传记体简述。③一份被提名者发表的文章以及专利的清单。此外，还需要附加不超过两封的推荐信，其中要包含在提名材料中没提到的一些实质性的信息，字数不超过500字。

---

① http://www.chemistry.org/portal/a/c/s/1/acsdisplay.html?DOC = awards%5Cprocedures.html#Canvassing, 2007 - 01 - 11.

② http://www.chemistry.org/portal/a/c/s/1/acsdisplay.html?DOC = awards%5Cprocedures.html#nomination, 2007 - 01 - 11.

推荐信最好包括在提名材料中，以便提名者控制提交的过程。

（2）提名材料的提交

提名信和推荐信、发表的文章或著作以及专利的清单、一份个人简历，以上材料可以通过电子邮件的形式提交。但是，首先要与奖励办公室取得联系，获得其批准方可提交。附加的材料，如再版本、专利、评论、著作等，可以不包含在提名材料中。

提名材料提交的截止日期一般在奖励年的前一年或更早一些。ACS 拨款与奖励委员会最近对提名材料的截止日期作了修改，2008 年 ACS 奖项提名材料的截止日期是 2006 年 11 月 1 日，这比以前的截止日期提前了 3 个月。提名截止日期的变化是为了方便评审委员会的委员之间进行电话会议联系。这个决定是基于 3 年的试验而作出的，该试验把远程电话会议联系融入到一些奖项的评审过程中。在 2008 年和 2009 年化学学会各种奖项的评审中，电话会议将分阶段全面开始实施。提交的材料将被保留 3 个奖励年，第一年提交材料参加评选而没有得奖的候选人，其材料可以在其后的两年中继续参加评审。

（3）评选与投票程序

对 10 个或者少于 10 个的候选人进行投票时，每个评审委员要对所有候选人进行评价、排名，不完全的投票将无效。对 10 个以上候选人进行投票时，所有评审委员要排列出他们自己评定的前 10 名，不完全的投票将无效。一般来讲，一个评审委员会由 5 名委员构成。如果一位候选人得到了大多数委员给出的“第一”的评价等级（3/5 的投票），那么，这位候选人就会成为无异议的获奖者。如果没有无异议的获奖者，那么委员会将对排序数字比较小的候选人进行第二轮投票。如果在第二轮投票中，一位候选人得到了多数“第一”的评价，那么该候选人将成为获奖者；如果在第二轮投票中，还没有产生得票最多者，那么在排名中数字最小的人将成为获奖者；如果在第二轮投票中，两个或两个以上的候选人之间打成平局，那么将由评审委员会的主席来决定谁是获奖者。

化学学会不对去世者授奖，对去世者的授奖必须是奖励委员会的决定在授奖人生前宣布才有效。ACS 尽管可以接受多人分享一个奖励，但是分享同一个奖励的情况只是在个别情况下才被允许，而且要事先获得奖励资助者和 ACS 拨款与奖励委员会（Board Committee on Grants and Awards）的批准。假如同一个人在同一年内被评为两个或几个奖的获奖者，则需经过会长和下届会长与有关人员研究决定是否授予或部分授予或者不授予，并确定是否将停发的奖授给奖励评审委员会决定的第二个人选。

3. 哈佛大学的奖励

哈佛大学的奖励有两种类型，一种是大学各学院自身设立的一些奖励，如哈佛大学环境中心设立的教员研究项目奖、哈佛大学肯尼迪政治学院公共领导中心设立的领导学研究奖等；另一种是由各种奖励基金会向哈佛大学发出的邀请奖（invitational awards），哈佛大学的学者只有通过向大学申请，通过哈佛大学专门委员会的评审，才能成为这些奖的候选人。下面将分别阐释这两种奖的不同的评选程序。

哈佛大学肯尼迪政治学院公共领导中心的领导学研究奖是哈佛大学针对本校的学术人员设立的奖项，目的是促进“公共领导”领域的学术研究，哈佛大学的所有教员都可以申请。该奖的评审委员会由来自哈佛大学校内和校外的一些专家组成，以同行评议的方式选出获奖者。该奖的评审标准包括：申请的研究项目要有创造性和较高的质量；该研究要论述一个有意义的“公共领导”问题；该研究要清晰地阐释“公共领导”这一概念是如何被应用的；该研究能产生一个学术成果，并可以在一定时期内进行传播；申请者在有关国外项目和人类主题方面的研究上，应遵从哈佛大学或肯尼迪学院的要求；申请者的背景和经历；申请的资金数量与研究问题的相适应性。从其评选标准来看，奖励对申请的研究项目的内容质量和创新性具有很高的要求，而且，该奖项侧重于以奖金形式对从事“公共领导”领域研究的学者进行资助，鼓励并促进他们的研究工作。①

在各基金会的邀请奖方面，具体运作情况如下：每年都有一些生物科学、医学、公共卫生学等领域的奖项，是由奖项基金会向大学发出邀请而申请的，个人通过大学进行提名，而不能直接向这些奖项基金会提出申请。以哈佛大学为例，对这些奖项申请人的选择是通过哈佛大学生物科学委员会（University Committee on the Biological Sciences，UCBS）来进行的，该委员会由来自文理学院（FAS）、医学院（HMS）、公卫学院（HSPH）

---

① http：//www. ksg. harvard. edu/leadership/facultyawardsinfo. html，2007 - 01 - 07.

的代表组成，委员会的主席由教务长任命。UCBS 请院系主任提名一些优秀的、有竞争力的学者，这些人应具有申请到一个或者更多奖励的实力。此外，教员们也可以毛遂自荐，认为自己够资格申请某种奖励的，在获得系主任同意的情况下，也可以向 UCBS 提出申请。①

具体到某一学科领域的学术奖励，则先由学院内部进行推荐评选。以哈佛大学医学院为例，HMS 学者基金委员会（Faculty Fellowship Committee）把医学院的学者可以申请的学术奖励按时间分为春季奖和秋季奖，每年评选两次。春季奖的申请者必须在 4 月 10 日前把申请材料提交到哈佛大学医学院学术与临床项目办公室（Office for Academic and Clinical Programs），五六月份由医学院的常设机构，即学者基金委员会对提交的申请材料进行审查。

少数奖项，如查尔斯·E. 卡尔派珀医学奖（Charles E. Culpeper Scholarships in Medical Science）、塞雷学者奖（Searle Scholars Program）等，其提名机构是医学院，HMS 学者基金委员会按这些奖项的申请标准以及给定的名额对申请者进行评选，然后医学院把最后选定的候选人名单及材料提交给这些奖励基金会。其他的大部分奖项的提名机构都是哈佛大学，而不是医学院，所以要有两次选拔过程，医学院的被提名者还要提交到学校，参与全校范围内的竞争。

医学院内部的候选人一般都是由系主任进行提名，HMS 学者基金委员会建议系主任、导师以及候选人在提名时要格外注意委员会的评选标准：发表的文章或著作、研究设计、目前接受的资助状况、与申请奖项的相关性、工作经历。鉴于过去申请者的出版物数量较少，所以现在申请者发表文章或著作的数量成了提名的一条重要标准。每个奖项的申请者需要提交以下材料：（1）一份填写完整的学者奖励基金会的表格；（2）一封研究资助者的推荐信，同时要有院系主任的签字；（3）一份最近的简历，包括发表文章及著作的情况，过去、现在以及即将获得的资助的清单；（4）被提名者申请的研究的大纲；（5）一份研究所需资源或设备的陈述。②

---

① http：//www. fas. harvard. edu/ ~ research/ucbs/memo – 2006. html，2007 – 01 – 15.

② http：//medapps. med. harvard. edu/fellowships/，2007 – 01 – 15.

（二）学术奖励制度运作过程的分析

以上对各个层面的奖励的运作程序作了比较详细的描述，在这些描述的基础上，我们可以进一步分析其运作的情况，研究其运行是否保证了奖励的公正性与高信度。

1. 评审主体的分析

评审主体，即评审委员会的结构是否合理是影响评审公正性、合理性的一个重要因素。从以上的阐述中，我们可以看出，不论是政府级奖励、民间奖励还是大学层面的奖励，奖项的评审主体都是由知名专家、学术权威组成的评审委员会。但根据奖励类型的不同，评审委员会的构成也有差异。像国家科学奖这样的大奖，其评审委员会由来自不同学科领域的专家、学者组成，这样才能对候选人的研究项目作出全面、公正的评价。而对于一些单项奖，特别是对那些专业性较强的奖项的评审，则是由该领域的专家组成评审委员会，且人数不宜过多，例如，美国化学学会单项奖的评审委员会，就由5名本学科的专家构成，这样既避免了外行评内行的不正常现象，也避免了由于评审人员过多而造成的评审成本和统计难度增加，以及评审效率低下等现象。此外，评审委员的对外保密性，也使评审更具公平性。大学设立的学术奖励，其评审委员会一般由来自校内和校外的专家共同组成，这样就避免了“偏袒”现象的发生，而使奖励的评审工作更加公正，评选结果更加令人信服。

2. 评审程序的分析

从上述对三个层面奖励个案的阐释中就可以得知，评选从对提名的审查开始，每一步都非常严格、有序。

首先，从提名程序来看，我们可以从以下几个方面进行分析。

第一，提名的标准。每个层面的奖励的提名都设有一些严格的标准，只有符合这些标准，才有可能获得提名，而这些提名的标准往往也是评审委员会在对候选人进行遴选时的评价标准。美国的学术奖项众多，其评价标准也都不尽相同，但有一点是基本相同的，即注重研究成果的学术水平、创新性、对科学自身发展的影响以及对社会发展的贡献。例如，国家科学奖规定，候选人提名“最重要的标准是候选人的研究工作对目前的物理学、生物学、数学、工程学或者社会和行为科学的研究现状会产生全面、积极的影响”。此外，为了鼓励更多的学者，保证奖励的公平性，一些奖项还规定了“避免重复授奖”的原则。以美国化学学会为例，在其提名标准中，有一条是“通常情况下，一位已经荣获一种被广泛公认的科学奖的人就不能再授给任何美国化学学会奖，除非提名为ACS奖的候选人的成果是新的”。这一标准就有利于对年轻的、有潜质的学术人员的选拔，也避免了学术人员因某项研究而集众多荣耀于一身，甚至因此而使学术研究停滞不前的现象。

第二，提名的材料。提名时都要提交一系列的相关材料，通常都要有两封或者两封以上的推荐信，以及申请者发表文章或者著作的清单，而且，好多奖项将出版物的清单作为一项重要的提交材料而加以强调。这有其好的一面，即可以让评审委员会更了解申请人的研究情况；但也有其不利的一面，即容易由此而产生“马太效应”，认为著述丰厚的人，其学术水平就高，研究能力就强，就容易对他们产生“好感”，而年轻的、著述少的学者则容易因此而受到“冷落”。那么，出版物的数量对获奖到底有着怎样的影响呢？美国科学家科尔兄弟对美国物理学界奖励的运行情况作了调查研究，并通过数据分析显示，物理界的奖励系统主要是根据研究价值来分配荣誉的，不管这种研究是来自高产的学者还是低产的学者。单纯的出版的数量几乎不能获得同等的承认。从这个方面来讲，物理界的奖励系统基本反映了普遍性标准，即优秀的研究成果就会得到奖励，而与其他因素无关（Cole et al.，1967）[387]。

第三，提名的审查。为了保证任何优秀的候选人都不被忽视，美国的学术奖励对提名工作非常重视，一些奖项设有一个专门负责奖项提名工作的审查委员会，该委员会负责安排一些新的、有潜质的候选人的提名工作，同时也负责如提名材料的提交等一些具体的工作。美国化学学会的每个奖项都设有这样的审查委员会。提名审查委员会的设立既可以保证提名工作的顺利进行，也可以保证候选人的质量，为评选委员会评选出优秀的获奖者提供了一定的保障。此外，一些学术奖励是向大学发出申请邀请的，大学是奖项的提名机构，大学里的学术人员在提名时就要接受两次的评选，一次是该名学者所在院系内部的提名，由院系委员会对被提名者进行筛选，评选出竞争力比较大的申请者，再把这些申请者提交到大学一级的委员会，经大学委员会评审后再确定最终的候选人，再提交到该项奖励的基金会，参与该奖的评审。可见，经过这样严格的提名审查，学术奖励工作会变得更加公正，奖励的荣誉性也会更高。

其次，从评选过程来看，可以从以下两方面进行分析。

第一，同行评议。同行评议是多数奖励评审过程中采用的一种方法，也是目前较为理想的一种方法。评审委员会一般由5位“小同行”构成，他们负责对候选人提交的研究项目进行深入的研究、分析，然后在评审委员会上对该项目逐项审议。审议时一般是先由主审人介绍候选人的有关情况，并提出评审意见，再由评审委员们充分讨论、评议，然后评审委员独立填写评审表，对候选人进行评价、排名。2008年和2009年美国化学学会各种奖项的评审，将分阶段全面实施电话会议联系。这样，评审委员之间可以进行充分的交流与联系，保证评审结果的公正性与准确性。

第二，投票。在经过对申请人的研究项目进行认真、深入的评审之后，评审委员将以无记名投票的方式对候选人进行投票表决。从美国化学学会对投票情况的详细说明中，我们可以看出，评审委员会对投票表决的慎重，力求做到投票结果的公平与公正，从而保证奖励的良好效果。

3. 对奖项运作自身的评估

为保证奖励的质量和荣誉，一些奖项的设奖机构自身也对奖励的运作情况进行评估。例如美国化学学会就定期对其设置的奖项进行评估，评估的内容包括：评审委员会的适当性、奖励的覆盖面以及每一个奖项的适当性与合理性。这样，对奖励自身进行评估，可以根据评估的结果与反馈，对奖励的设置作适当的调整，对评审委员会职责的履行作适当的监督，可以防止学术腐败现象的发生，从而使学术奖励的激励作用发挥得更加充分。

（三）学术奖励效应的分析

从以上的分析中我们可知，美国的学术奖励系统力求公正、公平，为学术人员营造一个公平竞争的制度环境，使学术人员因其科研成就而获得承认、获得奖励，进而激励其更多的学术产出。从美国科技发达的水平，以及一些重大的国际性奖项中美国科学家所占获奖人数的比例来看，美国的学术奖励制度确实起到了重要的作用。然而，任何奖励系统在运行中都会产生正面的效应，也会产生负面的效应，学术奖励系统也不例外。运作良好的学术奖励系统只是尽量避免负面效应的增多与扩大化，积极发挥其正面效应，维护自身的良性运转。

1. 正面效应

美国学术奖励制度的正面效应主要表现在以下两个方面。

（1）有助于增强效应的形成，促进学术人员的产出。美国除政府设立的一些比较有影响的奖励外，各种民间学术机构、大学等也设立了众多面向学术人员的奖励，这些奖项覆盖领域广，奖励各学科领域作出杰出贡献的学者。从前面的分析中可知，美国学术奖励制度自身在运作中基本保证了公平与公正，这就会使获得奖励、得到承认的学者受到激励，而变得更加自信，从而在以后的学术研究中再接再厉，创造出新的研究成果，作出更多的贡献。这就是一种增强效应，它是奖励行为所引起的一种正效应。美国的科尔兄弟在《科学的社会分层》一书中，把增强效应表述为："……获过奖的科学家是多产的，未曾获奖的科学家变得不太多产"（王炎坤，1993）[57]。杰里·加斯顿也对这种效应作了研究，他得出的结论是"科学家在某一个时间点作出某种成就，他因为这种贡献而获得的承认将影响其在第二个时间点的产出量"（加斯顿，1988）[200]。

（2）促进了美国科学的发展。学术奖励制度的作用之一就在于鼓励科学家作出独创性的贡献，促进确证无误的知识的增长。美国的学术奖励制度在这方面发挥了应有的作用。基础研究对于科学知识的增加，以及应用研究的发展都具有重要的作用。美国的大学承担着美国基础研究的重任，50%左右的基础研究都是在大学里进行的，而基础研究又占高校全部研究工作的2/3以上（李明德，1992）[28]。由此亦可见，那些得到学术共同体承认、获得奖励的大学学术人员，其研究必定会对科学的发展添砖加瓦。在美国各种奖励的提名及评价标准中，我们也可以看出，研究成果的创新性、对科学发展的影响以及对社会发展的推动作用，是许多奖项在评价候选人的科研成果时的重要标准。由于美国对学术奖励的重视，对学术成果评价标准的高要求，使得美国的科技不断创新，并在“二战”后得到了飞速发展。把研究成果应用于生产，也推动了其经济的发展和社会的不断进步。

2. 负面效应

按照默顿提出的普遍性的原则，学术奖励系统的运行应该是十分公正的，科学家作出多少贡献，就应该得到多大程度的承认。作出的贡献越多，那么受到的奖励就应该越多。获得承认和获奖情况只应该与学者的贡献有关，而不应该与其他的一些因素有关。但是，这是一种比较理想的状态，任何一种奖励制度在实际的运行中，都不可能做到完全的公正，美国学术奖励制度也是如此，它在实际运行中也产生了一些负面的效应，主要有以下两个方面。

（1）马太效应。从美国学术奖励制度运作的一系列具体程序看，它力求做到客观、公正，但它在实际运行中也不可避免地受到一些外在因素的左右，而使其公正性受到一定程度的影响。其中马太效应就是比较明显的表现。

马太效应是指，贡献几乎相等的科学家，由于他们的名望、所处的环境不同，得到的承认和奖励也会有所不同，科学家得到的承认越多，就容易被承认、奖励；而得到的承认少，就更难以获得承认和奖励（王德胜，等，1993）[291]。科学家的名望对他们获得奖励存在一定程度的影响。默顿（2003）[610]的研究指出，“著名的科学家获得了与他们的科学贡献不相称的太多的荣誉，而那些相对不知名的科学家总是获得与其贡献相比相对较少的荣誉”。

此外，来自名牌大学的学者更容易获得承认和奖励。克兰（Crane）（1965）[710]在其研究《著名大学和非著名大学里的科学家：关于产出率和承认的研究》中写道：“在著名大学的高产科学家要比非著名大学的高产科学家更容易获得承认。而且事实上，著名大学的低产的科学家要比非著名大学的高产的科学家更有可能获得承认”。纵观美国一些有影响的学术奖励，其得主来自著名大学的学者占据着很大的比例。这是学术奖励制度在实际运行中无法避免的一个效应。

（2）对同行评议的质疑。学术奖励的评审委员会一般是由本学科领域内的学术权威构成，他们对被提名人的研究成果进行评价，这种由学术同行对学术成果进行评审的方法就是同行评议，美国学术奖励的评价一般都采用同行评议的方式。在美国，学术界普遍认为的同行评议中的“同行”应该包括以下特殊含义：他们应该是正活跃在第一线从事研究工作的科学家，他们应该不是政府部门的雇员，他们必须要具有从事研究工作的丰富经验，并且在研究工作中卓有成效。只有具备了这些条件，他们才有能力对候选人提交的研究成果作出客观的分析和公正的评判（李明德，1992）[181]。相对来说，依靠相关学科领域内的专家进行评审的方法，受政府和非学术性因素的影响要少得多，其准确性、可信性以及评选结果获得的认可性都要高得多。

但是，在对一项研究的学术价值作出判断时，在很大程度上还是取决于评审人员的主观因素，在评审过程中是否存在着偏袒或不公正的现象，这也引起了人们的关注和争议。为此，美国政府也曾就同行评议制度可能存在的问题作过多次调查。这些调查的问题包括：在同行评议中评审人员和被评审人员之间的利害冲突，同行评议是否真正背靠背地秘密进行，在评议中是否存在着任人唯亲和论资排辈的问题，等等。调查的结果显示，这些问题只是或多或少地有所存在，但均不严重，更没有成为主要问题（李明德，1992）[191]。

美国的学术奖励经过不断地发展，逐渐形成了以政府级的奖励、民间机构的奖励以及大学的奖励为体系的学术奖励制度。这三个层面都设有许多学术奖励，奖励涵盖的范围广泛，对各学科领域的学术人员都可以起到激励作用。美国的学术奖励更侧重于荣誉性，以及对青年学者的鼓励。在美国的学术奖励制度的激励下，各领域的学术人员能够不断地创造出新的科研成果，并把它公布于众，不仅学术人员自身可以得到学术共同体和社会的承认，获得奖励，也对美国经济和社会的发展起到了巨大的推动作用。通过对美国政府、民间机构以及大学这三个层面的奖励的个案分析可知，美国的学术奖励制度在评审主体、评审程序、评审方法等方面都作了严格的规定，在最大程度上保证了奖励的公正性、合理性与客观性，产生了积极的效应。尽管它在运作中也产生一些负面效应，但总体说来，它所发挥的正面效应要远大于负面效应。如果一个学术奖励制度可以有效地促进学术产出，并产生积极的社会效应，那么就可以说它是成功的。从美国飞速发展的科学技术，不断增强的国家实力，以及社会发展的程度看，其学术奖励制度所起的作用是功不可没的。

中国具有现代意义的学术奖励活动的开始标志，是1915年现代科学学术团体“中国科学社”的成立。该社不仅开展学术研究交流、出版书刊、开展学术研究工作，还为高等院校、研究生和助教设立了一些奖项，鼓励他们的科学研究，并对获奖者颁发奖状和奖金（张忠奎，等，1990）[3]。但是，直到1985年成立了国家科技奖励办公室后，才有了比较完善的学术奖励制度和比较正规的奖励活动。近年来，我国的学术奖励工作获得了较快发展，并取得了一些成绩。但是，在发展中也存在一些值得我们深思的问题。

从奖励的设置上看，我国目前的政府奖过多，民间学术机构设立的奖项不但少，而且规模也小，起不到应有的社会效应。我国的政府奖是最有影响力的奖，而且是中国学术奖励的主要激励手段，除国家级的政府奖外，各部委、省市、甚至到厅局级政府单位都层层设立政府奖，结果造成了奖励数量过多，质量偏低，奖励强度低，也因过多的政府行为而造成了弄虚作假现象的出现，起不到应有的激励作用（尚宇红，2001）。这与美国的学术奖励的设置形成了鲜明的对比，美国的政府奖主要起补充、调节的作用，学术人员更看重的是学术共同体的承认，一些民间学术团体的奖励更有权威性和荣誉性。

从奖励的评审标准上看，我国学术奖励的评审标准中，“软指标”太多，例如自然科学奖中，设有“系统性、完整性、创造性、学术水平、科学意义”五条评审指标。虽然每条指标都包含一些亚指标，诸如“突破性的、重大的、较大的、一定的”等，但在实际的评审过程中，这些指标是很难把握的，很容易受评审专家主观因素的影响，而影响到评审的质量，进而影响到奖励的公正性（王炎坤，1993）[140]。

从评审主体上看，评审委员构成的合理性也有待提高。现在，科学的发展速度非常快，同时又出现了学科的交叉性和综合性，这就使得很多评审委员不能对所有学科都了解得很深，而“大同行”在对某一学科的研究成果进行评审时，就难免出现评审不准确的现象。此外，评审委员的选任有时也存在人为因素，造成了一些研究项目优而不胜，劣而不汰，严重影响了奖励的效应。

建立公平、合理、健全的学术奖励制度是一项重要工作，我国的学术奖励制度还在不断发展和完善中，在这个过程中难免会存在一些问题，但只要善于发现，并采取有效的方法加以改进，我国的学术奖励制度就一定会走向进一步的成熟，为我国的学术发展与繁荣作出更大的贡献。

参考文献

中文部分

1. 陈朝宗 . 2005. 论社科学术成果奖励评定制度的创新［J］. 科技管理研究（5）.
2. 陈学民，陈丽 . 2005. 美国化学学会颁发与化学教育相关的奖励［J］. 化学教育（4）.
3. 程志煜 . 1995. 高校内部的科技奖励制度［J］. 研究与发展管理（5）.
4. 高洪善 . 2002. 美国的国家科技奖励及其特点［J］. 中国科技奖励（4）.
5. 高山 . 2002. 美国的科技奖励［J］. 全球科技经济瞭望（6）.
6. 顾建民，董小燕 . 2002. 美国高校的学术反思与学术评价［J］. 高等教育研究（2）.
7. 郭学武 . 1996. 科技奖励的理论与实践［G］. 武汉：华中理工大学出版社 .
8. 江新华，徐驰野 . 2005. 论学术奖励制度的内涵与构成［J］. 理论观察（4）.
9. 焦贺言，赵宇彤 . 2005. "制度化" 科学奖励回顾［J］. 中国科技奖励（7）.
10. 杰里 · 加斯顿 . 1988. 科学的社会运行：英美科学界的奖励系统［M］. 顾昕，等，译 . 北京：光明日报出版社 .
11. 李伯重 . 2005. 论学术与学术标准［J］. 社会科学论坛（3）.
12. 李明德 . 1992. 美国科学技术述评［M］. 北京：社会科学文献出版社 .
13. 刘兴杰 . 1997. 美国政府科技奖［J］. 中国科技奖励（4）.
14. 刘易斯 · 科塞 . 2001. 理念人［M］. 郭方，等，译 . 北京：中央编译出版社.
15. 刘泽芬.1989. 国外科技奖励制度［M］. 北京：冶金工业出版社.
16. 陆斌.2004. 学术研究激励机制存在的问题及对策［J］. 南京林业大学学报（9）.
17. 马来平.2003. 科学发现优先权与科学奖励制度［J］. 齐鲁学刊（6）.
18. 么大中.1998. 科技奖励的级别与声誉［J］. 科学研究（1）.
19. 默顿.2003. 科学社会学［M］. 鲁旭东，等，译. 北京：商务印书馆.
20. 冉宗植，洪家兰.1992. 科研组织行为学［M］. 北京：科学技术文献出版社.
21. 尚宇红.2001. 科技奖励体系分层研究［J］. 哈尔滨工业大学学报（3）.
22. 沈红.1999. 美国研究性大学形成与发展［M］. 武汉：华中理工大学出版社.
23. 王德胜，李建会.1993. 科学是什么［M］. 沈阳：辽宁教育出版社.
24. 王炎坤.1993. 科技奖励的社会运行［M］. 武汉：华中理工大学出版社.
25. 王炎坤，钟书华.2000. 科技奖励论［M］. 武汉：华中理工大学出版社.
26. 文庭孝，邱均平.2005. 科技奖励的追求：规范化［J］. 中国科技奖励（7）.
27. 晓凡.2005. 关于设立国家社会科学奖的若干思考［J］. 社会科学管理与评论（2）.
28. 徐海燕.2005. 世界各国科学技术奖励纵览［J］. 中国科技奖励（4）.
29. 徐涌金，刘剑红.1998. 论大学教授与学术活动［J］. 机械工业高教研究（3）.
30. 叶小梁，汪凌勇.2003. 发达国家科技奖励制度分析［J］. 科学对社会的影响（1）.
31. 杨子荣. 1999. 美国科技奖励情况介绍［J］. 中国科技奖励（7）.
32. 张碧晖，王平.1990. 科学社会学［M］. 北京：人民出版社.
33. 张九庆.2003. 自牛顿以来的科学家：近现代科学家群体透视［M］. 合肥：安徽教育出版社.
34. 章牧.2001. 试论知识分子的学术人格［J］. 理论与改革（5）.
35. 张彦.1994. 科学价值系统论——对科学家和科学技术的社会学分析

［M］. 北京：社会科学文献出版社.

36. 张忠奎，林志明，等. 1990. 科技奖励［M］. 北京：科学出版社.
37. 朱斌. 2001. 当代美国科技［M］. 北京：社会科学文献出版社.

英文部分

1. Allison P D and Long J S. 1990. Departmental Effects on Scientific Productivity. *American Sociological Review*（4）.
2. Anderson R E and Meyerson J W. 1992. *Productivity and Higher Education: Improving the Effectiveness of Faculty, Facilities, and Financial Resources.* Princeton, N J.: Peterson's Guides.
3. Baldwin R G. 1985. *Incentives for Faculty Vitality.* Jossey-Bass Publishers.
4. Bartol K M and Srivastava, A. 2002. *Encouraging Knowledge Sharing: The Role of Organizational Reward Systems.* Journal of Leadership & Organizational Studies.
5. Bayer A E, Astin H S. 1975. Sex Differentials in the Academic Reward System. *Science, New Series*（4190）.
6. Becher T and Trowler P R. 2001. *Academic Tribes and Territories: Intellectual Enquiry and the Culture of Disciplines.* Philadelphia, PA: Open University Press.
7. Bektas M Y and Crosland M. 1992. The Copley Medal: The Establishment of a Reward System in the Royal Society. *Notes and Records of the Royal Society of London*, pp. 1731 – 1839.
8. Ben-David J. 1960. Scientific Productivity and Academic Organization in Nineteenth Century Medicine. *American Sociological Review*（6）.
9. Boyer E L. 1996. The Scholarship of Engagement. *Bulletin of the American Academy of Arts and Sciences*（7）.
10. Clark B R. 1987. *The Academic Profession: National, Disciplinary, and Institutional Settings.* Berkeley: University of California Press.
11. Cole S and Cole J R. 1967. Scientific Output and Recognition: A Study in the Operation of the Reward System in Science. *American Sociological Review*（3）.

12. Crane D. 1965. Scientists at Major and Minor Universities: A Study of Productivity and Recognition. *American Sociological Review* (5).

13. Creamer E G. 1998. *Assessing Faculty Publication Productivity: Issues of Equity*. Washington, D. C.: The Washington University.

14. Esland G. 1998. Academic Work: the Changing Labour Process in Higher Education. *Teaching in Higher Education* (1).

15. Fan L S. 1975. On The Reward System. *The American Economic Review* (1).

16. Fox M F. 1981. Sex, Salary, and Achievement: Reward-Dualism in Academia. *Sociology of Education* (2).

17. Fox M F. 1992. Research, Teaching and Publication Productivity: Mutuality versus Competition in Academia. *Sociology of Education* (4).

18. Gappa J M, Austin A E and Trice, Andrea G. 2005. Rethinking Academic Work and Workplaces. *Change*, *New Rochelle*: Nov/Dec.

19. Gaston J. 1970. The Reward System in British Science. *American Sociological Review* (4).

20. Harter C L, Becker W E and Watts M. 2004. Changing Incentives and Time Allocations for Academic Economists: Results from 1995 and 2000 National Surveys. *Journal of Economic Education*.

21. Kreber C. 2000. How University Teaching Award Winners Conceptualize Academic Work: Some Further Thoughts on the Meaning of Scholarship. *Teaching In Higher Education* (1).

22. Lagowski J J. 1994. Reforming the Faculty-reward System. *Journal of Chemical Education* (7).

23. MacLeod R M. 1971. Of Medals and Men: A Reward System in Victorian Science, 1826—1914. *Notes and Records of the Royal Society of London* (1).

24. Malec M A. 1974. Comment on "The Reward System in Science". *American Sociological Review* (1).

25. Mallon W T and Korn D. 2004. Bonus Pay for Research Faculty. *Science* (1).

26. Middaugh M F. 2001. *Understanding Faculty Productivity: Standards and*

Benchmarks for Colleges and Universities. San Francisco: Jossey-Bass.

27. O' Meara K A. 2005. Encouraging Multiple Forms of Scholarship in Faculty Reward Systems: Does it Make a Difference? *Research in Higher Education* (5).
28. Reskin B F. 1977. Scientific Productivity and the Reward Structure of Science. *American Sociological Review* (3).
29. Ritzer G. 1998. Writing to Be Read: Changing the Culture and Reward Structure of American Sociology. *Contemporary Sociology* (9).
30. Serow R C. 2000. Research and Teaching at a Research University. *Higher Education* (4).
31. Siegfried J J and White K J. 1973. Financial Rewards to Research and Teaching: A Case Study of Academic Economists. *The American Economic Review* (2).
32. Tuckman H P. and Hagemann R P. 1976. An Analysis of the Reward Structure in Two Disciplines. *The Journal of Higher Education* (4).
33. Votruba J C. 1978. Faculty Rewards for University Outreach: An Integrative Approach. *The Journal of Higher Education* (6).
34. Williams R G, Dunnington, Gary L and Folse, J. Roland. 2003. The Impact of a Program for Systematically Recognizing and Rewarding Academic Performance. *Academic Medicine* (78).

电子资源

1. http://nobelprize.org/nobel_prizes/lists/all/, 2007-03-10.
2. http://www.nsf.gov/od/nms/medal.jsp, 2006-12-21.
3. http://www.technology.gov/medal/, 2006-12-21.
4. http://www.sc.doe.gov/fermi/, 2006-12-27.
5. http://www.nasonline.org/site/PageServer?pagename=AWARDS_Alphabetical_Listing, 2006-12-27.
6. http://www.nae.edu/nae/naehome.nsf/weblinks/NAEW-4NHMQM?OpenDocument, 2006-12-28.
7. http://www.aaas.org/aboutaaas/, 2006-12-29.

8. http://www.chemistry.org/portal/a/c/s/1/acsdisplay.html?DOC=awards\quicklist.html,2007-01-04.

9. http://www.chemistry.org/portal/a/c/s/1/acsdisplay.html?DOC=awards%5Cprocedures.html# Introduction, 2007-01-11.

10. http: //www.hno.harvard.edu/gazette/2002/12.12/20-huce.html, 2007-01-07.

11. http: //www.ksg.harvard.edu/leadership/facultyawardsinfo.html, 2007-01-07.

12. http: //mbb.harvard.edu/faculty/newproposals.php, 2007-01-07.

13. http: //www.fas.harvard.edu/~ research/ucbs/ritaallen06.html, 2007-01-07.

14. http://medapps.med.harvard.edu/fellowships/rwj-pfs07.html, 2007-01-07.

第 6 章

美国研究型大学的教师晋升政策与评价制度

1900 年，美国大学联合会（the Association of American Universities）成立，其成员既有美国最早成立的高等教育机构如哈佛大学、耶鲁大学，又有中西部的公立大学如密歇根大学、威斯康星大学，还有 19 世纪后期建立的私立学府——约翰·霍普金斯大学、斯坦福大学和芝加哥大学等。在这些大学里，研究的地位率先得到了提升。美国的研究型大学大概是在从 1865 年到 1920 年的半个世纪里形成类似今天的状态的（Geiger，1986）[1]，并在第二次世界大战之后达到世界领先的地位（Davis et al.，1997）[9]。“二战”之后，世界各地的学生都在涌入美国的大学。今天，在各种世界大学排名的前 100 名席位中，大半江山都由美国的研究型大学占据。

美国研究型大学之所以获得巨大的成功，其优秀的师资起到了关键作用。教师对于大学来说有着极其重要的意义。阿尔特巴赫（Philip G. Altbach）认为：“任何一个大学的中心都是学术职业。”哥伦比亚大学物理系拉比（Isidor Isaac Rabi）① 教授的那句“教授们就是哥伦比亚大学”和已故清华大学校长梅贻琦的名言：“大学者非有大楼之谓也，有大师之谓也”都揭示出杰出的大学与杰出的教师队伍之间的必然联系。

科学合理的教师招聘与晋升制度，是建设和维持优秀的教师队伍的保证。美国社会学家爱德华·希尔斯（2007）[364]认为：“任

① 伊西多·艾萨克·拉比（Isidor Isaac Rabi）（1898—1988），美国物理学家，1944 年诺贝尔物理学奖获得者，曾任哥伦比亚大学理论物理学教授。

何一个补充教师的决定，都是大学的学术方向与质量的一个决定因素。每一个晋升一位已经聘任的教师的决定，也同样是未来方向与质量的一个决定因素。对那些保证在未来几十年作为大学里从事教学与研究的学术成员的聘任或晋升决定，比任何的大学管理改革或任何的教学大纲与课程计划的修订，更能保证未来一代的学术质量。”美国研究型大学对教师的第一次选择是通过招聘，随后通过晋升进行筛选，留住符合各大学自身发展所需要的人才，同时晋升还能够通过奖励教师的已有成就来激励及引导教师的行为，使之与大学的使命一致。不管是招聘还是晋升的决定，都是在对教师进行评价的基础上作出的。由于晋升具有如此重大的意义，本章试图以晋升政策为切入点管窥美国研究型大学的教师评价与管理制度，相信会颇有启示。

一、美国大学教师晋升及评价的历史沿革

美国大学教师晋升的发展，一方面与高等教育的重要组织——大学的发展紧密相连；另一方面与高等教育的重要群体——学术人员的发展紧密联系在一起。教师晋升制度的确立需要两方面的准备：一是组织的准备，即大学已经成为稳定的、目标明确的组织；二是教师群体的准备，即教师不再是散兵游勇，而是已经形成了比较稳定的、具有一定规模的群体。本章的教师晋升历史沿革以教师晋升制度的萌生、形成、发展为线索。美国大学教师晋升的发展是一个连续的过程，但为了方便描述，在此作一个粗略的划分。从 1636 年哈佛建校到 1865 年美国内战结束都尚未出现真正意义上的教师晋升，只是为教师晋升制度的出现作好了初步的准备；内战结束后美国大学开始了现代化的进程，教师晋升制度就是在 19 世纪末 20 世纪初确立的；1945 年“二战”结束后美国大学开始高速发展，规模扩大，功能扩展，服务对象越来越多，教师晋升系统也越来越复杂。在划分的每一阶段，笔者关注的问题有三个：教师群体处于怎样的状态，教师晋升等人事权力掌握在谁手中，以及教师晋升的依据是什么。

（一）教师晋升的史前期（1636—1865）

1636年，马萨诸塞海湾殖民地建立了美洲第一所高等学府——哈佛学院，这是由清教徒创办的，主要目的是培养清教牧师，这是美国高等教育的开端。这一时期的殖民地学院里，教师人数非常少。哈佛大学在建校之初仅有一名校长和几名导师（tutor），负责向所有学生教授所有的课程（郭为藩，2006）[12]。最初的教师职业吸引力也不强，教师的工资相当微薄，也没有什么地位。当时牧师却是最受人尊敬的职业之一，因此很多学院教师都把教师这个职业作为在他们找到神职工作之前的过渡职业。这一时期的高等教育有着非常浓厚的宗教性，殖民地学院评价教师的标准首先是必须与该教派的教义一致，“甚至到1868年，普林斯顿学院在聘任教师时仍把宗教信仰作为首要标准”（王英杰，2001）[161]，然后才是教师的教学能力和道德品格。人事决定权几乎完全掌握在由教派人士组成的校董事会手中。

到18世纪，殖民地学院开始出现永久性的教师职位——教授。1721—1783年，哈佛用接受的捐赠设立了6个教授席位：神学、数学与自然哲学、希伯来语和其他东方语言、修辞与演讲学、解剖学与外科学和物理学，一般课程则由四五位导师担任。国王学院（King's College）在1755年聘任了一名导师，两年后聘任了一名教授，这三个教师负责教授所有课程。威廉—玛丽学院（College of William and Mary）在40年间总共有10位教授（Cohen，1998）[26]。到1800年，大多数学院都已经有了永久的大学教师（Cohen，1998）[70]。

教授是比导师更高级的教师职位。教授住在自己的家中，而导师则被禁止结婚，并要24小时住在学院里并监督学生。通常导师给一个班教授所有的课程，而教授只教特定的学科，一般是他们受过学士后训练的学科。教授可能在一个机构长久地待下去，而导师却不然。

教授职位的出现使晋升变得可能。在有些学校，导师可以被晋升为教授，比如在18世纪的布朗大学和耶鲁大学，导师是教授席位的候选人。当时布朗大学的导师有4名成为教授，耶鲁大学则有不到一半的导师成为教授。但在大多数情况下，教授是从外界聘请的。大学教师内部等级的出现给晋升提供了基础，导师能够成为教授，这说明学术职业晋升的阶梯的雏形开始出现了（耿益群，2008）[46]。这一时期晋升导师为教授的权力主要掌握在董事会和校长手中。哈佛大学的做法是先晋升导师为教授后再送其到欧洲留学，可见晋升除了依据教师已有的知识水平和成就之外，也非常依赖于对教师潜质的判断和认可。这一时期每所院校教师人数都很少，董事会成员、校长、教师有很多面对面接触的机会，对教师的判断就依据于这样的亲身接触。

（二）教师晋升制度的形成期（1866—1944）

这一时期完成了教师职业专业化的过程。在殖民地学院时期占主导地位的导师职位逐渐退出历史的舞台，从前带有保育员或传教士色彩的大学教师，现在则是指在大学里从事学术职业的人员。大学学术人员的规模扩大，内部层级越来越清晰，对大学事务的影响力也在增加，学系的出现也为教师们发出自己的声音提供了组织基础。

在1800年到1900年这近100年内，美国经历了三次大学迅速增加的浪潮。1819年达特茅斯诉讼案（Dartmouth College Case）确立了私立大学的合法性，鼓励了大批私立院校的建立。第二波大学数量迅速增加的时期是在1862年林肯总统批准了《莫雷尔法案》（Morrill Act）之后，各州都设立了赠地大学，到1890年时美国已有69所州立院校（郭为藩，2006）[19]。而到内战以后，兴起了第三波建立大学的浪潮。约翰·霍普金斯大学、芝加哥大学等师法德国、树立研究风尚的大学都是这一时期建立的。

大学的数量迅速增加导致对教师的需求增大。大学教师的规模迅速扩大，人数有很大增加，其中增长最快的是教授群体。1825年，大学里教授与导师的比例已经达到了近3∶1，以全职教授为核心的教师队伍已经在顶尖大学建立起来。得到最大发展的是教授而不是导师，共原因主要在于更专业化的课程要求由受过更专业训练的教师来教授。

教授群体的壮大、课程的专业化势必带来教师内部的等级分化。19世纪70年代末，职业阶梯开始出现。一些学院雇用讲师为初级教师并期望他们能够晋升到高级的教授职位（Cohen，1998）[73]。芝加哥大学首先出现了教师职级系统，1891 年芝加哥大学建立之初，哈柏校长就设立了一个在当时看来最为完善的学术等级系统，其中最下端是任期一年的五级职位，在此之上是任期 2—4 年的三级教师，最后是永久聘任的副教授、教授和首席教授（王英杰，2005）[12]。1900 年，哈佛大学和密歇根大学开始建立大学教职系列，即把讲师或导师分为助理教授、副教授和教授，这一制度后为其他高校所效仿（耿益群，2008）[48]。大学教师开始有了职业进阶（career advancement）的概念，初级教师有望晋升到高级教授的职位。

教师聘任和晋升的标准也在悄然发生变化，研究的重要性日益增加。1876 年成立的约翰·霍普金斯大学由于受到德国大学的强烈影响，在教师聘用和晋升上把研究作为不可或缺的条件，首批聘任的教师几乎全部都是在德国学习过的学者。由于感受到约翰·霍普金斯大学的威胁，众多老牌大学也都纷纷效仿，采取各种措施让其教师从事研究。从 19 世纪 80 年代中期起，埃利奥特开始严格评估学术贡献，到 1892 年，哈佛大学已经建立了严格的教师聘任和晋升标准（Geiger，1986）[35]。1905 年，伊利诺伊大学宣布未来只从受过严格训练的哲学博士学位获得者中晋升教授（Rudolph，1962）[396]。教师晋升的学术标准开始得以确立。

科南特（James Bryant Conant）引入了大学教师的淘汰机制，在一定程度上完善了教师晋升制度。他在就任哈佛大学校长期间（1933—1953），特别强调通过科学研究来增加知识和学问的重要性，把学术创造力和学术造诣作为遴选教师的最主要标准，并以学术标准为基础，在教师的聘用和晋升上制定了教师"非升即走"（up or out）的原则，即助理教授在任期结束时没有获得晋升的话就不再被聘用了。这种淘汰机制的引入，给教师压力使之积极努力以满足大学的要求，也使得大学可以保持教师队伍的高质和精简。

起初，教师聘任和晋升的权力大部分都掌握在校长手中，不过教师在学术决策中的权力是逐渐增加的。耶鲁大学是教授治校的先驱，早在 1785 年，耶鲁学院第八任校长德怀特（Timothy Dwight）在欧洲大学教授治校理念的影响下，已经开始与三名教授共商学校大事。到哈德利（Arthur Twining Hadley）于 1899 年任校长时，耶鲁的"教授评议会立法、校长同意、校董事会批准"的管理模式已经相当有影响了。教师们形成了自己的规范，但在机构管理中还没有权力（Cohen，1998）[87]。到 20 世纪初期，美国大学的全体教职人员（the faculty）还没有作为一个实体的权力。校长拥有很大的权力，教学人员中的低资历者甚至正教授们对强势的校长往往也不能产生影响。董事会随意解聘教师的新闻也不绝于耳，其中最有影响的当属斯坦福大学的罗斯事件①，这一事件直接促成了1915年美国大学教授协会（American Association of Universities Professors，AAUP）的成立。AAUP提出的终身教职、学术自由以及教授参与院校管理等理念都提升了教师在大学决策与管理中的地位。最初讲师如果不换学校可能永远只能停留在讲师的级别上，直到AAUP提出《1940年声明》后，教师如果不被解聘的话，就必须在一定年限内被授予终身教职。

除了学术力量的壮大之外，学系的产生与发展也提升了学术人员在教师晋升中的地位，教师通过学系获得了聘任和晋升的权力（Cohen，1998）[132]。学系起源于18世纪后期的美国学院。1755年，宾夕法尼亚学院设有两个系。1767年，哈佛学院设有四个系，分别是：拉丁语系、希腊语系、逻辑与形而上学系、数学与自然哲学系（Andersen，1977）。学系的制度化主要发生在1870—1900年美国现代大学形成过程之中，它同时满足了知识专门化的需要和行政管理的需要。1900年，系在全美的大学和学院里都已经占有牢固地位。系是一个社团式机构，即一个围绕某一学科的共同利益而组织起来的相对统一的机构，在垂直结构上具有不太严格的等级性。学系的出现为教授在学术决定上权力的增加提供了组织基础。教授们通过学系获得了权力，在雇用和晋升上享有了很多发言权，希尔斯认为招聘与晋升过程是“大学教授参与再造自身”的过程（Cartter，1974）[284]。

到20世纪初，大学的管理可以说仍是一种即兴管理的方式，管理制度仍是非正式的、非结构性的（波恩鲍姆，2008）[16]。1940年时，平均每所大学有86个老师，以这样的人数来说，尚可以维持面对面的接触与了解，因此不管是校长还是同事，在教师晋升时作出综合的评价都并非难事，这

① 罗斯事件：1900年，斯坦福大学的经济学家爱德沃德·罗斯（Edward Ross）由于斯坦福夫人（Leland Stanford）反对他关于移民劳工和铁路垄断的观点而失去了其在斯坦福大学的职位，斯坦福大学的七名教授集体辞职，以示抗议。这一事件对于约翰·霍普金斯大学的哲学家亚瑟·洛夫乔伊（Arthur O. Lovejoy）触动很大，1913年，在亚瑟·洛夫乔伊积极倡导下，18位教授在约翰·霍普金斯大学召开了美国大学教授协会（AAUP）筹备委员会会议，会上选举哲学家约翰·杜威（John Dewey）为筹委会主席。1915年，美国大学教授协会正式成立，杜威成为第一任主席，声明该组织的目的是要确保教师的学术自由。

一时期的大学还没有出现系统的教师晋升标准，也没有出现庞大的官僚机构，行政化的程度还很低。

（三）教师晋升机制的复杂化时期（1945 年至今）

这一时期，大学在规模、结构和功能上进一步扩展，多元巨型大学（multi-university）成为大学的主要模式。大学的服务对象越来越多，统一的大学系统正在分崩瓦解，大学内部的群体如教师、学生、行政管理者开始和外部群体（如政府机构、立法者和公众）合作。同一时间，教师的数量增长得比以往每个时期都要快，而且兼职教师所占的比例越来越高，这些变化都给教师晋升、教师管理提出了新的难题。

1945—1975 年，经济繁荣的大潮、婴儿潮和国家科学政策的变化使大学规模迅速扩大，对大学教师的需求猛增，教师的数量也有了急剧增加：从 1940 年的不到 15 万增加到了 1975 年的 56 万。尽管在战争期间速度有所减慢，大萧条期间的低迷，但每所大学的平均教师数从 1940 年的 86 人，增加到 1975 年的 200 人。此外，教师中女性的比例上升了，从 20 世纪初的 20% 增加到了 1998 年的 40%。来自少数族群（minority）的教师的比例也上升了，教师的宗教背景也有扩展。这一切都显示大学教师已经成为一个复杂而庞大的群体。教师规模的扩大让教师晋升发生了变化，官僚主义是无可避免的。为了提高管理效率，为了避免模糊性带来的制度成本，出现详尽的晋升标准几乎是必然的。

另一个更重要的变化是兼职教师的增加。兼职教师并不是全职教师的助手，而是独立的教师，只是责任更少，薪水也更低。1960 年，兼职教师占到了教师总数的 1/3，这一时期大学大量雇用兼职教师是因为缺少符合要求的教师候选人，很多人甚至是在没有获得研究生学位的情况下被雇用的。而到 1975 年，兼职教师的比例在一度下降之后又上升到了 30%，这是由于行政人员发现聘用兼职教师能够削减开支。到 1995 年，41% 的教学人员是兼职教师。兼职教师帮助大学平衡了预算，但他们也在侵蚀教师的专业性，因为他们并不坚持传统的核心价值，他们在教学、研究、公共服务、对大学的服务和对职业的献身程度上都不及传统的全职教师。兼职教师比例的提高也使教师晋升变得更加复杂。

20 世纪五六十年代是美国高等教育急速发展的时期，大学教师供不应求，因此这一时期的教师晋升并不困难，充足的财政也允许大学放松既定的晋升标准。但自 70 年代起，学术职位开始萎缩，“折起来的椅子”（the folding chair，即聘任一年后不再续约）、“非终身轨”（可以续约但预先排除了职位晋升）和“学术吉卜赛人”（到学术市场到处寻找工作但最后无法在任何一个地方安定下来）这些新词的产生都反映了这一情况。

60 年代的学生骚乱让外界认为大学无法有效管理自身，各方财政支持者也要求大学作出满意的交代，问责制逐渐兴起。问责制反映到教师身上，就是系统的评价制度的建立。从 70 年代起，研究型大学在晋升教师时开始采用系统的评价，这种做法模仿自企业界，以问责为理念，带着新管理主义的印记，要求雇员在被评价的这个时点，就其过去的工作作出报告、说明和解释，并设立新的目标。评价的系统化首先体现在评价的参与者越来越多。最初，教师的评价主要由校长进行，而后又先后有了教师和学生的参与。当前，对大学教师的评价由学生、同行、行政管理者和教授自己来进行。其次，评价的系统化还体现在教师要在教学、研究、服务等多项活动上接受评价。教师晋升的明确程序也是在这一时期形成的，后文中将有进一步介绍。

二、美国研究型大学的教师晋升政策

如前所述，晋升政策是指通过晋升来筛选人才，以促进组织发展的行动计划或管理机制。美国研究型大学晋升政策的根本目的同样在于筛选教师并促进大学的发展。在私立院校，晋升政策是由院校独立制定的。而在公立大学，晋升教师的标准受到州相关法律的约束。现在几乎每一所美国研究型大学里都有关于教师晋升政策的书面文档，一般都包含了教师晋升的标准和程序等。

教师晋升政策的制定既有学术人员的参与，又有行政人员的参与。通过晋升政策来控制教师的年龄、职称（academic rank）构成及预算（budget）等与晋升相关的资源分配，这些主要由行政人员来制定。而教师晋升中采用怎样的评价标准，其决定权则掌握在学术人员手中。教师可以通过学术评议会等组织参与制定晋升政策，此外，公立大学教师还可以通过集体谈判（collective bargaining）等形式要求大学修改晋升政策中的某些条款。

由于晋升事关教师个人权益，可能会导致教师诉诸法律。正因为此，美国研究型大学在制定晋升政策时特别谨慎，因为这些政策可以作为教师控告大学的法律依据。比如说，大学拒绝晋升某位教师可能会被诉侵犯其自由利益（liberal interests）。

晋升的标准和程序是美国研究型大学教师晋升政策中的核心内容，所以笔者对美国研究型大学教师晋升政策的分析，将会从晋升标准和晋升程序这两方面进行，并通过归纳其各自的特点来加深对美国研究型大学现行教师晋升政策的认识。

（一）晋升标准的特点

1. 晋升标准存在于多个层次

在美国的研究型大学里，不仅存在大学范围的教师晋升标准和程序，各院系也有自己的晋升标准，前提是院系的标准要与大学的政策一致。

比如在斯坦福大学，大学教师手册中用了一章的篇幅详细介绍了教授的聘任、续聘和晋升的相关内容，同时也指出：院系可以制定额外的标准和程序，但这些附加政策要与大学政策相一致并经过教务长办公室批准。

威斯康星大学麦迪逊分校的做法与此相类似，在大学层次上有纲要性的晋升标准，同时要求学部和学系也要分别制定教师晋升的书面标准，且这三级标准要保持一致，遵循同样的指导原则。麦迪逊分校规定，学系的标准应该考虑到提高系的学术和专业水准，并且与学校的规定一致。

由于学科知识的类型不同、院系的使命不同，各院系、各学部采用的标准应该是不同的。美国研究型大学在教师晋升标准上的这种设置体现了他们对这一点的深刻认同。但是院系尽管有自己的特点，也还是大学的一部分，因此院系必须与大学整体有一致的目标和使命，在晋升教师的标准上也应该体现相当程度的一致性。

2. 双重角度的晋升标准

研究型大学在晋升教师时从两个角度出发：一是教师本身的能力和价值，二是院系及大学的当前和长远的需要，以及由此产生的对教师的期待。教师本身的价值主要是通过教师在教学、研究和服务三方面的表现来得出的。院系及大学的期待则与机构和院系的传统、历史、目标有关，具体体现在教师在各项活动中是否保持了合适的平衡、晋升该教师能否对院系的长远发展有帮助等。

因此，教师晋升的标准也是从两个方向出发的：从教师本身出发，表示在晋升时要考虑每个教师的特点；从大学和院系出发，对某特定学衔级别的教师在教学、研究、服务各方面的表现会存在普遍的期待，这个标准对所有候选人都是适用的。麦迪逊分校自然科学部就规定：就每个不同的个例（individual case），委员会给评价因素定的权重可以不同，这样的安排兼顾了公正与灵活。

3. 晋升标准有共同的核心

在美国这样一个高等教育分权的系统内，研究型大学的教师晋升政策却有着共同的核心，即晋升教师是基于其教学、研究和服务的成就的。麦迪逊分校在教师政策和程序中就规定，在授予终身教职时采用的标准必须基于教学、研究和服务。教师晋升标准上的高度一致，既反映了各大学对时代要求所作出的相同回应，也反映了学术职业固有的属性。

学术职业以知识为核心。知识的传递是教师永恒的职责，教师通过教学来完成这一职责；而知识的创新则是研究型大学教师最核心的职责，通过研究来实现。学术职业的这一特征要求大学在评价教师时，必须包括对其教学和研究的评价。美国大学教授协会付出了很多努力让各大学重视学术职业的特征和要求，并将之纳入其政策中，其《1940年声明》中的很多观点后来都被美国院校纳入了政策和实践。

服务也日益成为教师工作中必不可少的一部分。校内服务的理念主要来自共同治理，它意味着教师要花时间来维持和改进大学，为大学提供各种校内服务。而校外服务的理念则与各大学建立的传统有关。赠地大学、城市大学、州立大学或社区学院在成立之初都接受了土地或经费，或者拥有免税的地位。因此，其教师就被期望在教学和研究之外，还能以服务的形式提供回报。

教学、研究、服务这三者是缺一不可的。孔宪铎在描述他为晋升副教授作准备的经历时，把这三者比喻为三根柱子："至少要树立三根柱子，才能站得住脚。最重要的一根是学术的柱子，要常常在国际认可的杂志上发表论文，有前沿性的论文，不能炒剩饭，没有质量。第二根是教书的柱子，书要教得好，要能获得同事的认同认可和通过学生的评分评审。第三，就是要做好对学校和社会的服务"（孔宪铎，2004）[31]。

但是教学、研究、服务这三者的地位是不同的。美国研究型大学教师普遍认为研究是教师最重要的任务。对斯坦福大学的教师调查显示，大多数教师都认为研究是教师最重要的任务，对研究的评价比其他评价更有影响力。同时教师也认为教学没有得到应有的重视。对斯坦福大学调查的样本结果中，有53%的教师希望增加对教学的评价的重要性，仅2%的教师希望降低其重要性（Hind，1974）[127]。这说明，大部分教师认为教学没有得到应有的重视。服务是最不受重视的。对斯坦福大学教师进行调查的样本中，仅8%的教师认为对教师在大学内服务的评价是非常有影响力的，而认为对教师在大学外服务的评价有影响力的人就更少了，仅3%（Hind，1974）[118]。服务的弱势地位可见一斑。另外，对教学的日益重视越发把服务挤到了不重要的位置上。

在晋升教师的标准中过多地向研究倾斜，会让教师将时间更多地放在研究上，而忽略教学，从而带来教学质量的下降，导致教授不再像原来的学者型教师，而是越来越像科学家。针对20世纪80年代末美国高教界存在的学术评价日益窄化和教师评价越来越片面的倾向，博耶重新界定了学术，将它分为——发现的学术、综合的学术、应用的学术和教学的学术，试图将教学提高到与研究等同的位置上（波伊尔，1994）。为大学提供财政的各方，如学生、各种团体、州政府等，也在对教师所应承担的责任提出越来越多的要求。教师工作中研究的比例受到了质疑，人们要求教师进行更多的教学工作。在服务方面，公众也在对州立大学提出越来越多的要求，如提供更多的远程教学服务等。

4. 晋升标准有不同的侧重

由于教师的工作内容包括教学、研究和服务，因此研究型大学的晋升政策中都规定对教师的晋升是基于教师在这三项活动上的表现。但对不同级别间、不同重要程度的晋升方面，大学在这三项活动上会有不同的侧重。通常的情形是，在晋升初级教师时，对他/她的期待只是在教学和研究领域，对服务几乎没有要求。对高级教师的晋升，在服务上会有较高的期待。在晋升到终身教职的职位时，对学术的要求是非常高的：要有杰出的学术成就，同时也要有出色的教学能力。

以斯坦福大学为例，对以下三种不同类型的晋升，其要求是这样的。

（1）对一定年期（for a term of years）的续聘或晋升，即非终身教职

对一定年期的续聘或晋升而言，服务并不是主要标准。但在教师的职业轨道方面却有很高的要求。学校希望助理教授的职业轨道能够与斯坦福大学的标准一致，非常重视候选人能否在斯坦福连续地工作下去。

（2）对续聘或晋升到带有终身教职的头衔

对续聘或晋升到终身教职的职位时，斯坦福对教师的学术有着非常高的要求。候选人必须在学术上达到了真正的杰出：其学术成就不只要在一流之列，而且要有可能成为该领域最好的学者之一。简言之，对教师的判断既要是比较性的，又要是预测性的。

教学也是非常重要的。在斯坦福，教学是教授聘任的重要组成部分。教学记录应该能够清楚显示候选人在斯坦福期间，有能力维持一流的教学项目。

在对服务的要求上，候选人在终身轨的续聘或晋升主要是基于其在学术和教学领域的成就，服务仍然不是主要的标准。

（3）对已有终身教职的教师或已有连续任期教师的晋升

在晋升已有终身教职的教师或已有连续任期的教师时，重视的是在获得终身教职或连续任期后的表现，以及在服务上的表现。具体规定如下。

在学术方面，要晋升为教授，教师应该在其领域被公认为杰出，并且自终身教职评审起积累了优秀的学术成就。对教师的研究成就的要求是与续聘或晋升到终身教职的职位大致相同，但除此之外，还要求教师在获得终身教职或连续任期之后仍然保持了高水平的研究。在教学方面，能够晋升为教授的候选人应该已经积累了高质量的教学和指导斯坦福大学学生的记录。在服务方面，尽管主要的晋升标准仍然是在学术、教学、临床工作上的优秀表现，但在这个层次上的晋升，服务也将被纳入考虑。

综上所述，我们可以看到，大学对处于不同职业阶段的教师的期待是不同的。在评价教师时，教学和研究永远是教师工作中最重要的部分，服务在教师职业生涯的初期是不受鼓励的，而到后期会变得比较重要。大学对研究和教学的要求是刚性的，只有对服务的要求是灵活的。这也是由于教师的服务职责不像教学和研究一样明晰，它的范围是可以扩张的，并且通常定义得很模糊，所以服务常常不被视为学者真正的工作。

还有值得一提的是，一直以来教学在研究型大学里的地位都是关注的焦点，即在研究型大学里究竟教学有没有得到应有的重视。通过斯坦福的例子可以看到，对教师教学的要求是一项基本的要求，是教师获得晋升的必要条件，可见在真正顶尖的研究型大学里，对教学的质量还是有着很高要求的。

最后，越是相对不稳定的教师（如任期教师）的晋升，越要求其职业轨道与大学和学科一致。斯坦福大学对初级教师的评价就包括了对其职业轨道的判断和评价，期望其目标与斯坦福的使命相一致，可以看出，斯坦福大学通过晋升来筛选符合其价值观与使命的优秀人才。

（二）晋升程序的特点

美国主要研究型大学在晋升教师时基本上是在学系、学院和学校三个层次上进行的（郗海霞，2006）[66]。能够参与教师晋升程序的有系内教授、系主任或院长、教务长、学术副校长、校长等。教师的聘用、晋升和解聘都由各系发起，学系负责基本的人事工作，在初级教学人员的任命上起主要作用，评价主要是在这一层次完成的。能够参与晋升决策的一般是全职的教师，包括教授、副教授、助理教授。根据卢桑斯的研究，在参与晋升过程上，一半的教师对晋升过程没有贡献，1/3 的教师给予非正式意见，剩下的教师会服务于晋升委员会或给予正式意见（Luthans，1967a）[68]。行政机构则负责批准所有的任命，它们在批准费用较大的终身职位时常常是小心翼翼的（约翰·范德格拉夫，2001）[116]。

1. 学术权力得到保障

美国研究型大学在晋升教师时的第一步也是最关键的一步就是由系内

教授对候选人进行评价和判断，再经过讨论和投票来作出是否晋升的建议。在斯坦福大学，是以教授会的形式将系内的教授组织起来进行讨论和投票；在麦迪逊分校，则是以系执行委员会或特别委员会的形式进行。

教师的晋升，是从系里开始进行，假如在系里通不过，那么即使校长等人再支持，也是无可奈何的。香港科技大学原副校长孔宪铎在美国马里兰大学申请晋升时就遇到了这个问题，他的案子由晋升委员会的主席判断为不够有力，申报了也不会过关，于是人为的使这个案子流产了。院长和校长都支持他晋升为正教授，但前提是系里必须把推荐呈报上来，否则，院长和校长再支持也无计可施（孔宪铎，2004）[48]。这反映了在美国研究型大学里，晋升的决定权是掌握在系里的教师手中。行政人员即使职位再高，也无法越权直接晋升他/她想要晋升的教师。

2. 行政人员进行审核和判断

对教师的主要评价都是在系这一层次完成的，行政管理人员进行的工作主要是审核。在斯坦福大学，当教务长接收到院长提交的晋升建议后，他/她的任务是检查学院所做的评价工作，包括：所作出的推荐是否合适；在作出推荐前是否进行了令人满意的对比性的搜寻；文档是否完整；推荐是否是遵循规定的程序作出的。这一方面体现了对学术权力的尊重，另一方面也可以提高决策效率、降低管理成本。教务长、学术副校长、校长都拥有否决权，但这种否决权使用的频率很低。

行政人员在晋升决定中的另一项主要责任是判断。孔宪铎在20多年的行政工作中主管教授晋升的审核与批准，他秉持的态度是这样的：“在一般由五至七人所组成的委员会中，意见不会一致。在由五人组成的委员会中，投票的结果可能是三比二或四比一赞成的。假若我是最后审批的主管，遇到三比二的情况我不会批准，因为我认为不太可能两个反对的人同时犯错。而如果是四比一的话我会通过，因为我不希望看到一个人的反对票变成了否决权。”（孔宪铎，2004）[50]可见这种判断主要是由行政管理者自己来决定的，但是行政管理者所受到的约束就是，其他人对他/她工作能力和业绩的评价就是基于他/她所作的这些判断，因此他们在晋升的判断中还是比较谨慎的，不会滥用权力。

3. 学术力量与行政力量在各层次并存

在美国研究型大学的各层次都是学术力量与行政力量并存的。斯坦福大学分为学系和大学两个层次。在晋升决定中，在学系层次既有系/院教授会决议，又有系主任或院长的评判；再上一层次就是代表行政力量的教务长和代表学术力量的学术理事会（Academic Council）的顾问委员会（The Advisory Board）。教务长会将他/她赞成的晋升建议上交给学术理事会的顾问委员会来评审。顾问委员会通常指派至少两个或更多成员来阅读每个文档。在考虑指定阅读者所提出的问题后，顾问委员会再进行投票。

麦迪逊分校的学术组织架构分为学系、学部和大学三个层次。在学系层次由学系执行委员会或特别委员会进行晋升评价；在学部层次，院长和学部执行委员会分别代表行政力量和学术力量作出建议。学系执行委员会作出晋升推荐，然后院长在作出决定前要咨询学部执行委员会的建议。可见，不管学校分为学系、大学两个层级，还是学系、学部、大学三个层级，每个层级在存在行政权力的同时，也都存在学术权力的组织。因此在晋升教师时，每个层级的行政力量和学术力量都能分别发挥其作用，体现了权力的制衡。

4. 充分的反馈和申诉机制

美国研究型大学在晋升程序中设计了充分的反馈和申诉机制。在反馈方面，麦迪逊分校就规定学部执行委员会和院长的决定应该迅速通知系或特别委员会。院长作出决定后的20日内，教师应该收到书面通知。孔宪铎的例子也可以证明在晋升过程中存在充分的反馈。他在事后收到他的晋升报告中有系里教师的详细投票结果，包括在研究、教学、服务和综合四项上分别进行的投票（孔宪铎，2004）[53]。这种反馈反映了教师晋升中的公正与透明理念。

美国研究型大学的教师晋升程序在申诉方面也有着充分的考虑。在麦迪逊分校，如果院长否决了系执行委员会对候选人晋升到终身教职的建议，相关教师或者系或特别委员会在教师同意的情况下，可以要求院长在20天内提供书面的声明以解释原因，或者要求院长重新考虑其决定，或进行申诉。

如果教务长和学术副校长否决了院长的建议，相关教师或者系或特别委员会在教师同意的情况下，可以要求教务长和分管学术事务的副校长在20天内提供书面的声明以解释原因，或者要求院长重新考虑其决定，或进行申诉。

这样的反馈和申诉机制保证了评价的每个步骤，尤其是行政管理者作出的决定，能够及时地反馈给教师和学术委员会。而教师和学术委员会在感到不满或有疑虑时，都可以要求其作出解释，或直接进行申诉。州立大学由于其庞大的官僚机构，更有可能出现行政权力在学术决策中作用过大的情况，这种设计试图控制和监督行政权力的使用，从而保证最终的学术决策能够是学术本位的。

三、教师晋升评价的方法及特点

对教师的全面评价是作出晋升决定的基础。美国研究型大学在进行教师评价时，是从教学、研究、服务和各种活动间的平衡这四方面来进行的。具体来说，在评价教师的研究时，以已有的研究成就和学术声望为主，但也着眼于将来的研究潜力；在评价教师的教学能力与成就时，主要评价教师的专业知识和技能及与学生的互动；在评价服务时，主要是看教师的参与程度与服务质量。此外，还要评估教师是否在各种活动中保持了适当的平衡，这一点取决于机构对教师的期待。需要特别一提的是，州立大学可能对服务划分得更加细致。麦迪逊分校评价教师就是从教学、研究、延伸服务（outreach/extension）和专业服务这四方面进行的。这是因为对州立大学来说，延伸服务是其非常重要的使命。

（一）评价方法

在评价教师研究时，主要的评价方法有同行评议、引用率和期刊接收率；在评价教师的教学时，采用的方法有学生评教、课堂观察、教学材料分析、自我报告等；在评价教师服务时，采用的方法是系主任评价、同事评价和客户评价等。

1. 研究

美国研究型大学对教师的研究的评价以其已有的研究成就、学术声望为主，但也着眼于将来的研究潜力。在评价教师的研究时，重视的是其创造力（creativity）和生产力（productivity）。可以说，生产力面向过去，反映在已有的研究成果上，而创造力则面向未来，保证教师将来的研究前景。

在评价教师已有的研究成就时，最看重的是教师的研究成果和所获经费。麦迪逊分校的社会科学学部在评价教师将来的研究潜力时，就要求教师提供未来的研究计划等。

在评价教师的研究成果时，最重视发表物（publication）。“要么发表要么出局”（publish or perish）这句话盛行于美国研究型大学，孔宪铎在为晋升作准备时一直把这句话贴在床头（孔宪铎，2004）[39]。麦迪逊分校物理系要求教师提供几乎全部研究出版物的列表，包括发表的期刊文章、提交给专业期刊的文章、专著与合著、编著的书或论文集、在论文集或书中受邀发表的论文及摘要、会议论文、其他非专业期刊出版物和技术报告等。

美国研究型大学在评价发表物时不仅重视发表物的数量，也重视发表物的质量。麦迪逊分校认为，在评价教师的研究成就时，仅发表物的数量本身还不能很好地量度研究成就。委员会应该把注意力直接放在特别重要的学术著作上。所以在教师提交出版物的列表时，委员会要求教师同时附上2—3项最重要的出版物，以供委员会阅读和评判。这说明公认的观点是，出版物的数量并不是最重要的，代表作的质量更能反映教师的学术水平。

在评价出版物的质量时，经常用到引用率。引用率作为一个客观指标，反映的是出版物的影响力。被引用的次数越多，说明出版物在该领域越有影响力，质量越高。但是采用引用率进行评价也会存在不少问题，在某些情况下引用率并不是出版物真实质量的反映。自我引用会夸大作品的影响力；发表的文章中如果有错误观点，也可能被多次引用，如果用这种引用率来确定文章质量，显然是背道而驰。因此，可以将引用率作为评价出版或发表物质量的参考，但不能完全依赖于它。更科学的方法是结合同行评议（如晋升委员会里同领域专家的阅读和评审），这正是美国研究型大学在评价教师的出版物质量时所采取的做法。

在评价教师研究成就时，尤其是评价发表在学术期刊上的文章时经常用到的另外一个指标是期刊的接收率（acceptance rate），是指该教师给专业学术期刊投稿被接收的比率，可以反映该教师的学术声望和出版物的一贯质量。此外，期刊的质量也要纳入考虑，所以有时也会要求教师提供期刊的排名和影响因子等。这些都是麦迪逊分校社会科学学部的做法。

评价教师能否获得足够的经费，可以反映教师作为研究者的声誉，并且教师只有获得足够的经费，才能够良好地运行研究项目。所以教师获得的资助记录也是委员会审查的项目之一。研究资助对自然科学的教师来说尤为重要。孔宪铎讲到他在马里兰大学巴尔的摩县分校（University of Maryland, Baltimore County）的生物系时有一年没有拿到国家科学基金会（National Science Foundation, NSF）的项目，他的系主任很不客气地对他说："你怎么搞的，连 NSF 的经费都得不到?"他深感不安，害怕会饭碗不保（孔宪铎，2004）[54]。他的这个经历说明，获取资助几乎是保持名声和地位的必要条件，更遑论其在晋升中的作用了。

外部同行专家的评价信是美国研究型大学教师评价的特色项目。评价信由国内外熟悉该领域的专家出具，通常要回避博士后的指导老师、密切合作者和共同资金的接受者等关系密切者或利益相关者。因此，这种方法能够最客观有效地反映教师在国内乃至国际学术圈内的声望。

晋升的重要性不同的时候，要求的评价信的数目也不等。至于评价专家的选择，一部分来自候选人自己提供的名单，另一部分则由晋升委员会选择。在孔宪铎晋升为终身职副教授的例子中，有 5 位评议者选自他本人提供的名单，而另外 5 位则是由晋升委员会主席确定的（孔宪铎，2004）[52]。由副教授晋升为教授要找的评价者通常要求是全球范围内该领域的知名学者，而由助理教授晋升为副教授时对评价者的要求就可以缩小范围，通常由美国国内的该领域的优秀学者出具评价信就可以了。孔宪铎在晋升为终身职副教授时出具评价信的七位同行都来自北美洲，其中一位是加拿大一所大学的教授，另外四位评议者供职于美国的大学，还有一位农业试验场的教授，一位美国农业部的教授（孔宪铎，2004）[38]。而他在 1981 年申请晋升为教授时，评议的同行除了美国的同行之外，还有来自日本、澳大利亚、加拿大、丹麦四国的学者专家（孔宪铎，2004）[52]。

在评价信的内容方面，是在对候选人进行评价的基础上给出一些观点。孔宪铎认为，要升为正教授，必须具备三个基本条件：独立性、创新力和影响力。这是在同行评议信中必然会涉及的问题。另外还常常涉及你和同侪的排名次序和发信人的学校会不会晋升候选人（孔宪铎，2004）[51]。

在系里决定是否作出赞成晋升的决定时，评价信的作用是非常关键的。即使候选人在教学、研究、服务上的表现都无懈可击，但如果评价信是不赞成的论调，“那么其他在教书和服务上的佳绩，一笔勾销，这就是美国大学通行的不成文制度”（孔宪铎，2004）[43]。孔宪铎第一次晋升教授的申请就是因为13封同行评议信中有一位表示顾虑，一位表示顺延而被同事们否决的（孔宪铎，2004）[49]。

2. 教学

评价教师的教学能力与成就时，主要评价两方面内容：教师的专业知识和技能及教师与学生的互动。斯坦福大学在评价教师教学绩效或前景时考虑的因素包括：材料的知识性；呈现是否清楚；和学生的积极互动；可获得性（availability）①；专业精神、遵守大学规定和职业伦理；有效沟通的技能；在学生学习中起到的帮助作用；激励学生进一步学习的能力。麦迪逊分校在评价教师教学时考查的因素则是：沟通能力、组织材料的能力、对教学和指导研究的兴趣和激发学生学习的能力。

采用的证据通常包括四部分：第一部分证据由教师自己提供，包括教学经验年表、教学活动总结、教学自述、教学大纲样本及教学材料等；第二部分是很重要的证据即学生评教的结果；第三部分是同行评教，其中包括课堂观察的方法，由同事到教师课堂进行观察后作出评判；第四部分还有系主任的评价。

（1）学生评教（Student Rating）

学生评教通常采用问卷的方式进行，对通过问卷收集起来的信息进行总结之后就可用于对教师教学的评价。学生所处的位置使他们可以观察教师行为和教学过程，因此学生评价在测量教师行为和教学方法上非常

① availability 字面意思为可获得性，在此处是指学生在寻求教师指导时，能否比较容易地找到该教师。availability 反映了教师对教学的投入程度，可获得性高的教师才能保证跟学生的足够接触。

有用。

但学生评教的有效性一直存在争议。学生评教的支持者认为学生具有足够的洞察力，能够了解他们自己或群体的权重系统，能够对教师作出有效的评价。反对者则认为，学生们可能喜欢那种迎合其不成熟口味的老师，这样会牺牲教学的深度。学生评教也有其固有的缺陷，主要是学生在评价时无法避免一定程度的主观性。例如，学生可能会把以前的经验带入到对当前的教师的判断中来，比如如果一个男学生曾经与一个女教师有负面的经验，他可能会在关于性别的问题上有一定的倾向。此外，在学习方式上的不同倾向性也会影响学生对教师教学的判断。与以视觉为主进行学习的学生相比，以听觉为主进行学习的学生会将说话的清楚程度、呈现材料的速度看得更为重要。

虽然学生评教的碎片化证据未必可靠，但公认的观点是，经过仔细建构的学生评教的测量工具是足够可靠的：首先评价应该是非定性的，应该有一系列的标准；全局性的问题是不合适的，问卷也不应该太冗长。除了建构测量工具之外，在实施时也有许多要注意的地方：问卷的分发工作应该由非教学岗位的学校雇员来进行，学生答问卷的时候教师不应该在场，收集的信息应该是匿名和保密的。最后，对获得的信息应该正确地使用，在信息不够作出一个准确的判断时，不能贸然作出判断。

（2）同事评价与行政管理者评价

同事评价是指由同事对教师教学进行的评价，包括两种，一种是基于课堂观察的，另一种是基于平时观察和判断的，这里仅指后者（前者在后文中单独讨论）。把这种类型的同事评价和行政管理者评价（如系主任、院长评价）合并在一起讨论是因为它们都同样基于平时的观察。同事和行政管理者所处的位置使其可以在一定程度上观察到教师的教学。布莱克本（Robert T Blackburn）和克拉克（Mary Jo Clark）研究发现，行政管理者对教师教学作出的评价与同事们的评价几乎是可互换的（Kulik et al.，1975）[226]。

研究发现，系统地收集来的同事评价与学生评价的结果有很好的一致性（Kulik et al.，1975）[226]。这是因为，在某种程度上教学能力是一项综合能力，同事可以从教师在其他场合如教师讨论、院内会议等的表现来推断教师的教学能力。需要注意的是，这种高度一致性仅限于系统地收集来的信息，如果信息不是系统地收集来的，它们并不会与学生评教的结果高度一致。

（3）自我评价

教师的自我评价通常采用自我报告（self-report）的形式，在评价教师教学时是重要的信息来源。因为自我评价是出自教师之手，所以可以提供从其他渠道无从获得的信息，可以作为补充。但也因为自我评价是由教师作出的，所以其客观性和公正性都有待商榷。布莱克本和克拉克研究发现，教师自我评价的结果与学生评价及行政管理者评价之间呈负相关，与同事评价结果的相关性也很低，并认为自我评价并不能真实地反映教师的教学能力（Kulik et al.，1975）[229]。所以，自我评价通常只作为辅助性证据。

（4）课堂观察（Classroom Visit/Observation）

课堂观察通常采用的方法是由1—3位同事在一学期内观察教师的课堂一次或多次，并将评价结果以报告形式提交给系主任。报告既可以是叙述性的，也可以是量化的打分。课堂观察这种评价方法主要存在三个问题：一是可靠性，学生评教需要至少10个学生对教师进行一个学期的观察之后才能作出判断，而一两个教师的几次观察不太可能达到同样的信度。二是观察行为本身就会影响到教师的教学；三是同事或系主任通过访问教室观察课堂教学作出评价时，可能只能对教师的呈现技巧（forensic skills）作出评价，如教师讲课是否清晰明了，是否组织良好，是否有活力而且流畅等。

教师们对课堂观察的反对声很高，如果让他们选择评价方法，大多数教师都会选择由学生进行评价而不是由同事观察课堂后进行评价。

（5）测量学生表现

还有一种评价教师教学的方法就是直接测量学生的表现或成绩。20世纪60年代兴起的行为主义的浪潮影响了教师评价，过去通过观察进行评价的方法受到了批评，测量学生表现才被认为是直接的、行为的、纯粹的评价方法（Kulik et al.，1975）[231]。但这种方法有很多问题，首先能够采用这种方法进行评价的教师是有限的，不是所有教师的教学都能够用学生的表现来测量，并且学生成就的不同反映的可能是教师的区别对待。教师间无法进行比较，这也让评价无法进行。总之，这种方法在实际操作中困难重重。

综上所述，在评价教师的教学时，学生评教是最基本的方法，但学生会受到教师教学能力以外因素的影响。而同事评价和行政管理者评价基本上是可以互相替代的，并且同行和行政管理者作出的评价反映的更多是教师的综合声望，而不是基于观察其教学而作出的独立判断。自我评价则是问题重重，尤其是在授予晋升和终身教职等关系重大的评价时，教师的自我评价会偏高。课堂访问如果要提高其可靠性的话，必须要由许多评价者进行多次评分，并且课堂访问考验的可能更多是教师在压力下的表现而非教学技能。测量学生表现则是操作难度太大。因此有不少学者认为，可以采用多指标的系统，给每种评价以不同的权重。学生评教、教学材料、课程大纲等都可以作为指标。

卢桑斯的研究发现了一个触及教学评价之根本的问题，即教师们认为评价教师教学的方法几乎是无效的。只有在学生抱怨或投诉的时候，教师的教学才被认为是不够优秀（Luthans，1967a）[68]。这也是由教学评价本身的困难性所决定的。

3. 服务

服务分为两种。一种是在大学校内的服务，指的是对大学的服务和对学科的服务。这种服务包括就任各种委员会、回复学生和同事的邮件、安排讲座和会议以及评审期刊文章等。沃德（Ward）（2003）[2]认为，对学科和大学的服务是教师生活的“潜课程”。大学对教师服务的期望依据教师的终身教职状态和级别而不同。以加州大学伯克利分校为例，根据其2007年发布的评价教师服务的指导原则，对助理教授的期望是参与学系或学院层次的服务，如担任本科生导师、服务于研究生招生委员会和教师搜寻委员会；对副教授则是希望他们/她们同时服务于系和学校的层次，如服务于编辑部、资助评审委员会或学校特别评审委员会，担任专业学会的官员等；对于正教授，学校的期望既包括上述层次的服务，还包括担任系主任、领导其他研究部门、服务于学术评议会以及大学级别的委员会。

对服务的评价同样遵循着可见性原则，因此，能够对教师的校内服务进行评判的有同事、系主任、教师所参加的委员会的其他成员等。但服务活动的质量很难评估，量化和记录服务活动也很难。是否应该对教师参与委员会、期刊评审小组等活动进行评价，这些都未有定论。在实际操作中，评价校内服务重视的是参与程度与贡献程度。是否参与校内服务更像是一种姿态：不参加可能会招致批评甚至延缓晋升的进度，但实际服务的质量如何，可能并不是关注的重点。

另一种是校外的服务，如担任咨询顾问、提供社区市政服务等。公立大学更强调校外的服务，或称为延伸服务。校外服务依赖于学科，不同学校的同一学科提供的服务比同一大学的不同学科提供的服务更相似。例如，不管哪所大学的教育系教师，多半都有服务当地学校的责任。延伸服务除了由教师自己提供的证据之外，一般由同行和服务对象进行评价，当然也包括自述。在评价延伸服务时，麦迪逊分校的做法是要求教师提供三个最重要的项目的陈述，包括问题和委托人、项目的目标、使用的方法、项目的意义和结果等。此外还要提供延伸服务的出版物，等等。

4. 各种活动的平衡

美国研究型大学在评价教师的表现时，还会考察其在教学、研究、服务各项活动中是否保持了适当的平衡。关于教师在各项活动中应该保持怎样的平衡，不同的大学、不同的学科对不同级别的教师有不同的期待。通常要求教师在至少两个领域中表现优秀，其中一个必须是研究，而在另外一个领域则要求教师至少要达到合格。在研究、教学、服务活动中的适当平衡通常是由聘用合同和系里的期望所决定的。只有这种平衡符合系里的要求时，教师才能顺利地得到晋升，否则会由系里资深的教师对其进行建议，要求教师进行改进。

（二）评价的特点

1. 重视证据及其使用

美国研究型大学在晋升教师时，非常重视搜集相关的证据（evidence），无论是评价教学、研究还是服务，都是如此。对证据的全面搜集是进行评价的基础。对证据的重视反映了研究型大学在评价教师时对客观性的追求。在证据的来源上以可见性（visibility）为原则，比如学生评教是因为学生所处的位置可以观察教师的教学，同行的课堂观察报告也是基于实际的观察，而外部专家的评价信也是由于外部专家能够了解到教师的研究。

运用这些标准搜集来的证据能否得到合适的使用，对评价结果有着至关重要的影响。这些证据的使用者主要是委员会的成员，无论是教学大纲还是专著，都是由委员会成员来阅读并作出判断的，并在商讨之后进行投票。评价是一个复杂的过程，要结合量化与非量化的方法，只有相关专家才能够对这些证据作出最综合、最准确的判断；也只有多人商讨，才能达到最全面的判断。

2. 内外部专家评价相结合

采用校内同事与外部专家评价相结合的方法，反映出美国研究型大学对评价的客观性、公正性与全面性的追求。校内同事可以近距离地了解被评价的教师，但也因为这样的近距离，可能会带有私人情感，作出较为主观的判断。校外专家可以对教师的学术声望作出更为有效的评价，另外由于存在利益相关的机会大大减少，可以使评价更为客观与公正。

在晋升的实际操作中，外部同行的评价信几乎是最重要的，尤其是当评审人对候选人专业不甚了解时，只能倚重同行的判断。学部或学校层次的学术评议机构通常都是由全学部或全校范围内各学科专家组成的，因此，很有可能对候选人的专业领域不了解，这时候外部专家的评价信就成了学部层次或学校层次的学术评议机构作出晋升决定的最重要的依据。

3. 量化与非量化评价相结合

美国研究型大学在教师晋升过程的很多环节都采用量化评价的方法，比如学生评教和引用率，都是用数字来说话的。在教学的评价上，还有学者倡导采用复杂的加权系统来计算得出结果。但是在综合决策的环节，比如晋升委员会的讨论中，以及行政管理者作出判断时，通常都采用非量化的评价方法，也就是主观判断的方法，数字只是作为证据来辅助判断。

美国研究型大学的晋升政策中很少明确写出行政管理者要采用固定的方法进行评价。这表明他们尊重这样一个事实，即评价活动是一项非常复杂的活动，用机械的量化方法不足以作出最恰当的决策。事实上，有 1/3

的系主任和院长称他们没有使用始终如一的客观评价程序，也就是说，他们会适当地“随机应变”。卢桑斯也发现，晋升系统的运行依赖于行政管理者的奉献和判断，他们并不觉得有必要使用任何数学公式或加权。他们认为，主观地考虑每个案例的特点是很合理的（Luthans，1967a）[54]。

四、教师晋升的运行

美国研究型大学的教师晋升政策在实际运行中存在两大方面的问题：一是明文规定的教师晋升标准与实际运作中采用的标准存在一定的偏差；二是在晋升程序运行中，参与者对权力的运用超出了规定的范围。

（一）不言自明的标准

美国研究型大学的教师晋升标准是学术本位的，但在现实中，学术标准能否得到完全的践行还有待考察。事实上，有一些因素如教师获取经费的能力、教师的个性与政治态度等在教师晋升中影响很大，但却没有表述在书面的晋升标准中。晋升政策中表述的评价标准和实际应用的评价标准中的不一致，会让教师对评价产生不信任继而造成极大的困扰。

1. 教师获取经费的能力

20世纪90年代以来，美国各级政府对高等教育的资助一减再减。美国政府给大学的资助有两部分，一部分是直接拨款，另一部分是借助市场的方式，以竞争为基础拨给大学。以竞争为基础的拨款又主要包括两部分，即科研经费和学生资助。因此，在大学财政越来越紧张的今天，能够给大学带来大量研究经费的教授才是最受欢迎的，而他们在晋升时的优势也是不言自明的。不过对不同的系来说影响是不同的，对斯坦福大学文理学院的教师进行分层随机抽样调查后发现，在每年教授人均获得经费少于1 000美元的系，92%的教师都认为在评价教师的研究能力时，善于获取经费没有重要性可言；对人均获得经费在1 000—9 999美元的系，其教师有80%认为善于获取经费是不重要的，8%的教师认为它很重要；当人均获得经费超过 10 000 美元时，69% 的教师认为这不重要，17% 的教师认为它很重要（Hind，1974）[124]。所获平均经费的多少与学科知识的类型有很大关系，自然科学系的教师所获得的经费要远远高于人文和社会科学系。

金融危机之后，州立大学的财政陷入了更大的危机。以亚利桑那大学（The University of Arizona）来说，下一财政年州政府资助将会减少 20%，这意味着大学必须撤掉600 个职位，合并几十个项目（Kelderman，2009）。在这样的财政危机中，大学作为一个理性组织，努力吸取能够带来大量经费的“吸金”教师也是可以理解的，但这样的做法可能会使教师的晋升偏离学术标准。因为获得研究经费虽然与教师的学术声誉有一定关系，但也与其他因素如社会活动能力等有很大的关系。因此，如果晋升时过多地向善于获得经费的教师倾斜，就会使得真正有学术造诣的教师无法获得晋升。在晋升有限额的情况下，甚至可能出现劣币驱除良币的现象。

2. 教师的个性

美国研究型大学的晋升政策中从来没有也不可能把教师的个性列在晋升教师的标准里，但在实践中，在系内同事对教师进行评价的时候，教师的个性特征，例如是否好相处等会受到很高的关注。这些可能比学术成就更能影响评价的结果，尤其在决定是否授予终身教职前的评价中会更重要。因为这些决定会由系里已有终身教职的教师作出，因此，如果他们在和候选人工作时感到不安、紧张、被威胁、受冒犯的话，候选的教师就很可能被拒。

3. 教师的政治态度

教师的政治态度，也会影响其晋升。影响的程度与教师所在学科有关，也和特定时期的环境有关。比如，社会科学尤其是人文学科的教师受到的影响要远远大于自然科学的教师。再比如，在 19 世纪 80 年代到 20 世纪 30 年代这一时期，社会主义和民粹主义者在晋升上存在阻力（爱德华·希尔斯，2007）[374]。大学也难以独善其身，不可避免要受到当时社会主流意识形态的影响。

有学者认为，当前美国大学的意识形态是偏左翼的，尤其是在 100 所精英的公立和私立大学，以及这些大学的人文和社会科学系。斯坦利·罗思曼（Stanley Rothman）、罗伯特·李奇特（Robert Lichter）、尼尔·内维特（Neil Nevitte）最近对大学教师的全国性调查显示：超过 72% 的教师持自由派或者左派的观点，而只有 15% 的教师持保守派观点。该调查还发现 1980 年以来，学术界的舆论一直在稳定地往左派方向移动，这是因为受 60 年代思潮影响的人开始控制学术界的大权。在政治观点与学术问题密切相关的人文和社会科学领域，观点的分布更是向左派倾斜（James，2005）[20]。美国大学里的政治正确性（Political Correctness）规则与这种“左倾”是相吻合的。简单地说，“政治正确”就是不说歧视性语言，以免惹出“政治”麻烦。这项潜规则的基本内涵是，在涉及种族和性别差异、环境生态、发达世界和第三世界差距，以及强势与弱势者和多数与少数派间的差异等议题上，存在一条不可逾越的伦理底线，教师只能保持缄默或者站在弱者的立场上说话，否则就有歧视之嫌（阎光才，2006）[100]。因此，激进右派在当前的美国大学里是不太有生存空间的。哈佛大学校长萨默斯（Lawrence Summers）的卸任就与其在全国经济学家会议上对女性的出言不逊有莫大关联。

可以想象在美国研究型大学里，自由派在晋升时是颇有优势的。爱德华·希尔斯（2007）[122]认为，在美国的大学，教师聘任和晋升上的政治标准是由教师中的强势团体从内部强加的。但笔者认为，这种优势既可能是由系内教师所赋予的，也可能是由大学行政管理者所强加甚至是由当任政府的意识形态所影响的。比如 20 世纪 70 年代末在美国大学里右翼势力重新上台，大学里资历较浅的马克思主义教员被解雇，只有 1/4 的马克思主义教员留任（吴敏，2000）[21]。事实上，激进左派和激进右派在美国研究型大学里都不容易顺利地获得晋升。

（二）不适当的权力运用

权力的政治是非常微妙的。有权参与教师晋升的各路人马，如果不是秉持公正客观的态度，而是带着私心作出评价或决定，都属于不适当的权力运用。下面对教师晋升中的两个主要权力群体的权力运用的不适当之处进行分析。

1. 行政管理人员

在美国研究型大学里，行政管理人员可以通过握有的行政权力［如根据预算来确定晋升教师的配额（quota）的权力］来影响晋升决定。该学科领域的研究的重要性、该系的整体质量，系里终身教职的比例，或者其他有行政影响的事情都是由行政管理人员来考虑的。

这个设置配额的权力可能被校长或其他行政人员利用，来实施对他们有利的不公正的人事决定，采用的方法就是以削减费用为借口，以研究领域为依托，来否决候选人的晋升。

日益严重的财政压力迫使院校采取更加灵活的人事政策，但“灵活性”这种手段被行政管理人员“善加利用”后，使得行政管理人员在教师人事决策中的权力大大上升，甚至可能改变教员被雇用、晋升的专业条件。

2. 系内教师

系内教师讨论并作出晋升决定属于委员会决策。这种决策应该由享有平等决策权的一群人来处理、决定某类事务，委员之间的权力应该相互制约，避免权力的过于集中，防止个人的独断专行、以权谋私等。但是在实际操作中，在系内教授们作出是否晋升候选人的推荐时，有力量的关键选民可能会发挥巨大的作用。这种关键选民的出现可能是无法避免的。教师通过个人品质形成的领导力（Charisma）权威和通过学术声望形成的学术权威地位都可能使其成为系内教师的“领袖”，拥有不少的追随者，从而成为关键的选民，那么他/她在晋升决定中的权力可能会超过合理范围。

这种个人的感召力是不稳定的，当追随者失望或离开时，感召力便消失了，因此影响还不算太大（克拉克，1994）[136]。但当感召力由一个群体占有的时候，这种感召力可能是巨大的，甚至形成“差序格局”。在这种格局下，长老是团队的中心，他们会利用血缘和裙带关系以及礼制传统来维持这种格局（乔锦忠，2008）[47]。如果这种关键选民不能进行客观、公正、合理、有效的评价，那么可能会带来很大的负面影响。单一的评价思维和逻辑可能抹杀系里学术的多样性，如果他/她带有私心，后果更加不堪设想。

孔宪铎还通过他的晋升案例，提出了“同事相轻”这一说法。在晋升决定中非常关键的同行评议信，其解读却是操持于同事之手。如果同事与候选人的关系不佳，或者出于其他理由不赞成候选人晋升，那么他们大可以往不利于候选人的方向去解读评价信，从而达到否决候选人的结果。比如孔宪铎的评价信中，有人说他花在推广科学上的时间太多，被同事们解读为他不务正业；有人怀疑他的主要贡献都是在老板手下作出来的，被同事解读为他不能独立研究（孔宪铎，2004）[49]。这种解读权如果被出于私心利用的话，都会导致不客观不公正的结果。

五、余论

笔者在撰写这章时，心中一直存着对比的念头，在中国的大学里对应的教师晋升政策、晋升标准、晋升程序、晋升的运行的情形分别是怎样呢？究竟怎样的晋升政策才能保障教师晋升发挥其筛选和激励功能，从而建设一支出色的教师队伍呢？

大学教师的晋升过程或者说评价过程是一个非常复杂的过程。系内同行的评价是基于多方面证据的一种集体意志选择，其中的过程非常微妙。行政管理者并没有特别客观和系统的评价过程，甚至有很多信息都来自道听途说。如何在这种复杂性中作出客观与公正的决策，从而筛选和维持强大的教授阵容确实是一大难题，但美国研究型大学的世界领先地位证明其教师晋升的相关制度设置是目前最完善的。反观中国一流大学里的教师晋升，我们会发现在中国的大学里教师晋升存在以下四个方面的问题。

1. 教师晋升决策缺少有力的外部监控

美国研究型大学的教师晋升决策受到较多的外部监控。大学如果在教师晋升中存在不公，可能陷自身于法律纠纷之中。此外，美国研究型大学之间的竞争是非常激烈的，因此错给一名不合格的教师授予了终身教职可能会导致整个系声誉的下降，这种压力是一种无形的外部监控，也使得大学在晋升教师时小心翼翼，毫不放松对教师绩效与能力的要求，务必要保证晋升决策的有效性。

而中国大学的教师晋升决策则很少受到大学以外的监控，更遑论受到某种意义上的“惩罚”了。在教师的晋升决定上即使存在不公正的现象，也没有受法律制裁的先例。教师如果在晋升中遭到了不公正的对待，不仅在校内没有有力的申诉渠道，在校外也几乎是申诉无门。此外，中国大学由于自主性不够，竞争也不够充分，因此在教师晋升上也感受不到太多由竞争所带来的压力，校际的竞争尚不能对教师晋升决策的有效性进行有力的约束和监控。正是由于缺乏有形与无形的外部监控，中国大学在作出教师晋升决策时才会毫无“后顾之忧”，才会在教师晋升决策的公正性、有效性上出现不少问题。

2. 学术人员在教师晋升决策中的地位较低

在美国研究型大学里，学术人员在教师晋升上有很大的决定权。教师晋升标准的核心是由大学的学术评议会或类似机构制定的，而且在晋升时行使评价权的也主要是系内的教授们。行政管理人员的责任主要是对教师晋升的证据和程序进行审核，这样的制度设置可以保证学术权力发挥重要作用。

而根据向春东的研究，在中国大学参与所在学院学术人员招聘与晋升的教师比率仅28.7%，而73.2%的学术人员认为，在招聘和晋升中起决定作用的是校级领导、学校人事处和学院领导（向春东，2008）[26]。学术人员的建议仅供参考，采纳与否由领导层自行决定，没有实质性制度来保障学术决策。反观美国的研究型大学是存在申诉制度的，对学术人员的权力有制度性保障。

另外，在中国的大学，以纯粹的学术人员身份参与管理者甚少。学术人员是以“双肩挑”的形式在大学管理中发挥作用的，即学术人员兼任行政管理职务，那么他/她被选入学术委员会，究竟是因为其学术身份，还是因为其行政身份？在参与决策的过程中，他/她是会倾向于使用行政标准，还是学术标准呢？这些我们都不得而知。

3. 教师晋升标准不够明确合理

在很长一段时间里中国的大学不存在明确的考核标准，教师晋升都按照惯例来操作。在日益庞大的大学里这种做法显然是低效的，而且在中国这样一个重视关系和人情的文化氛围里，按照惯例操作会存在很多弊端。中国大学近年来兴起了量化考核之风，量化考核比起从前无清晰评价标准的年代的确是一个伟大的进步，但是量化考核如何不走入歧途，如何避免引导教师不顾质量而凑数发表文章，如何不造成学术的虚假繁荣，这就需要大学仔细设计教师晋升评价的标准。

其实直到20世纪70年代，美国的大学也还存在重视发表物的数量而忽视质量的问题，但现在的晋升政策里已经有所设计来尽量避免这个问题，在评价发表物时，重视引用率、期刊接收率等能够反映质量的指标并加大其权重，另外要求同行真正去阅读教师的出版物而不是仅仅“计数”（count）了事。外部同行的评价信也是评价更重质量的保证。

4. 对教师晋升程序的执行不够严格

虽然美国研究型大学的晋升标准仍然存在争议，但是大学在执行既定标准和程序时是一丝不苟的，这与美国文化中重视契约、重视程序正义有很大关系。院长、教务长在决定是否给予晋升时，审核的重要方面就是之前的评价是否遵循了适当的程序。正如之前所论述的，教师的评价是非常复杂的过程，评审结果的公正性不易判断，那么至少合理公正的程序能够使被评审方在心理上更愿意接受和尊重评审结果。这就是程序所具有的解决争端、消除不满的作用，可以大大提高评审结果的可接受性。正式颁布的规则在实施过程中须严格遵守，不得以任何借口而随意变通执行。

而中国的传统文化中并不重视契约，并且中国大学在晋升程序上经常不严格执行规定，以至于违背了制度设计的初衷。

笔者认为主要是以上这四个方面影响了中国大学教师晋升评价的客观性与公正性。个人从来无法对抗制度，因此适应时代的需要对大学教师晋升乃至整个教师人事管理制度进行改革，以制度塑造文化，再以文化重塑人，或许正是中国大学打造强大教师队伍的可行之路。

参考文献

中文部分

1. 爱德华·希尔斯.2007. 学术的秩序——当代大学论文集［M］. 北京：商务印书馆.
2. 波恩鲍姆.2008. 高等教育的管理时尚［M］. 北京：北京师范大学出版社.

3. 耿益群. 2008. 美国研究型大学学术职业的历史沿革及特点分析［J］. 比较教育研究（5）：46－51.

4. 郭为藩. 2006. 转变中的大学：传统、议题与前景［M］. 北京：北京大学出版社.

5. 克拉克. 1994. 高等教育系统——学术组织的跨国研究［M］. 杭州：杭州大学出版社.

6. 孔宪铎. 2004. 东西象牙塔［M］. 北京：北京大学出版社.

7. 罗杰・L. 盖格. 2006. 美国高等教育的十个时代［J］. 北京大学教育评论（2）：126－145.

8. 欧内斯特・波伊尔. 1994. 学术水平反思——教授工作的重点领域［G］. 国家教育发展中心. 发达国家教育改革的动向和趋势（第五集）北京：人民教育出版社.

9. 乔锦忠. 2008. 学术生态治理——研究型大学教师激励机制探索［M］. 北京：教育科学出版社.

10. 郄海霞. 2006. 美国主要研究型大学教师队伍管理的特点及启示［J］. 比较教育研究（4）：65－69.

11. 史静寰，赵可，夏华. 2007 卡内基高等教育机构分类与美国的研究型大学［J］. 北京大学教育评论（4）：107－119.

12. 向东春. 2008. 大学学术人员在学术事务管理中影响力的实证研究［J］. 教师教育研究（5）：25－32.

13. 吴敏. 2000. 美国高校里的左派和马克思主义［J］. 国外理论动态（10）：19－21.

14. 王英杰. 2001. 美国高等教育的发展与改革［M］. 第2版. 北京：人民教育出版社.

15. 王英杰. 2005. 大学校长要有大智慧——美国芝加哥大学的建立与发展经验［J］. 清华大学教育研究（1）：10－20.

16. 韦伯. 2005. 学术与政治：韦伯的两篇演说［M］. 北京：生活・读书・新知三联书店.

17. 阎光才. 2002. 识读大学——组织文化的视角［M］. 北京：教育科学出版社.

18. 阎光才. 2006. 以“政治正确”的名义［J］. 读书（9）：99－106.

19. 阎光才.2009. “要么发表要么出局”，研究型大学内部的潜规则［J］. 比较教育研究（2）：1－7.

20. 阎凤桥.2005. 学术劳动力市场的特性与研究型大学的教师聘用制度［J］. 北京大学教育评论（3）：64－69.

21. 约翰·范德格拉夫，等.2001. 学术权力——七国高等教育管理体制比较［M］. 杭州：浙江教育出版社.

22. 张维迎.2004. 学术自由、“官本位”及学术规范［J］. 读书（1）：89－96.

英文部分

1. Andersen K J. In Defense of Departments [G] // in Dean E. McHenry (ed.) Academic Departments: Problems, Variations, and Alternatives. San Francisco: Jossey-Bass Publishers, 1977.

2. Clements K A. 1984. "Promotion and Tenure Criteria for Faculty in Applied History". *The Public Historian*, 6 (2), 51－61.

3. Cohen A M. 1998. *The Shaping of American Higher Education: Emergence and Growth of the Contemporary System.* San Francisco: Jossey-Bass Publishers.

4. Geiger R L. 1986. *To Advance Knowledge: the Growth of American Research Universities*, 1900－1940. New York: Oxford University Press.

5. Graham H D, Nancy D. 1997. *The Rise of American Research Universities: Elites and Challengers in the Postwar Era.* Baltimore, Md: Johns Hopkins University Press.

6. Hind R R. 1974. "A Theory of Evaluation Applied to a University Faculty". *Sociology of Education*, 47 (1): 114－128.

7. Luthans F. 1967a. *The Faculty Promotion Process.* Bureau of Business and Economic Research, College of Business Administration, University of Iowa.

8. Luthans F. 1967b. "Faculty Promotions: An Analysis of Central Administrative Control". *The Academy of Management Journal*, 10 (4): 385－394.

9. Kelderman E. At the U of Arizona, Goals Collide with Reality. *The Chronicle of Higher Education*, 2009－03－27.

10. Kulik J A, and Wilbert J. McKeachie. 1975. "7: The Evaluation of Teach-

ers in Higher Education". *Review of Research in Education*, 3（1）: 210 - 240.

11. Piereson J. 2005. "The Left University". *The Weekly Standard*, 11（3）: 20 - 30.

12. Rudolph F. 1962. *The American College and University, a History*. New York: Knopf.

13. Ward K. 2003. Faculty Service Roles and the Scholarship of Engagement [R]. ERIC Digest. ERIC Clearinghouse on Higher Education, Washington DC.

14. Whicker M L, Jennie J K, Ruth A S. 1993. *Getting Tenure*. Survival Skills for Scholars, v. 8. Newbury Park: Sage Publications.

电子资源

1. http://facultyhandbook. stanford. edu/ch2. html#review, 2007 - 09 - 01.
2. http://facultyhandbook. stanford. edu/pdf/B2. pdf, 2007 - 09 - 15.
3. http://facultyhandbook. stanford. edu/pdf/B3. pdf, 2007 - 09 - 15.
4. http://facultyhandbook. stanford. edu/pdf/B4. pdf, 2007 - 09 - 15.
5. http://www. secfac. wisc. edu/governance/FPP/Chapter_ 7. htm, 2008 - 05 - 05.
6. http://www. secfac. wisc. edu/divcomm/physical/TenureGuidelines. pdf, 2008 - 10.
7. http://www. secfac. wisc. edu/divcomm/social/DepartmentChecklist. pdf, 2008 - 07 - 18.
8. http://www. secfac. wisc. edu/divcomm/physical/DepartmentChecklist. pdf, 2008 - 10 - 07.
9. http://academic - senate. berkeley. edu/pdf/Guidelines_ for_ Evaluation_ of_ Service1. pdf, 2007 - 10 - 19.

第 7 章

美国研究型大学科研不端行为初探：概念、特点、原因及措施

相当长时期内，大多数美国民众对科学普遍持信任、乐观态度，很多人沉浸在“科学进步论”的梦想之中，认为科学进步能极大地推动社会发展。人们对科学怀有崇高敬意甚至达到迷信程度，任何被打上科学标签的事物立刻身价倍增（布罗德，等，2004）[98]。到 20 世纪六七十年代，大多数人还认为，捏造、篡改和剽窃等科研不端行为是某些精神异常的科学家所为，大多数科学家是诚实可信的（山崎茂明，2005）[11]。然而，20 世纪 80 年代以后，科学界陆续被披露出来的臭名昭著的弄虚作假事件动摇了社会对科学和科学家的信任。

美国研究型大学更是这些大学中的佼佼者，在整个美国高等教育系统和科研体制中占有重要地位，也是世界重要科研成果的发源地。20 世纪的 100 年中获得诺贝尔自然科学奖的美国科学家有 200 位，而这 200 位科学家所服务的研究机构绝大多数是研究型大学（沈红，2003）[65]。然而，正是在这些大学中，科研不端行为时有发生。科研诚信办公室（Office of Research Integrity，ORI）是美国处理科研不端行为的主要科研管理机构之一，笔者对其 1994—2007 年度报告进行了简单的数据统计，结果发现，在这 14 年间，被科研诚信办公室判定为有科研不端行为的案件总数为 173 件，其中有 132 件出自大学，总比例高达 76.3%。涉案大学不乏哈佛大学、斯坦福大学、麻省理工学院、耶鲁大学此类享有极高声誉的研究型大学。人们不禁感叹，大学确实似乎已不再是圣洁的象牙塔，科学家也可能只是同样具有追名逐利本性的“俗

人”。频繁发生的科研不端行为使得科学公信力下降，大学声誉受损。

科学是一项集体事业，大科学时代的科研，尤其是理工医类学科的研究，需要投入大量的时间、财力、人力和物力，其制度化和组织化程度也不断提高，需要以某种组织机构为实体。美国大学，尤其是研究型大学作为组织实体，是美国科研尤其是基础性研究的要场所。纵观美国高等教育的发展历程，“二战”期间及战后，美国大学的科研职能不断强化。可以说，美国是当前大学科研最为发达的国家。然而，自20世纪70年代末80年代初以来，研究型大学科研不端行为问题逐渐成为一个公共议题，处于社会舆论的风口浪尖。在这近30年中，在政府的强力主导之下，美国各界在处理科研不端行为问题上逐渐形成了较为完善的制度，积累了丰富的问题处理经验。联邦政府清晰界定并统一科研不端行为概念，制定了一套较为合理并具有可操作性的程序以处理和预防科研不端行为。本章试图对美国科研不端行为的概念、特点、产生原因及政府的主要应对措施进行分析，主要目的是为我国处理同样存在的科研不端问题提供可参照的应对措施。

一、美国科研不端行为概念的界定

在关于科学界弄虚作假行为的研究中，研究者用以表述弄虚作假行为的核心概念繁多。其中较常见的有“Scientific/Research Misconduct”（科研/研究不端行为）、“Scientific Deviance”（科研越轨行为）、“Scientific/Academic Fraud”（科研/学术舞弊）等，“Scientific Misconduct”和“Research Misconduct”较常出现在美国科研管理机构的文件和报告中，研究者对这两个词的理解差异不大，经常混用。当论及具体弄虚作假行为时，较常见的概念有“Fabrication”（捏造）、“Falsification”（篡改）和“Plagiarism”（剽窃）（简称为FFP）“Duplicate Publication”（一稿多投）、“Gift Authorship”（人情作者）等。除上述从反面表述弄虚作假行为的概念之外，“Scientific Integrity”（科研诚信）则从正面强调诚信的科研行为应是怎样。

什么样的行为才是科研不端行为？这是认识问题的关键和基础。美国公共卫生服务部（Public Health Service）、美国国家科学基金会、美国国家卫生研究院等机构对科研不端行为的界定几经修改，仍未能达成一致。某些大学、学会和其他科研机构也作出了相应界定。公共卫生服务部、国家科学基金会和国家卫生研究院界定的共同之处在于，都将捏造、篡改和剽窃这三种行为明确列入科研不端行为的概念中。未达成一致之处在于如何把握概念中“其他严重背离科学界常规的行为”或者“其他不合规则的行为”这样的模糊地带，如何进一步界定“捏造、篡改和剽窃”这三个核心概念。

为了使科研不端行为的处理制度化和规范化，联邦政府酝酿了统一的定义。该定义由白宫政府于1995年任命成立的科研诚信委员会（The Commission of Research Integrity）几经修改后最终敲定。该委员会于1999年提出科研不端行为的新定义，“科研不端行为”指的是“在申报、开展或评议研究项目，以及报告研究结论等过程中的捏造、篡改或者剽窃的行为”（ORI Annual Report，2001）[1]。该定义最终于2000年11月6日，以新政策的形式出台，取代了国家科学基金会、公共卫生服务部等联邦科研资助机构各自的定义，并应用到其他联邦科研资助机构以及接受联邦资助的科研机构中。

较之其他机构先前的定义，联邦政府的定义将不端行为限定在“FFP”，诸如人类被试和实验室动物的保护、实验室的性骚扰等内容都被略去，作者署名权滥用问题，如果未涉及“剽窃”也将不被视为科研不端行为。对于这一做法，该委员会的解释是，被略去的不端行为可通过别的机制加以治理（Campbell，1999）[40]。该定义还确定了“FFP”详细的二级定义，其中（1）“捏造”指的是编造结果并且将其记录写入研究报告中；(2)“篡改”指的是人为操纵研究材料、研究设备或者研究过程，改变或者省略研究数据或者研究结果，研究记录并未准确地显示了所作的研究；(3)“剽窃”指盗用他人的研究观点、过程、结论或者表述方式而未加以恰当的注解，这也包括在秘密评议他人的研究申请或者研究报告时的盗用行为。

美国联邦政府关注科研不端行为问题具有警示作用，管理操作之便亦是其界定概念时考虑的主要因素之一。联邦政府的定义中侧重科研过程中违反技术性规范的行为，但诸如论文发表、期刊论文审查或同行评议等与科研相关的社会化活动中的一些不端行为，则未被纳入概念中。事实上，与科研有关的社会化活动是科学系统不可或缺的一部分，捏造、篡改和剽窃等不端行为与科学社会系统的其他部分紧密联系在一起，将捏造、篡改和剽窃单列为科研不端行为破坏了科学社会系统本身的整体性，似乎不利于问题的分析和解决。

二、美国研究型大学科研不端行为特点分析

科研诚信办公室是美国处理科研不端行为的主要科研管理机构，其采用的不端行为定义几经修改，最终与联邦政府的要求达成一致，自 1999 年以来将不端行为限制在“FFP”范围内，即捏造、篡改和剽窃这三种行为，其调查对象限于接受了公共卫生服务部的科研资助或者试图申请公共卫生服务部资助的科研项目。笔者通过分析其年度报告探索美国研究型大学中科研不端行为的特点。

（一）科研不端行为数量

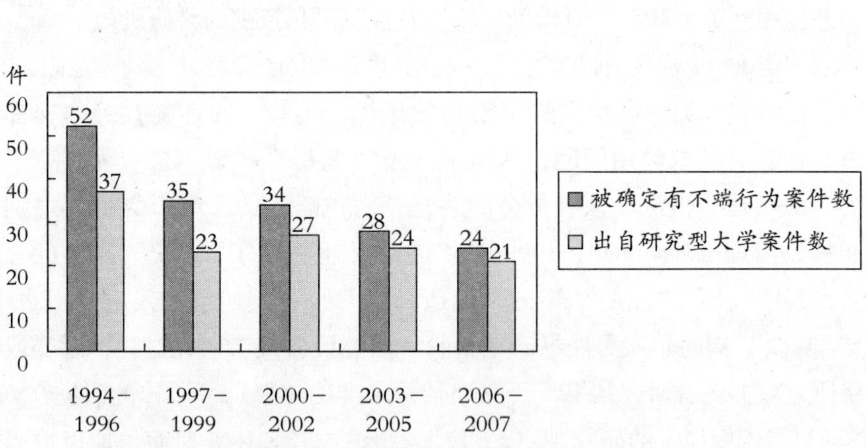

图 7－1　美国研究型大学科研不端行为的数量特点

资料来源：ORI 1994—2007 年度报告。

由图 7－1 可以看出，美国研究型大学科研不端行为的发生频率相当高。1994—2007 年这 14 年间，被确定有不端行为案件总数为 173 件，其

中出自大学的案件数为132件，比例高达76.3%。在被科研诚信办公室判定为有不端行为者中大学占有相当高的比例，14年间总的比例高达76.7%。从报告中还可得知，这些大学绝大多数为研究型大学，其中不乏哈佛、耶鲁、斯坦福、麻省理工学院等著名高校。此外，还可以看出，1994—2007年，被科研诚信办公室判定有不端行为案件的数量整体呈下降趋势。1997年后，大学科研不端行为数量基本处于一个较为平稳的状态。由于1994—1999年，科研诚信办公室所采用的不端行为定义较宽泛，类似研究者捏造学历的做法也被视为不端行为，而2000年以后的案件处理中，这样的行为未被视为不端行为，这也可以部分解释为何1994—1999年科研不端行为数量较多。

（二）科研不端行为类型

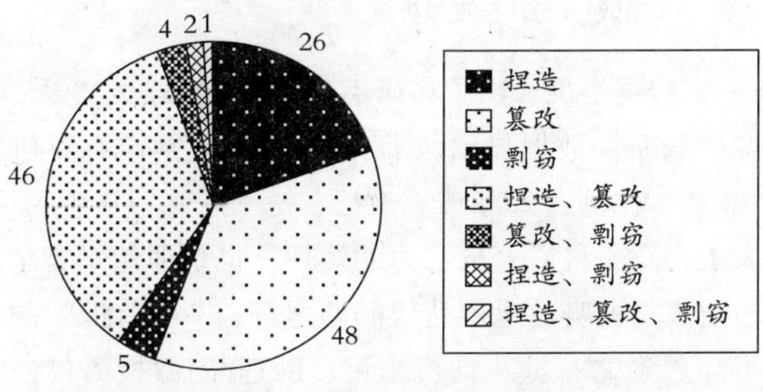

图7-2　美国研究型大学科研不端行为的类型特点

资料来源：ORI 1994—2007年度报告。

图7-2的数据表明，1994—2007年，被判定的132个不端行为案件中，单独的篡改行为的数量最高为48件，所占比例为36.4%。单独的捏造行为数量也较高，为26件，比例为19.7%。发生比例最低的是剽窃行为，单独的剽窃行为数量为5件，比例仅为3.8%。同时发生捏造和篡改行为的案件发生率也较高，数量为46件，所占比例34.8%。同时发生剽窃、篡改行为案件数为4件，同时发生捏造、剽窃行为案件数量为2件，同时发生捏造、篡改和剽窃行为的案件数为1件。总的来说，篡改的数量最多，捏造次之，而剽窃最少。

（三）科研不端行为者的学术地位

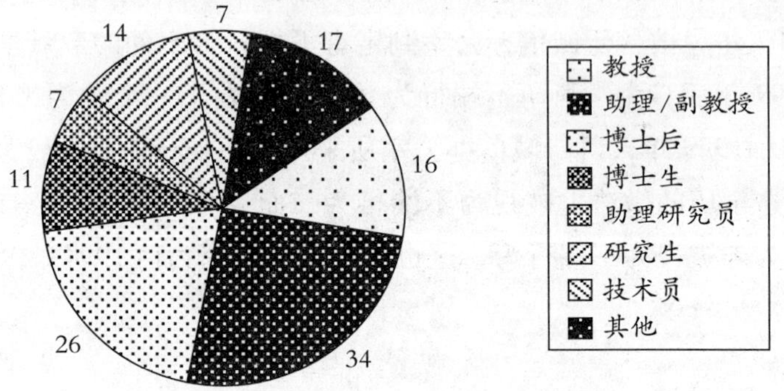

图7-3　美国研究型大学科研不端行为者学术地位特点

资料来源：ORI 1994—2007 年度报告。

图7-3一定程度上反映出了科研不端行为与大学的晋升、聘任、职称等级之间存在的联系。数据显示，助理/副教授被判定有科研不端行为的数量最高为34件，比例达25.8%，教授、博士后和博士生的比例也较高。申请课题、发表文章是科研人员实力的体现，也是他们攀爬学术金字塔的基石。除了科研人员自身的道德品质问题之外，“往上爬”的竞争压力是重要的外部推动因素之一。从动机来讲，助理/副教授离教授之职仅一步之遥，博士生和博士后面临就业压力，教授则可能是为了获得终身教职、更高的荣誉和地位或者更丰厚的物质回报。为了取得学术职位晋升或者聘任中的优势，他们更易步入歧途。助理/副教授、博士后或者博士生的科研工作往往受到上司以及同事的严格监视而极易被举报。

（四）科研不端行为举报

科研不端行为举报是科研诚信办公室接受科研不端行为案件的重要环节。从可获得相关数据的科研诚信办公室1994—1997年度报告中可以看出，在科研诚信办公室接手的案件中，同事以及包括副校长、部门主管、系主任、实验室主管、项目负责人、导师和其他机构的行政人员等在内的上级管理者所占比重较高，分别为26.8%和24.8%，两者比重之和超过50%，是最为主要的“告密者”（whistleblower）。此外，“关系未知者”以及博士后、研究生、技术员和助理研究员等下级被管理者所占比重也较高，分别是14.8%和10.7%。资助申请评议者以及调查监督人员占举报者总数的比例分别为6.7%和5.4%。可见，除大学研究机构内部人员的监督举报之外，同行评议以及设置专门监督调查人员也是监督和举报科研不端行为的重要机制。

科研不端行为举报一定程度上反映出了大学这种研究建制之下人与人之间的微妙关系。同事和上级管理者成为主要举报者的主要原因在于，上级管理者是机构的权力拥有者，对包括不端行为在内的各项事宜负有监督管理责任；而同事则由于长期的共事合作，发现并举报不端行为的可能性也较大。通过简单的数据比例分析还发现，同事所举报案件的被证实程度较低，在其举报的40个案件中，仅有10个被科研诚信办公室证实存在不端行为，其他举报者所举报案件的被证实比例则较为一致。同事之间的竞争以及利益冲突或许可以从某种程度上解释这一现象。在一个科研机构中，诸如晋升、资助申请、丰厚的工资待遇等优质资源总是相对稀缺，同事之间除合作关系外，还存在争夺优质资源的激烈竞争，竞争的结果可能导致个体之间的冲突，举报同事不存在的科研不端行为就可能成为一种不良的竞争手段。

最令人好奇的是“未知关系者”这一项，不愿意透露个人信息及与被举报者关系的举报者可能是什么人？为何不愿意透露关系？在科研诚信办公室的一项调查研究中发现，参与调查的68名举报者中，有69%的人反映因举报而遭受一次以上的不良后果，25%的人反映受到严重的打击报复，如被撤职、不授予终身教职、不予提薪或者晋升。报复行为源于研究机构的管理者、被举报者、同事和专业学会，其中最严重的报复行为往往源于机构管理者（ORI Annual Report，1995）[5]。有的人虽然知道同事有科研不端行为，但由于担心自身的名誉也会因此受损，获得资源、研究项目和职业生涯发展的机会也将大打折扣（Braxton et al.，1994）[360]。可见，举报者不愿意透露个人信息的原因很大程度上可能在于害怕举报行为对自身产生不良后果。

三、科研不端行为产生的原因分析

大学有着独特的组织特征，作为具有一定程度开放性的系统与环境不断交流，相互影响，这也导致美国研究型大学科研不端行为频繁产生的影响因素具有多面性和多层次性，涉及大学组织内外部各方面的因素。除了个别科研人员个人道德水平较低这一个人因素之外，制度性因素起着更为关键的作用。科学作为一种社会建制，其学术期刊、学会、奖励以及同行评议等制度的设计以及实施本身存在一定的不足，一方面，这些不足一定程度上可能诱发科研不端行为的产生（源于制度施于科研人员的“向上爬”的巨大压力）；另一方面，制度本身的缺陷可能使得科研不端行为者有可乘之机。研究型大学是现代科研重要的组织化形式，大学组织内部的文化、结构以及运行机制等方面存在的问题，如聘任、晋升、终身教职评议中对于论文发表数量的过分强调等，是导致科研不端行为产生的另一方面因素。

（一）错会学术自由，学术责任意识淡薄

20世纪80年代初，随着令人震惊的科研不端行为事件的不断曝光，联邦政府开始采取一系列措施试图解决这类问题，而此时学术界则持学术自由、学术自治等理由，反对之声哗然。大学是探索和传播高深知识的组织机构，学术自由、学术自治、大学自治等传统观念反映了大学对外界势力最低程度的干涉和对最高程度的自由的追求，它们在保障大学从事自由的学术研究和学术事务管理方面具有积极意义。然而，学术自由并不能成为科研不端行为者免于责任追究的托辞。“在一个关于真理的‘合理的分歧’的范围内，学术自由使得每个学者能够自由地探讨和阐释他们的研究结果，而免受任何来自其他个人或者组织的干涉。”（爱德华·希尔斯，2007）[277]学术自由所保护的是研究者探索真理和表达个人对真理的理解时的自由，而不是捏造、篡改和剽窃这种歪曲事实的行为的自由，“学术自由的权利不能扩展到那些吹牛者、造假者、剽窃者和思想古怪者”（爱德华·希尔斯，2007）[307]；“当学术自由有助于真理性知识体系的发展，有助

于将这一知识体系传授给现在和未来一代的时候，它才是正当的”（爱德华·希尔斯，2007）[304]。科研不端行为违背了追求真理、尊重客观事实这些最基本的科学精神主旨，这与学术自由本身的内涵已经发生了冲突。通过科研不端行为而得到的“假知识”对于科学的发展百害而无一利。

自由和责任一体两面。“在学者个人能够自由地行使他们的学术责任时，才存在学术自由。”（爱德华·希尔斯，2007）[278]自由是相对的、有条件的、有限度的，它与责任、义务相伴而生。可惜的是，当自由、自治经常为学者或者大学引以捍卫自身权利时，正如斯坦福大学前校长唐纳德·肯尼迪所言，“与学术自由互为补充和对应的是学术责任，但后者却鲜为人知”（肯尼迪，2002）[4]。“学术责任是象牙塔里一件非常重要的难解之事，人们很少对新的教师成员提及责任”（肯尼迪，2002）[5]，“大学遭受批评的根源在于大学内部不能认真承担责任，社会慷慨地赋予大学以学术自由，而我们却没有注意到事物的另一面”（肯尼迪，2002）[26]。

（二）大学内部权力的滥用和被利用

权力是大学组织中的一个核心概念。正如人类社会中权力现象的普遍性，权力在大学组织中同样无孔不入，美国研究型大学科研不端行为产生的背后也隐藏着大学组织权力的运作。大学组织内部权力表现出“二元性”的结构特征，一种是源于传统科层管理结构的科层行政权力，它与大学组织内部正式设立的职能部门和管理层级相对应，具有等级制和合法性的地位；另一种是由教授在各自领域的专业知识权力和由个人权威而形成的学术权力。学术权力在学校、院、系、所各层级的有关事宜的决策中具有影响力，教授对其学生、初级教员和科研人员的工作，实行广泛监督管理，在其个人管理范围内的学术事务上具有个人裁决权，且现在教授也逐渐获得学术权力之外的“公职权威”，在大学组织各个层级上担任校长、院长、系主任、教研室主任等正式职位，由教授集体代表组成的各级机构，还有参与全校范围管理的能力和权力（韩骅，2002）[105]。

从被揭发出来的一些科研不端行为案件可见，权力的滥用直接或者间接地导致了大学系所或实验室的科研不端行为。在系所或者实验室中，系所主任或者实验室负责人拥有较高地位，对于包括学生、博士后、初级科研人员等在内的下属人员具有极大的支配权力，掌控着聘任、晋升和提薪等与下属人员前途发展和生活境遇息息相关的事项，这些权力是否被恰当行使关系到管理者本身、下属科研机构人员能否按照既有的规章制度，作出符合自身因在组织中所处的地位而应有合法行为。丰硕的研究成果是科研机构提高学术声望并获得更多科研资助的垫脚石。机构权力拥有者为了能够在短时间内获得具有轰动效应的研究成果，往往采用不恰当的方式行使权力压迫下属的科研人员，进而导致科研不端行为的产生，这在不端行为案件是较为常见的，1976 年最早引起人们注意的“萨默林事件”① 便是一例。一开始人们还吃惊于当事人萨默林博士将白老鼠涂成黑老鼠这种荒唐可笑的欺骗手法，但后来，人们才逐渐了解到，该博士是在研究小组上司苛求研究成果的压力下，精神和肉体同时受到了压迫，才导致了这一事件的发生。除这种情况之外，研究机构中的权力拥有者，还往往可能借职位之便，即使几乎没有作出什么贡献，但仍将自己的名字加到发表的研究论文中，或者直接将下属的研究成果占为己有。

在科研不端行为的产生过程中，与权力拥有者滥用权力相对应的是下属科研人员利用权力的现象。一个科研机构的负责人往往同时也是该学术领域的领军人物，具有极大的学术声望和影响力。机构中野心勃勃的年轻研究者，为了使动过手脚的论文能够顺利通过学术刊物的同行评议，而将德高望重的学者置于合作者之列。这也是为什么发表过许多不实论文的作假者能够一再成功的重要原因之一（布罗德，等，2004）[182-183]。此外，系所（实验室）、学院、学校的学术权威或者行政权力拥有者“家丑不外扬”、“息事宁人”的心态为科研不端行为者所利用，助长了其野心和侥幸心理，导致不端行为一再发生，哈佛大学的“达西事件”② 便是一个很好的例证。这种打击报复行为扼杀了正义的声音，无疑也助长了科研不端行为者的风险投机心理，既是一种权力的滥用，也是权力的被利用。

---

① “萨默林事件”发生在纽约的斯隆·凯特琳癌症研究所，该所的萨默林（W. Summerlin）博士进行了老鼠皮肤移植实验，为了证明实验是成功的，他用笔将白色老鼠的皮肤涂成黑色。

② 达西（John Roland Darsee）是哈佛医学院的年轻医师，具有良好的研究潜质备受美国著名的心脏病专家布朗沃尔德（Eugene Braunwald）的器重，他在哈佛短短两年的工作时间内发表了近百篇论文，最终被发现其有捏造研究数据的行为，被哈佛大学解聘之后，他仍被允许留在该研究所工作，并且哈佛大学并没有将事情公布出去。最出乎人意料的是，达西在以后的研究工作中仍再多次出现捏造、篡改数据等不端行为，最终被发现并调查。

（三）大学内外部激烈竞争的压力

大学是社会系统中非常独特的一种组织，作为一个非营利机构，其办学经费主要来自政府拨款、学费、社会捐赠及其他收入，办学盈余只能用于学校的进一步发展，由于大学本身不营利，因此大学在自身的发展管理战略上更加重视获取社会资源的机会（李立国，2006）[39]。然而，美国是一个科研竞争十分激烈的国家，相对于需求来讲，优质资源总是稀缺的，为了生存和发展，研究型大学在争取科研经费等方面面临巨大的竞争压力。

不只是研究型大学之间，在大学组织内部，诸如等级较高的职位、待遇丰厚的研究项目等优质资源同样是稀缺的，大学组织内部的人员之间同样面临资源的分配和争夺。无论是大学组织外部校际之间的竞争，还是组织内部人员之间的竞争，卓越的科研实力和科研成果是大学或者个人在资源竞争中获胜的关键。激烈的竞争环境无疑能够激发渴望在竞争中脱颖而出的强烈动机，对于组织、个人的学术发展以及科学的发展来讲，这是有好处的。然而，有证据表明，在高度竞争的环境中，有着高度“竞争取胜驱动力”的人员会存在产生不端行为的风险，尤其当他们面临经过额外努力而未能达到预期成功的时候；在同事间存在高度竞争的机构中，不道德行为发生的程度也随之增加（美国医学院，等，2007）[67]。安德森（Melissa S. Anderson）和朗宁（Emily A. Ronning）等人采用科学家自述其对竞争的看法的方式，对来自主要研究型大学的51名初入学术生涯或处于学术生涯发展中期的科学家进行了访谈。他们通过访谈总结出了科学界激烈的竞争具有负效应，导致研究者玩手段，科研态度随意或产生有问题的研究行为，不愿公开分享信息，干预同行评议过程，同行关系被扭曲等问题（Anderson et al.，2007）[437-461]。

在美国，研究经费申请的竞争日益激烈，“经费的需求总是超出得到经费的机会，例如，科研人员向国家卫生研究院提出的申请中，仅有1/3获得成功。即使那些研究很成功的科研人员有时也得不到经费”（美国医学院，等，2007）[73]；研究型大学组织学术职务聘任“僧多粥少”的紧张状况以及“一个萝卜一个坑”的体制，“要么发表要么出局”（publish or perish）晋升评价机制以及学术等级制度等方面的组织特征，给科研人员在申请经费、发表论文、就业机会、岗位升迁、工资待遇、同事竞争等方面造成了极大的压力，这些压力都是研究者冒险走上不端行为歧途的重要诱因。正如威廉·布罗德等在其著作中所言，到了20世纪，科研已经由有钱有闲的业余人士的爱好转变为一种职业，是保障科研人员生活质量的收入来源，在学术组织内部存在着力争向上爬的压力，而其进身之阶就是在学术刊物上发表文章。科研过程中，科研人员和其他人一样，也具有个人的动机和需要，他们并没有摆脱其他行业的人所具有的情感、奢望和弱点。一个研究人员想获得成功，只有在短期内不断取得实实在在的成果，并尽可能多地发表论文，这样确保能够继续获得企业界、政府或者基金会的资助，才能够获得大学的聘用或者晋升为终身教职，才能够获得好的声誉并从中获得利益。在这种情况之下，科研人员可能会作出违背“追求真理”这个根本宗旨的事情，例如对数据进行修修改改，修饰一下研究结果等（布罗德，等，2004）[8]。在1994—2007年科研诚信办公室年度报告中的统计数据显示，助理/副教授以及博士后/博士生在“犯案者”中所占的比重较高，分别达到25.8%和28.0%，这在一定程度上似乎也可以印证上述的观点：研究者在压力之下走上科研不端行为歧途的可能性更大。

（四）学术期刊论文审查制度缺陷

学术期刊是某一学科领域学者展现和交流科研成果的平台，发表学术论文是研究者通向成功的必经之路，能否在著名的专业学术刊物上发表论文是对一个研究人员科研成就的重要评价指标之一。学术期刊制度中存在的缺陷被诸多研究者认为是导致科研不端行为发生的一个重要影响因素。福克斯（Mary Frank Fox）指出，学术期刊及同行评议机制存在缺陷，并未能够发挥其有限的发现、预防科研不端行为的作用。此外，学术期刊在对诸如署名权问题、一稿两投、自我剽窃和“意大利香肠式发表”（故意将整体的论文分成几篇发表）等不端行为的防范机制亦不到位（Fox，1994）[306]。威尔逊（James R Wilson）以闻名的“达西事件”为例揭示了学术期刊的署名权及同行评议机制中的问题（Wilson，2002）[155-174]。

论文审查是学术期刊运行中的关键环节，这一环节中的制度缺陷一定程度上纵容或者导致了科研不端行为的产生。论文审查制度被认为是科学界剔除舞弊和低劣论文、保障论文质量的重要的“自我监管”机制之一。然而，某些案例中科研不端行为者一再得逞的事实，让人们质疑论文审查制度的效用。“论文审查制度最多只是一个粗糙的过筛器，而不是科学家们所声称的一种可靠的、辨别力很强的系统”，“一个很难做到始终如一的、标准的、科学的系统，不可能总是成功地查出舞弊行为，而实际上，舞弊行为几乎从来就不是这样查出来的”（布罗德，等，2004）[86]。在论文审查过程中，评审者摒弃个人主观偏好，本着普遍性原则，根据论文价值本身的高低作出判断，而无论作者的身份地位如何，这是保证论文审查制度发挥作用的关键。而实际的情况是，受到学术界普遍存在的精英主义意识的影响，评审者可能因为作者是学术界的权威人士而降低了审查的严格度，没有学术影响力的“新人”提出的见解，就算很有创建性，也往往会被忽视或者否认。还有一种极端情况，评审者在审查他人论文时，盗用作者的观点甚至整篇文章。这种行为是对论文审查制度极大的打击。另外，学术期刊在诸如署名权、披露利益冲突、一稿两投以及研究方法报告等方面的政策对论文质量把关、防范不端行为方面有着重要的影响力，很多科研不端行为者正是利用了学术期刊运行中的一些漏洞而一再得逞。

（五）专业学会的科研道德规范作用不足

大学组织包含多个学科，是一个跨越了学科界限的事业单位，学科在大学组织之外，可以组织起一个全国性甚至国际性的行会式的共同利益集团。大学事业单位和行会式的共同利益集团这两种主要的组织模式相互交叉形成了高等教育系统的总体矩阵（克拉克，2001）[113-115]。所谓行会式的共同利益集团即指的是各种专业学会。大学研究者具有“双重忠诚”的身份特点，既属于某个大学的科研机构，又从属于某一专业的学术研究领域，与忠诚于所在大学相比，研究者更加忠诚于自己的学科或专业（李立国，2006）[40]。可见，学会对大学研究者的影响力不容忽视。然而，在科研不端行为问题上，专业学会的科研道德规范作用似乎尚显不足。

在科研不端行为问题上，以各专业学会为代表的科学界经历了一个态度观念上的变化。直到20世纪80年代初期，美国科学界仍普遍认为，科研不端行为是个人化的而非普遍存在的问题，新闻媒体夸大了事态的严重性，科学界中民主、有效的自我纠正系统完全能够解决这些问题，并不需要政府或者任何其他组织的介入（布罗德，等，2004）[1-2]。在80年代前半期，美国科学界包括美国科学促进协会（AAAS）、美国医学院校联合会（AAMC）和美国大学联合会（AAU）在内的数个重要学会就“科研不端行为的对策”问题进行了探讨，并发表了数篇建议或者总结性的报告，但这些报告在研究机构中并未被广泛传播，它们仅对一部分大学产生了影响，促使他们想要制定对策来应对不端行为的发生，而大部分的研究机构则听之任之，大多数研究者仍固执地相信科学的自我纠正机制，认为不需要另外采取一些措施。随着不端行为不断在一些获得了巨额资助并在著名杂志上发表了研究成果的著名研究机构中发生并被揭露出来，在经历了一连串争论之后，到了90年代，美国科学界终于达成了不应该对不端行为视而不见的共识，并促成了科学团体在广阔范围内的行动。

然而，专业学会制定的科研道德规范到底对其成员有多大程度的积极影响作用则仍有待进一步考察。不同的学会在制定行为守则、贯彻这些守则以及引导其成员实行这些成员标准等方面的差异很大。美国科学促进协会曾经开展了一项关于科学学会处理科研不端行为的方法和措施的研究，其中有46%的被调查学会对问题作出了回应，在这46%的回应者中，有3/4的学会制定了针对其成员的科研道德规范，但是几乎没有几个学会能够对这些道德规范是否起作用这个问题作出回答或者解释（Brainard，2000）[A38]。

四、美国政府应对科研不端行为的措施

20世纪70代末80年代初，监督科研不端行为逐渐成为美国的一个公共事务。一方面美国联邦政府所承受的公众、新闻媒体及其他民间组织等多方面的压力极大；另一方面，作为科研经费主要提供者，政府有也有权对由其提供资助的科研项目中出现的不端行为问题进行调查并实施管理监督。80年代至今，美国联邦政府在科研不端行为问题上采取了积极应对的姿态，实施了许多重要举措：召开国会听证会，制定政策法案，设置专门机构；建立举报案件处理程序，展开调查工作；开展合规项目和教育防范

项目，倡导科研诚信；兼顾信息自由和个人隐私，建立警示系统；进行相关研究，加强沟通交流。

（一）召开国会听证会，制定政策法案并设置专门机构

1981年，国会众议员戈尔（Albert Gore）召开了第一次听证会，公开处理1980年间四个发生在生物医学领域的权威研究机构中的科研不端行为案件，这是科研不端行为成为公共事务的标志性事件，国会对科研不端行为的关注贯穿于整个80年代。1985年联邦政府颁布了《健康研究补充法案》（Health Research Extension Act），该法案要求申请政府资助或者奖金的科研机构需建立一套管理程序来负责核查涉及不端行为的研究，调查被举报的案件，并向政府提交报告。1989年，卫生与人类服务部（the Department of Health and Human Service）补充了《公共卫生服务法案》（Public Health Service Act），赋予资助机构调查和解决科研不端行为的权力。

1989年3月，公共卫生服务部设立了“科学诚信审查办公室”（the Office of Scientific Integrity Review，OSIR），负责制定公共卫生服务部处理科研不端行为的政策，监察所属单位的研究活动，审查不端行为调查的最终报告，并提出制裁或进一步独立调查的建议；与此同时，公共卫生服务部在国家卫生研究院之下设立了“科学诚信办公室”（the Office of Scientific Integrity，OSI），负责监察接受公共卫生服务部资助的研究机构是否依照公共卫生服务部制定的政策和程序对科研不端行为进行调查。1992年5月，OSIR和OSI合并改组为“科研诚信办公室”，负责对不端行为的调查和监督，制定相关方针政策和应对的具体措施，并与大学、学会以及专业团体合作开展科研诚信和伦理教育研究，解决调查活动中遇到的相关法律问题。1993年，克林顿总统签署《国家卫生研究院振兴法案》（NIH Revitalization Act），科研诚信办公室成为了卫生与人类服务部处理科研不端行为的一个独立实体，其负责人直接向卫生与人类服务部秘书长报告机构的工作进展状况。

科研诚信办公室主要负责实施公共卫生服务部关于受其资助或申请其科研资助的生物医药和行为科学等领域的科研项目中出现的科研不端行为的相关规定。其主要职能包括：①确保所有申请公共卫生服务部资助的科

研机构在处理科研不端行为举报及保护举报者方面有恰当的机制可循；②审查科研机构是否遵从联邦要求，调查和处理机构遵守规范的（Institutional Compliance）问题；③审查机构的调查报告，监督其科研不端行为举报案件的调查工作，当科研不端行为被确认时，采取相应行政措施；④必要时，直接开展科研不端行为举报的调查工作；⑤推进科研不端行为调查工作，并在听证会上向卫生与人类服务部上诉委员会（DHHS Departmental Appeals Board）呈交调查结果；⑥制定规章和政策以确保科研不端行为的调查能够全面公正地实施，建立恰当程序保护那些被举报者，防止机构蓄意掩盖不端行为或者对举报者实施报复行为；⑦与学院、大学、科学和专业组织及其他联邦机构合作以提升科学界的诚信水平。

为了实现上述机构职能，科研诚信办公室设立了职责明晰，相互协作的主要职能部门，共同致力于不端行为案件的有效处理、科研诚信水平的切实提升以及不端行为的有效预防。科研诚信办公室主要由主任办公室（Office of Director）、调查监督部（Division of Investigative Oversight）、教育与诚信部（the Division of Education and Integrity，DEI）以及隶属于卫生与人类服务部的综合咨询办公室（Office of the General Counsel）的研究监督法律团队（the Research Oversight Legal Team）四个部门组成。主任办公室负责对科研诚信办公室实施全面的行政管理。调查监督部主要①对相关科研机构对科研不端行为的调查工作情况进行评估、监督和审查，并在必要时直接开展调查；②向科研诚信办公室主任报告被确认的科研不端行为并提出制裁措施意见；③辅助研究监督法律团队作好准备，并在卫生与人类服务部申诉委员会的听证会上呈现不端行为案件；④向举报者或者被举报者提供卫生与人类服务部的相关政策和程序规定信息；⑤协助教育与诚信部开展相关活动，如处理打击报复行为的举报，举办会议和研讨会等。教育与诚信部的主要职责是①开展“负责任研究行为”（Responsible Conduct of Research）活动和项目，提升研究机构有效应对不端行为举报案件的能力；②宣传科研诚信的相关政策、规定和实施程序；③开展政策的分析、评估和研究，以提升卫生与人类服务部科研诚信政策和措施的科学水平，并建立有关科研诚信、科研不端行为及其预防措施的知识基础；④开展合规项目（Compliance Program）并开展审查和批准内部和外部研究机构的处理政策和程序。研究监督法律团队主要是作为其在卫生与人类服务部上诉委员会听证会上的代表，并为监督教育部门的活动提供法律咨询，起草相关的规章和法律文件。

除了科研诚信办公室之外，美国公共卫生服务部底下还设置了其他四个部门来处理不同类型的科研滥用行为（research abuses）：①科研风险预防办公室（Office for Protection from Research Risks）主要处理人类和动物研究被试的误用（misuse）行为；②评估管理办公室（the Office of Management Assessment）处理财政管理不善问题；③外部科研办公室（Office of Extramural Research）主要处理利益冲突问题；④法规事务办公室（Office of Regulatory Affairs）在食品与药物管理局（FDA：Food and Drug Administration）权限之内，处理特别管理研究项目（Specifically Regulated Research）中出现的科研不端行为，这类研究侧重于测试和评估人类和动物药品、食物和饲料添加剂及人类生物制品和医用设备。前三个机构设于国家卫生研究院之下，第四个则隶属于食品与药物管理局。这四个机构与科研诚信办公室一样，仅处理申请或接受公共卫生服务部及其相关机构的科研资助的科研项目中存在的问题。其他联邦机构诸如国家科学基金会、退伍军人管理局（the Veterans Administration）、海军部（the Department of Navy）以及农业部（the Department of Agriculture）在各自权限内都设有办公室来处理研究过程中的滥用行为。所谓的滥用行为并未包含研究过程中的所有问题领域，其他问题域，如署名权责任问题、合作协议问题、数据共享、重复发表、实验室管理以及质量控制等，基本上都是研究机构自身的责任。

（二）建立举报案件处理程序，开展调查工作

美国科研管理部门处理科研不端行为问题时，具有很强的法律意识，制定了法定调查程序，并严格按照程序处理不端行为案件，十分注重公开、公平和公正，注意保护科研不端行为的举报者和被举报者。科研诚信办公室是美国处理科研不端行为的主要科研管理机构，制定了非常明确的举报案件处理程序。科研诚信办公室接受举报并开展相关调查前，必须满足以下三方面的前提条件：被举报的科研不端行为①发生在由公共卫生服务部资助的项目中或者与试图申请其资助的项目有关；②符合

公共卫生服务部关于科研不端行为的定义；③具有充分、真实的信息以开展调查。

科研不端行为举报是案件处理的开始，举报一般有两种情况：一是举报者直接向发生不端行为的研究机构中处理该类举报案件的相关部门举报，二是举报者跨过研究机构而直接向科研诚信办公室举报。无论上述哪种情况，最终对举报案件进行调查的机构首先都是该举报所涉及的研究机构，因为根据公共卫生服务部的规定，研究机构对科研不端行为举报负有首要责任。在第一种举报方式的情况下，研究机构对可能存在的不端行为进行初步的调查，如果并未存在不端行为则无须马上向科研诚信办公室提交调查结果报告，但是对于这一案件的处理过程以及最终的结果还需要在科研机构向科研办公室提交的科研不端行为举报处理情况的年度报告中说明。在第二种举报方式的情况下，科研诚信办公室直接将案件调查工作交由所属科研机构开展，无论调查的结果如何，研究机构都必须向科研诚信办公室提交调查结果报告，报告内容主要包括调查的过程、不端行为是否存在、不端行为者为何人、不端行为的影响有多大等方面。

在科研机构呈交报告之后，科研诚信办公室的主要工作是通过审查研究机构调查过程中所使用或者准备的所有档案资料（这些资料包括资金申请材料、发表物、电脑文档、研究数据、幻灯片、书信、备忘录、手稿以及访谈摘要等）来考察报告的时效性、客观性及彻底性等，以此来判断报告结论是否合理，证据是否确凿充分，是否能够作为最后结论。当科研诚信办公室认同调查报告的结论时，它便会以此报告为采取下一步措施的主要依据；当报告结论的合理性未能被接受时，科研诚信办公室通常会要求研究机构提供更多信息或开展更进一步的分析，在少数情况下，科研诚信办公室则还会自己重新调查。报告审查结束之后，科研诚信办公室通常会完成一份审查报告，以说明研究机构的调查过程、调查是否被授权以及不端行为是否被确认等问题。

当调查报告不能够说明不端行为存在时，此举报案件便可结束，科研诚信办公室会将审查报告派送至研究机构，并要求其直接将调查和审查结果告知不端行为当事人及举报者；当不端行为被确认时，科研诚信办公室会向当事人寄送其最终的调查报告及一封关于将对当事人所采取的行政制裁的通知书，同时提醒当事人他有就科研诚信办公室会的裁决请求卫生与人类服务部申诉委员会开听证会的权利。在当事人放弃申诉权利时，科研诚信办公室便紧接着依靠与当事人当前所属科研机构的合作来实施针对当事人的一些制裁；在当事人提请申诉时，科研诚信办公室则需要在卫生与人类服务部申诉委员会的听证会上作进一步的说明，若申诉被驳回，则由科研诚信办公室实施原有的制裁；若申诉被接纳，那么科研诚信办公室的调查结论将被推翻，其制裁也将失效，并以申诉委员会的判定结果为最终裁决。

卫生与人类服务部针对当事人所采取的处置措施包括但不限于以下四个方面：①取消其获得联邦资助和合同资金的资格；②禁止其服务于公共卫生服务部的咨询委员会和同行评议委员会，或作为上述组织的顾问；③由当事人所在科研机构实施特别程序监督当事人并确证数据来源的可靠性；④更正或者撤回已发表的相关文章。制裁措施的种类、数量及时长取决于不端行为的严重程度、影响等，制裁的时长可以从一年到终身，但通常为三年。

（三）开展合规项目和教育防范项目，倡导科研诚信

研究机构对处理科研不端行为案件和提升科研诚信负有首要责任，为了提升机构的问题处理能力，一方面，科研诚信办公室按照公共卫生服务部的相关规定，监督实施具有一定强制性意味的合规项目（compliance program），促使研究机构积极配合科研诚信办公室的工作，建立与公共卫生服务部规定相一致的科研不端行为的处理政策和程序；另一方面，它还与大学、学会以及其他专业团体合作开展了一系列科研诚信教育和不端行为防范项目，增强防患于未然的意识。这些工作主要由教育与诚信部负责开展，并已逐渐使其成为科研诚信办公室当前的工作重心。

所谓的合规项目指的是，研究机构接受公共卫生服务部的科研资助时，需要遵从其一系列的规定，这些规定就通称为合规项目。合规项目由科研诚信办公室负责监督实施，并主要涉及以下一些活动。①保证计划（Assurance Program）：所有申请或接受公共卫生服务部科研资金的科研机构都向科研诚信办公室提交一份有效的保证书，以表明其已经或者将按照公共卫生服务部的规定处理科研不端行为举报案件。科研诚信办公室还建

立了“保证书数据库”（assurance database），数据库中是具有有效保证书资格的研究机构名称，机构只有呈交年度报告、遵循公共卫生服务部规定的条款，并制定与之一致的机构科研不端行为政策和处理措施时，科研诚信办公室才会赋予或继续保持其保证书的有效性。当机构未能获得有效的保证书或者有效资格被取消时，就会被排除在资助申请之外，已获得的资助也会随着有效资格的取消而被中止。只有等到机构重新遵循科研诚信办公室的规定时才能获得有效性以及相应受资助的权益。②年度报告：科研诚信办公室建立“保证书数据库”的基础，报告主要关于可能存在的科研不端行为以及机构遵循公共卫生服务部规定处理案件时所遇到的一些共同的难题。③机构合规情况审查：科研诚信办公室每年通常会采取抽样审查的方式，抽取5%的研究机构进行审查：审查目的在于监管机构处理科研不端行为举报案件过程中遵循其自己的处理措施及公共卫生服务部规定的情况，主要是针对政策和措施的审查，同时也可延伸至对某一具体的调查的审查。④打击报复举报者行为申述：科研诚信办公室强调保护善意的举报者的地位和名誉，提醒研究机构有保护举报者的责任，要求机构按照科研诚信办公室的规定处理打击报复举报者行为的申诉，阻止打击报复行为。⑤处置措施实施情况：科研诚信办公室监督研究机构实施卫生与人类服务部或公共卫生服务部针对不端行为者的处置措施。

除合规项目之外，科研诚信办公室还开展教育防范项目。如教育与诚信部开展了一系列的“负责任研究行为”，2002年开展的“负责任研究行为项目资源发展项目”（RCR Resource Development Program）便是其中之一。此外，科研诚信办公室还与学会和大学合作开展科研诚信教育项目，如于2002年开始与美国医学院联合会合作开展“专业学会负责任研究行为项目”（RCR Program for Academic Societies），支持学术团体开展提高其成员负责任研究行为的活动；于2004年开始与研究生院委员会（Council of Graduate Schools）合作开展的“研究生院负责任研究行为项目”，将负责任研究行为教育纳入研究生教育体系中。为促使科研机构有效执行公共卫生服务部有关科研不端行为的政策措施，科研诚信办公室还开展了“研究诚信长官培训项目”（Research Integrity Officer Training Program），参与培训者是机构中处理不端行为的负责人，培训的主要内容包括如何受理举报案件、获取数据、保护举报者、管理询查调查委员会等。

（四）兼顾信息公开化与个人隐私保护，建立警示系统

根据美国的《信息自由法案》（the Freedom of Information Act），公众有权利获得联邦机构的大部分信息档案资料，科研诚信办公室在这方面也做到了信息的公开化处理。被科研诚信办公室最终确认存在科研不端行为的案件的信息最终会在《联邦公报》(*Federal Register*)、《国家卫生研究院拨款和合同指南》(*NIH Guide for Grants and Contracts*)、《科研诚信办公室时事通讯》（*ORI Newsletter*）及科研诚信办公室年度报告中公布。此外，调查结果及处置措施还会公布在公共卫生服务部的行政措施公告板上(Administrative Action Bulletin Board)。所公开的信息包括当事人姓名、所属机构、不端行为类型、相关文献名称以及由卫生与人类服务部强加的或者在与当事人协商同意基础之上形成的行政处置措施。科研诚信办公室的相关报告在公开发表之前都征求了当事人的许可，报告资料将被视为公共信息，任何人只要提出申请便可获得相关的信息。科研诚信办公室负责处理获取相关信息资料的要求，同时也处理涉及当事人要求保护隐私的请求。

科研诚信办公室还建立了公共卫生服务部警示系统（PHS Alert System），该系统主要记录了那些受到公共卫生服务部制裁者的信息，除了这些人之外，该系统还包含了已经被某一机构或者科研诚信办公室确认有科研不端行为的人。然而，这些姓名最终是否记录在案，还要取决于公共卫生服务部申诉委员会听证会的结果。如果听证会最终裁定不存在科研不端行为或者制裁时间期限到了，该姓名将从记录中删除。系统中的个人信息仅限于姓名、社保号码、生日、不端行为类型、实施调查时当事人所在机构的名称、处置措施及其生效和失效的日期。这些信息一般是不公开的，并且在“需要知道”（need-to-know）情况下才在公共卫生服务部相关工作人员之间共享。这一系统主要是供公共卫生服务部咨询委员会、董事会及同行评议小组等部门排查新近的申请者并决定悬而未决的资助项目等事宜。

（五）进行相关研究，加强沟通交流

科研诚信办公室还支持本机构内部及外部研究机构就科研诚信和科研不端行为问题开展了一系列研究并取得了诸多成果，发表了许多学术文章和研究报告。研究涉及机构如何处理科研不端行为案件以及提高科研诚信等方面的主体，此外还着重研究了社会、组织、群体和个人等影响科研诚信的因素的消极和积极方面。这方面的研究无疑大有裨益，加深对科研不端行为和科研诚信问题的认识，并提出针对性的应对措施。

此外，科研诚信办公室还通过多种途径，加强与研究机构、科学界和公众之间的交流，使其了解公共卫生服务部在处理科研不端行为问题以及促进科研诚信方面所作出的努力。如创建网站，并加以更新和维护以确保其资料的丰富性、全面性和时效性，网站上的材料向世界各国人员开放，每个人都有访问和下载权；出版时事通讯季刊、年度报告、会议和讨论会纪要，以及其他有助于研究机构和公共卫生服务部应对科研不端行为举报并促进研究诚信的出版物；在经费和工作强度允许的情况下，科研诚信办公室还会召开会议和讨论会以协助机构实施公共卫生服务部的规定，派工作人员在科学和专业会议、研讨会、会议以及大学等研究机构演讲。

参考文献

中文部分

1. 爱德华·希尔斯．2007. 学术的秩序［M］. 李家永，译．北京：商务印书馆．
2. 伯顿·克拉克．2001. 高等教育新论——多学科的研究［M］. 王承绪，等，译．杭州：浙江教育出版社．
3. 韩骅．2002. 教授权威的理论基础与高校内部管理改革［J］. 湖北大学学报：哲学社会科学版（1）：104－108.
4. 江新华．2005. 学术何以失范——大学学术道德失范的制度分析［M］. 北京：社会科学文献出版社．
5. 李立国．2006. 大学组织特性与大学竞争特点探析［J］. 高等教育研究

(11)：38－43.
6. 美国医学院，美国科学三院国家科研委员会.2007. 科研道德——倡导负责行为［M］. 苗德岁，译. 北京：北京大学出版社.
7. 山崎茂明.2005. 科学家的不端行为——捏造、篡改、剽窃［M］. 杨舰，等，译. 北京：清华大学出版社.
8. 沈红.2003. 研究型大学的基本要素及其体制和组织满足［J］. 教育研究（1）：64－68.
9. 肯尼迪.2002. 学术责任［M］. 阎凤桥，等，译. 北京：新华出版社.
10. 布罗德，韦德.2004. 背叛真理的人们——科学殿堂中的弄虚作假［M］. 宋进宁，方玉珍，译. 上海：上海科技教育出版社.

英文部分

1. Anderson M S, Ronning E A, Vries R D, Martinson B C. 2007. The Perverse Effects of Competition on Scientists' Work and Relationships. Science and Engineering Ethics. 13：437－461.
2. Brainard J. Societies Urged to Fight Research Misconduct［J］. The Chronicle of Higher Education. Washington：Apr. 21, 2000, Vol. 46, Iss. 33；p. A38.
3. Braxton J M, Bayer, A E. Perceptions of Research Misconduct and an Analysis of Their Attitudes and Beliefs［J］. The Journal of Higher Education. Columbus：May 1994. Vol. 65, Iss. 3；p. 351, 22 pgs.
4. Campbell P W. 1999. White House Release Long-awaited Definition of Research Misconduct［J］. The Chronicle of Higher. Education, Washington：Oct22, 1999. Vol. 46, Iss. 9；p. A40, 1pgs.
5. Fox M F. 1994. Scientific Misconduct and Editorial and Peer Review Process. The Journal of Higher Education. Vol. 65, p. 298, 12 pgs.
6. ORI Annual Report. 1995［EB/OL］. http：//www. ori. dhhs. gov/ 2008－08－10.
7. ORI Annual Report. 2001［EB/OL］. http：//www. ori. dhhs. gov/ 2008－08－10.
8. Wilson J R. 2002. Responsible Authorship and Peer Review. Science and Engineering Ethics. 8：155－174.

责任编辑　吴莉莉
版式设计　沈晓萌
责任校对　张　珍
责任印制　曲凤玲

图书在版编目（CIP）数据

美国的学术体制：历史、结构与运行特征/阎光才主编. —北京：教育科学出版社，2011.5
（"学术人与学术体制"丛书）
ISBN 978-7-5041-5485-9

Ⅰ.①美… Ⅱ.①阎… Ⅲ.①学术工作—研究—美国 Ⅳ.①G327.12

中国版本图书馆CIP数据核字（2010）第256612号

"学术人与学术体制"丛书
美国的学术体制
MEIGUO DE XUESHU TIZHI

出版发行	教育科学出版社		
社　址	北京·朝阳区安慧北里安园甲9号	市场部电话	010-64989009
邮　编	100101	编辑部电话	010-64981252
传　真	010-64891796	网　址	http://www.esph.com.cn
经　销	各地新华书店		
制　作	北京金奥都图文制作中心		
印　刷	北京中科印刷有限公司	版　次	2011年5月第1版
开　本	169毫米×239毫米　16开	印　次	2011年5月第1次印刷
印　张	14.5	印　数	1-3 000册
字　数	224千	定　价	29.90元

如有印装质量问题，请到所购图书销售部门联系调换。